D1390093

Démystifier les maladies mentales

LES DÉPRESSIONS

ET LES TROUBLES AFFECTIFS CYCLIQUES

Collection « Démystifier les maladies mentales »
dirigée par le Dr Pierre Lalonde

* *La schizophrénie*, Dr Pierre Lalonde et collaborateurs, 1995

À paraître

* *Les anxiétés*
* *Les maladies de l'enfance et de l'adolescence*
* *Les troubles de la sexualité*

Les ouvrages de la collection «Démystifier les maladies mentales» sont rédigés sous la direction d'un psychiatre avec la collaboration de cliniciens d'expérience et celle de personnes témoignant de leur persévérance pour surmonter la maladie mentale qui les affecte.

Bien des tabous subsistent dans nos sociétés pourtant mieux informées et les personnes qui souffrent de ces maladies du cerveau font encore l'objet de préjugés, voire d'un certain ostracisme. Néanmoins, il est aujourd'hui reconnu que ces maladies ne devraient susciter ni honte ni sentiment de culpabilité. En fait, on estime qu'une personne sur cinq pourrait tirer avantage de soins psychiatriques à un moment ou un autre de son existence.

Les résultats optimaux du traitement des maladies mentales reposent sur une meilleure compréhension de la nature de ces maladies et sur une collaboration efficace entre les cliniciens et les patients. Lorsqu'elle dispose d'une information adéquate, la personne atteinte est en mesure de consulter plus rapidement et de participer plus activement à un traitement qui permettra une atténuation des souffrances et une prévention des rechutes; en outre, les proches sont alors davantage aptes à faire face à la situation.

La collection «Démystifier les maladies mentales» a justement été conçue dans le but d'offrir une information utile et de contribuer, éventuellement, à réduire le fardeau que constituent ces maladies.

Dr Jean Leblanc et collaborateurs

Démystifier les maladies mentales

LES DÉPRESSIONS

ET LES TROUBLES AFFECTIFS CYCLIQUES

gaëtan morin éditeur

Montréal □ **Paris** □ **Casablanca**

Données de catalogage avant publication (Canada)

Vedette principale au titre :

Démystifier les maladies mentales : Les dépressions et les troubles affectifs cycliques

Comprend des réf. bibliogr.

ISBN 2-89105-607-8

1. Dépression.   2. Troubles affectifs.   3. Maladies mentales – Traitement.   4. Santé mentale – Droit – Québec (Province).   5. Santé mentale – Droit – France.   I. Leblanc, Jean, 1936-   .

RC537.D43   1996   616.85'27   C96-940411-5

Montréal, Gaëtan Morin Éditeur ltée
171, boul. de Mortagne, Boucherville (Québec), Canada J4B 6G4, Tél. : (514) 449-2369

Paris, Gaëtan Morin Éditeur, Europe
20, rue des Grands Augustins, 75006 Paris, France, Tél. : 33 (1) 53.73.72.78

Casablanca, Gaëtan Morin Éditeur – Maghreb S.A.
Rond-point des sports, angle rue Point du jour, Racine, 20000 Casablanca, Maroc, Tél. : 212 (2) 49.02.17

Révision linguistique : Céline Laverdure

Imprimé au Canada

Dépôt légal 3ᵉ trimestre 1996 — Bibliothèque nationale du Québec — Bibliothèque nationale du Canada

1   2   3   4   5   6   7   8   9   0   G   M   E   9   6   5   4   3   2   1   0   9   8   7   6

■ REMERCIEMENTS

Démystifier les maladies mentales: les dépressions et les troubles affectifs cycliques doit beaucoup au Dr Pierre Lalonde, directeur de la collection dont ce livre fait partie, qui nous a prodigué de précieux conseils sur sa conception et sa structure.

Les Drs Pierre Landry et Daniel Dumont ont apporté, notamment, une importante contribution aux premières discussions sur la teneur de l'ouvrage et le choix des auteurs. Ces derniers, par ailleurs, se sont montrés particulièrement consciencieux et ont fait preuve d'une grande rigueur intellectuelle dans l'accomplissement de la tâche qui leur avait été confiée.

D'autre part, nous tenons à souligner la collaboration éclairée et la compétence des membres de l'équipe de Gaëtan Morin Éditeur qui, aux différentes étapes de la création et de la mise en forme de ce livre, ont prodigué conseils et soutien avec dynamisme et professionnalisme.

L'Association des dépressifs et maniaco-dépressifs, de même que sa directrice générale, Mme Louise Bourdon, ont également joué un rôle déterminant dans la constitution de la liste des associations et groupes d'entraide, et leur apport en ce qui concerne certains aspects du contenu de l'ouvrage doit être mentionné. En effet, lorsque nous avons par le passé été invités à prononcer des conférences d'information devant les membres de cette association, ces derniers nous ont spontanément fait part de leur cheminement personnel, de leur façon de vivre la maladie affective, de leurs interrogations quant à ses causes, aux modes de traitement offerts et aux conséquences qu'elle entraîne. C'est justement à ces préoccupations que nous nous sommes efforcés de répondre le plus adéquatement possible, tout au long de notre travail de rédaction.

Finalement, nous tenons à rappeler que nos patients sont en définitive ceux qui nous ont le plus appris sur les dépressions et les troubles affectifs cycliques, et que le souci de mettre à leur disposition un outil d'information utile est d'abord et avant tout à l'origine du présent ouvrage.

Le directeur de publication,
Jean Leblanc, M.D.

AVANT-PROPOS

Dans le vocabulaire de la psychiatrie, l'«humeur» désigne une qualité particulière de l'émotion vécue par la personne, ressentie subjectivement et rapportée par celle-ci, et qui peut être décelée par l'entourage. Une humeur peut être décrite, par exemple, comme étant dépressive; comme expansive, ou maniaque; comme dysphorique («être mal dans sa peau», sans qu'on puisse mieux la qualifier); ou comme irritable. Dans cette conception, le terme «humeur» n'a rien à voir avec l'usage populaire qu'on en fait dans des expressions comme «être de bonne (ou de mauvaise) humeur», ou «être d'humeur massacrante».

Il sera précisément question, dans le présent ouvrage, des pathologies de l'humeur, c'est-à-dire de ces maladies qui se traduisent par une modification pathologique de l'humeur dans un sens d'élévation ou d'abaissement. Il s'agit essentiellement des divers types de dépression, et des troubles cycliques qui se manifestent tantôt par des phases dépressives, tantôt par des épisodes d'humeur expansive ou maniaque («psychoses maniaco-dépressives», ou mieux, «troubles bipolaires», selon la terminologie en usage depuis peu en psychiatrie). On peut également inclure dans ce groupe de troubles cycliques des entités qui se présentent dans un contexte de cycles spécifiques, comme le trouble dysphorique prémenstruel, ou encore la dépression saisonnière. Ces pathologies sont souvent désignées aussi sous l'appellation de «maladies affectives», en raison de la parenté entre les vocables «humeur» et «affect», et probablement pour éviter l'ambiguïté qui caractérise le terme «humeur», pour beaucoup de personnes.

Les développements récents dans le secteur des neurosciences ont permis d'accroître considérablement les connaissances dans ce champ de pathologies, et de perfectionner les thérapeutiques biologiques utilisées. Par ailleurs, les recherches contemporaines ont permis de mieux comprendre le rôle de divers facteurs psychosociaux dans la genèse de ces maladies, et de mettre au point de nouvelles approches psychothérapiques qui s'intéressent de façon plus particulière aux distorsions intrapsychiques ou relationnelles liées à ces troubles.

Les études épidémiologiques des dernières années ont en outre établi que la prévalence de la dépression tendait à augmenter dans la population, et que cette maladie affective survenait à un âge de plus en plus précoce. Le taux de suicide, notamment chez les enfants et les adolescents, atteint des niveaux inquiétants. Ces éléments, parmi d'autres également importants, de même que la diffusion plus large des connaissances dans le grand public, ont suscité un besoin d'en savoir davantage sur ces questions. C'est à ces attentes que le présent livre tente précisément de répondre.

Certes, plusieurs écrits de «vulgarisation» existent; cependant, on y aborde souvent les questions traitées de façon globale et générale. Les psychiatres et autres collaborateurs au présent ouvrage ont à maintes reprises eu l'occasion de constater, lors de rencontres d'information avec des groupes d'entraide de patients ou avec des parents de patients, que les interrogations de ceux-ci ne semblaient pas avoir trouvé de réponses dans la littérature existante. Nous avons donc choisi de publier un ouvrage qui tente de présenter, dans une langue claire et précise, les données les plus récentes qu'ont mises au jour les recherches dans ce secteur, et qui s'adresse à un public désireux d'accéder à des informations ayant trait à des préoccupations variées suscitées par le problème des maladies affectives. Les professionnels des soins de santé et les médecins y trouveront également une source précieuse de renseignements, d'autant plus qu'une bibliographie présentée en fin de chapitres permettra à ceux qui pourraient le souhaiter d'approfondir les notions et aspects abordés.

Nous avons choisi d'utiliser la classification de l'American Psychiatric Association (DSM-IV) et celle de l'Organisation mondiale de la santé (CIM-10) parce que ces deux systèmes ont fait l'objet de révisions majeures au cours des dernières années, visant dans la mesure du possible à refléter l'accroissement significatif des connaissances dans le domaine de la psychopathologie, tout en cherchant à décrire de la façon la plus universelle possible les phénomènes pathologiques survenant dans divers groupes ethniques. Ces classifications fournissent donc un cadre tout indiqué permettant de traduire adéquatement les objectifs d'information poursuivis par les auteurs du présent ouvrage.

Un autre but, et non le moindre, est de faciliter pour le commun des mortels la distinction entre une maladie affective proprement dite, et les répercussions émotives normales de situations frustrantes ou pénibles de la vie que nous connaissons tous. Car tout n'est pas pathologie, et tout mal de vivre ne nécessite pas un traitement pharmacologique, ou le recours à une psychothérapie. Néanmoins, les maladies décrites dans le présent ouvrage sont suffisamment graves pour qu'il soit crucial de les dépister précocement, de les diagnostiquer correctement, et, ainsi, de proposer un traitement approprié, objectif qui doit demeurer prioritaire étant donné la souffrance psychique considérable que ces maladies peuvent engendrer, notamment.

Table des matières

CHAPITRE 1

À la frontière de l'obscurité
Catherine L.

CHAPITRE 2

Les dépressions:
classification et définitions
Jean Leblanc, M.D.

CHAPITRE 3

Les « mesures » de la dépression
Jean Leblanc, M.D.

CHAPITRE 4

Douze ans plus tard... le bilan d'un épisode maniaco-dépressif

Michèle Verner

CHAPITRE 5

Les troubles bipolaires: classification et définitions

Jocelyne Cournoyer, M.D.

CHAPITRE 6

Les aspects biologiques des maladies affectives

Pierre Landry, M.D.

CHAPITRE 7
Les facteurs psychosociaux en cause dans les maladies affectives
Jean Leblanc, M.D.

CHAPITRE 8
Les traitements biologiques des maladies affectives
Pierre Landry, M.D.
Jocelyne Cournoyer, M.D.

CHAPITRE 9
Les traitements psychologiques des maladies affectives
Jean Leblanc, M.D.
Daniel Dumont, M.D.

■■■■■■■■■■■ CHAPITRE 14
La femme et les maladies affectives
Pierre Landry, M.D.

■■■■■■■■■■■ CHAPITRE 15
La dépression
chez les personnes âgées
Arthur Amyot, M.D.

■■■■■■■■■■■ CHAPITRE 16
Le suicide et les maladies affectives
Alain Lesage, M.D.

CHAPITRE 17
Les aspects légaux en psychiatrie au Québec
Gilles Chamberland, M.D., LL.B.

CHAPITRE 18
Les aspects légaux en psychiatrie en France
Roland Coutanceau, M.D.

ANNEXE

À la frontière de l'obscurité

Catherine L.[*]

Sommaire

---

[*]   L'auteure est une professionnelle œuvrant dans un contexte juridico-administratif.

Les deux périodes de dépression que j'ai vécues sont directement liées à ma vie professionnelle. Avec le recul, je suis en mesure de dire qu'il ne pouvait en être autrement.

En effet, ma vie affective ne m'avait jusqu'alors jamais posé de problèmes. J'avais toujours eu la certitude que mes deux parents m'aimaient, je n'avais jamais manqué d'amies et n'avais jamais non plus connu de difficultés dans ma vie amoureuse.

HISTORIQUE D'UN MAL INSIDIEUX

Un contexte propice

À l'époque de ma dépression, j'éprouvais certains symptômes de la maladie depuis déjà un an. Je me posais alors une foule de questions.

En premier lieu, je n'avais pas encore d'enfant. J'avais subi déjà deux interventions chirurgicales pour remédier à mon infertilité. Ce problème m'amenait à broyer du noir; si j'étais incapable de tomber enceinte, c'est que je ne devais pas être une «vraie femme»...

En second lieu, ma vie professionnelle ne me satisfaisait pas. Je n'aimais pas mon travail; je ne me trouvais pas particulièrement douée; j'étais contrainte de travailler de très longues heures pour tirer un bien modeste revenu; enfin, je n'étais pas reconnue professionnellement.

En bref, une pensée m'obsédait : à 35 ans, étais-je en train de passer à côté de la vie?

Des événements déclencheurs

Cette année-là, ma mère est morte soudainement, en une semaine. Ce décès m'a laissé le sentiment d'être orpheline, seule au monde. Non seulement je n'avais plus de mère, mais encore je n'étais la mère de personne. Toute joie de vivre m'avait quittée.

Par ailleurs, du côté de mes activités professionnelles, la pression et le stress étaient loin d'aller en diminuant puisque mes associés et moi-même avions décidé de faire l'acquisition de l'entreprise de l'un de nos compétiteurs.

Des signes précurseurs

Au cours des deux mois qui ont précédé la dépression proprement dite, j'ai pleuré souvent, de plus en plus souvent. Mes pensées, toutes négatives, s'entremêlaient constamment : je ne valais rien; j'allais

sûrement faire des erreurs professionnelles et causer des ennuis finan-
ciers à mes associés; le sort de mes clients était entre de mauvaises
mains — les miennes...

Je me rendais bien compte que je n'étais plus la même. Je ne vou-
lais rien de plus que me cacher. Je m'imaginais recroquevillée sous
une couverture, à l'abri des regards. J'avais très peur de ce que les gens
pourraient dire: «Elle ne tient pas le coup...» «Elle est incapable de
composer avec la pression...» J'appréhendais la honte que je ressenti-
rais si je «craquais». Pour fuir la réalité, je trouvais refuge dans le
sommeil; enfin, j'étais en lieu sûr. J'aurais souhaité m'endormir pour
ne me réveiller qu'une fois tous mes problèmes résolus. Je ne pensais
pas au suicide, mais je me disais que j'aurais aimé avoir un cancer; on
aurait pris soin de moi et je n'aurais plus été obligée de me battre pour
trouver la paix.

Pendant les deux dernières semaines précédant la crise, j'avais
énormément de difficulté à me concentrer et à prendre des décisions.
J'ouvrais un dossier dans l'intention de m'y plonger... je changeais
d'idée... un second dossier m'apparaissait plus urgent... non... un
troisième devait absolument être terminé pour telle date... Et ainsi de
suite...

La crise proprement dite

Épuisée, je décidai de partir en vacances. Alors que j'aurais dû profiter
pleinement de cette semaine au soleil, je me culpabilisai au contraire
d'avoir abandonné l'entreprise à mes associés, d'être en vacances et de
ne pas être heureuse, de ruiner ce faisant les vacances de mon con-
joint. Je n'arrivais pas à me satisfaire de mon sort, à voir les aspects
positifs de ma situation...

À mon retour, j'allais encore plus mal. Au travail, je ne me sentais
pas le courage d'adresser la parole à mes clients. Je paniquais: il me
semblait que tout le monde attendait après moi et que j'étais incapable
de faire ce que j'avais à faire. J'avais peur, très peur. J'étais, en fait,
paralysée par la peur... Sans compter que l'impression que les gens
autour de moi constataient ma détresse mais refusaient, en toute con-
naissance de cause, de m'aider, ne me quittait pas.

Je venais de sombrer...

TRAITEMENT

Lors de cette première crise, je consultai un psychiatre. J'éprouvais
alors une forte appréhension: «un docteur pour les fous»... pensez
donc!

Aujourd'hui, avec le recul, je suis convaincue que le psychiatre était justement le spécialiste à consulter. Selon moi, en plus d'être à l'écoute et d'intervenir pour aider le patient à trouver des réponses, le psychiatre peut prescrire un médicament qui, dans un premier temps, supprime ou du moins atténue les symptômes dépressifs. On n'est pas guéri pour autant, mais au moins on ne ressent plus ce mal de vivre qui empêche de chercher les causes du problème.

Durant cette période, j'ai pris des antidépresseurs. Lorsque, à ma dernière visite, le médecin m'a demandé de continuer à prendre ces médicaments pendant encore un an, cela m'a profondément déplu. L'idée de ne plus pouvoir m'en passer me hantait. Aujourd'hui, je crois fermement qu'il est nécessaire de poursuivre le traitement pendant la période de temps prescrite, même si celle-ci peut sembler longue. Je m'explique cela ainsi : le cerveau est une machine, dont certaines parties ou mécanismes ont connu à un moment donné des ratés et auquel on a fourni de quoi lui permettre de fonctionner à nouveau normalement. Après un certain temps, à la suite d'un sevrage contrôlé par le médecin, la «machine» sera de nouveau capable de fonctionner normalement, cette fois sans l'aide d'un médicament. Bien entendu, il faudra alors éviter de se replacer dans des situations conflictuelles pouvant causer un stress qui à son tour pourra compromettre la bonne marche de la «machine».

RECHUTE

Justement, trois des quatre facteurs de stress à l'origine de ma première dépression se sont trouvés réunis lors de ma seconde crise, dont cette fois je pus reconnaître les symptômes. En effet, un nouveau poste présentant un défi considérable dans une atmosphère de travail plutôt hostile, la mort accidentelle d'un très grand ami et collègue ainsi qu'un retour de vacances ont à cette occasion entraîné pour moi un stress important qui s'est traduit par un questionnement douloureux quant à mes habiletés professionnelles.

Heureusement, ce deuxième épisode a été beaucoup moins grave. Malgré le retard à consulter le psychiatre qui m'avait traitée la première fois, j'ai pu alors poursuivre mes activités professionnelles.

RÉFLEXION SUR DES CAUSES POSSIBLES

La mort de ma mère, la croissance de l'entreprise que je dirigeais avec mes associés, et des vacances trop courtes ne m'ayant pas permis de me remettre de l'état de grande fatigue dans lequel je me trouvais à l'époque, sans oublier le traitement en clinique d'infertilité, subi depuis deux ans, ont définitivement été des facteurs clés dans ce refus de continuer le combat qu'a constitué ma première dépression.

Oui... mais encore... Comment expliquer une telle crise chez une femme de carrière de 35 ans qui avait tout pour être heureuse, qui le savait, et qui malgré tout ne l'était pas?

Je crois avoir trouvé depuis un élément de réponse. Dernière d'une famille de quatre enfants, je suis la seule fille. Deux de mes frères avaient respectivement 10 et 12 ans à ma naissance.

Ma mère, comme à peu près toutes les mères de sa génération, était une femme au foyer qui avait eu peu de temps à consacrer aux aspects plus intellectuels de sa personnalité. Mon père, quant à lui, avait fait des études classiques et possédait une grande culture générale. Mes frères fréquentaient le collège et se destinaient tous à des études supérieures.

Quoique l'instruction ait été une chose très valorisée à la maison, je ne me souviens pas avoir vu mes parents insister outre mesure pour que nous étudiions, mes frères et moi (j'avais, soit dit en passant, des résultats scolaires plutôt médiocres). Je n'en ai pas moins profondément senti l'importance de la réussite à cet égard, et ai toujours en quelque sorte souffert de ma piètre performance scolaire.

Or, j'ai toujours été plutôt habile de mes mains. Minutieuse de nature, j'aurais peut-être pu choisir de mettre en valeur ces habiletés manuelles et d'exercer un métier pour lequel j'aurais eu des aptitudes plus naturelles et qui m'apporterait aujourd'hui la satisfaction toute simple du devoir accompli.

J'aimais beaucoup mes parents et j'étais une enfant docile. J'admirais par-dessus tout mon père et, naturellement, je voulais qu'il m'aime. Et voilà qui explique tout: une petite fille, qui adorait son père et qui savait qu'il valorisait les études supérieures, a voulu étudier comme le faisaient ses frères, pour être aussi «bonne» qu'eux et que son père l'admire comme il admirait ses frères.

Est-il possible que cela soit à l'origine de ce que, encore aujourd'hui, il m'arrive de ne pas croire à mes capacités intellectuelles et à mon aptitude à occuper des postes de prestige comportant des responsabilités importantes?

Quelles pourraient être les causes d'un tel manque de confiance en soi? Les résultats scolaires médiocres obtenus dans l'enfance? Les moqueries des petits camarades d'alors?

Un modèle parental masculin très performant sur le plan intellectuel, un modèle parental féminin qui l'était beaucoup moins? La non-valorisation des métiers manuels? La croyance de l'époque, qui voyait en l'université le seul véhicule pouvant mener à la réussite sociale?

*Quoi qu'il en soit, je sais que j'aurai toujours à vivre avec ce senti-
ment de doute quant à mes capacités professionnelles. Il s'agit chez
moi d'un «talon d'Achille», en quelque sorte, d'un terrain hélas propice au développement d'éventuels symptômes dépressifs.*

SE DONNER LE TEMPS — UN MESSAGE D'ESPOIR

*En conclusion, j'aimerais dire aux personnes qui liront ces lignes que,
aussi impensable cela puisse-t-il paraître lorsqu'on est au plus profond
d'une dépression, il est possible de s'en sortir, et très bien!*

*Personnellement, je me souviens de ce que je ressentais quand
j'étais en pleine dépression. Je ne voyais alors pas d'issue, pas de
lumière au bout du tunnel. Je me rappelle l'épisode des dossiers que je
déplaçais sans pouvoir me décider pour l'un ou pour l'autre; étran-
gement, aujourd'hui, je me demande comment j'ai pu me trouver dans
cet état. J'ai l'impression d'être toujours la même personne. Pourtant,
je prends des décisions tous les jours, je parle à une foule de gens, il y
a quantité de travail à faire; or, cela ne me stresse pas, cela me stimule
même parfois.*

*Le secret, c'est de se donner le temps de guérir. Des états d'esprit
qui se façonnent au fil de nombreuses années — une enfance, une adolescence — ne peuvent se transformer en une semaine. Par ailleurs,
l'âge permet souvent d'affronter les problèmes avec plus de sérénité.*

*Il faut continuer à se battre, même si on se croit dans l'obscurité
complète, continuer, car on n'est qu'à la frontière de l'obscurité... la
lumière n'est pas loin!*

Les dépressions: classification et définitions

Jean Leblanc, M.D. [*]

Sommaire

[*]   Psychiatre et psychanalyste, directeur du Programme des maladies affectives au
      Pavillon Albert-Prévost de l'hôpital du Sacré-Cœur de Montréal, et professeur
      agrégé de clinique au Département de psychiatrie de l'Université de Montréal.

Environ huit pour cent de la population nord-américaine présentera au cours de sa vie l'un ou l'autre des troubles de l'humeur dont il est question dans cet ouvrage, la dépression constituant la plus grande part de ces troubles en ce qui a trait à la prévalence.

Or, en dépit de cette fréquence, la dépression demeure méconnue. Le terme est utilisé, dans le grand public, pour décrire indifféremment toutes sortes de phénomènes, qu'il s'agisse de «mal de vivre» (comme dans l'expression «être dépressif»), de trouble psychique indéterminé ou de réaction émotive face à un événement pénible («elle est déprimée depuis qu'elle a perdu son emploi»).

En fait, la dépression est une maladie qui possède des caractéristiques précises, une étiologie et une évolution qui lui sont propres, ainsi qu'une réponse prévisible à des traitements spécifiques appropriés. Il est important de la reconnaître lorsqu'elle est présente, car cette maladie entraîne une baisse appréciable de la qualité de vie, comporte des risques de complications importants et donne souvent lieu à des rechutes, voire à la chronicité. En revanche, elle répond relativement bien aux traitements de plus en plus efficaces qui sont constamment mis au point.

À l'inverse, un «mal de vivre» qui serait incorrectement diagnostiqué comme étant une dépression et traité en conséquence ne connaîtrait aucune amélioration, cette erreur de diagnostic présentant elle aussi l'inconvénient de créer de fausses attentes chez le patient, de le soumettre à des thérapies inappropriées et de compromettre la mise en application de solutions plus indiquées.

Les lacunes sur le plan de la reconnaissance de la dépression comme problème médical et social important ont amené récemment la National Mental Health Association (NMHA, ou Association américaine de santé mentale) à lancer aux États-Unis une campagne publique d'information sur le sujet. Pour les mêmes raisons, l'American Psychiatric Association (Association américaine de psychiatrie) publiait en avril 1993 un guide de pratique pour le traitement de la dépression majeure chez l'adulte (American Psychiatric Association, 1993). L'Association des médecins du Canada a pour sa part publié dans la même année une monographie portant aussi sur la dépression (Reesal et Vincent, 1993). Tous ces efforts de premier plan témoignent de la nécessité pour notre société et pour les personnes concernées d'avoir accès à une information adéquate et précise.

HISTORIQUE ET DÉFINITIONS ACTUELLES

Plusieurs termes ou expressions décrivant des modifications dépressives survenant chez un individu circulent dans le grand public; il s'agit de termes ou d'expressions souvent imprécis, qui désignent des troubles très variés. Il s'avère donc utile de passer en revue quelques définitions médicales, pour éviter la confusion que risque d'engendrer l'emploi d'appellations populaires. Il est également important de faire un bref survol de l'évolution des connaissances dans le domaine des troubles affectifs, nos connaissances actuelles étant issues des tentatives de compréhension de ces phénomènes par les générations antérieures de praticiens et de chercheurs.

Ainsi, le terme «humeur» est utilisé en psychiatrie pour désigner une qualité particulière du vécu interne ou de l'état émotif, ressentie et rapportée par la personne et perceptible par l'entourage; l'humeur peut être irritable, euphorique, triste, etc. Les maladies affectives dont il est question dans le présent ouvrage sont des **pathologies de l'humeur** en ce qu'elles se présentent précisément sous forme de modifications pathologiques de l'humeur: entre autres, états dépressifs ou maniaques. Le terme «affect» a aussi cette acception, mais sa signification est plus globale: on l'utilise souvent lorsqu'il s'agit de caractériser le degré d'expressivité d'un sujet. On pourra ainsi parler d'un «affect émoussé» lorsqu'il sera question d'un sujet s'exprimant avec une quasi-totale absence d'émotions, un grand détachement affectif.

Dans le *Diagnostic and Statistical Manual of Mental Disorders: DSM-IV*, système de classification nord-américain communément appelé le «DSM-IV», on regroupe ces maladies sous l'appellation de «troubles de l'humeur» (*mood disorders*) alors que dans la *Classification internationale des maladies: CIM-10* produite par l'Organisation mondiale de la santé (OMS) on les désigne plutôt par l'expression «troubles de l'humeur (affectifs)». La tradition psychiatrique fait donc des termes «humeur» et «affect» des concepts assez voisins. Dans le présent ouvrage, les appellations «troubles affectifs» et «troubles de l'humeur» sont donc synonymes.

Par ailleurs, il faut prendre garde d'associer le sens populaire de ces termes à leur signification psychiatrique. Ainsi, le fait d'être «d'humeur massacrante» ou «de mauvaise humeur» n'a rien à voir avec les troubles de l'humeur. De même, les troubles affectifs ne font nullement référence à l'état d'une personne qui aurait été privée d'«affection» à un moment de sa vie.

Il importe également de souligner que les termes auxquels on recourt de nos jours pour décrire les perturbations de l'humeur, tant dans le langage populaire que dans la littérature scientifique, ont une longue histoire, et qu'au cours des siècles, ils ont été créés et employés dans des contextes souvent très différents de leur contexte d'emploi moderne. C'est le cas, entre autres, des termes «mélancolie», «dépression» ou «manie». Ainsi, selon les époques, le terme «manie» a été utilisé pour désigner tout état d'excitation, quel qu'il soit, ou a servi comme synonyme approximatif de « maladie mentale ». On recourt encore dans certains textes contemporains à ces termes auxquels on donne leur signification passée, ce qui explique en partie la confusion signalée plus haut.

En fait, la première mention « scientifique » de ce qu'on entend aujourd'hui par « dépression » apparaît sous la plume d'Hippocrate qui, au Ve siècle av. J.-C., appelait « mélancolie » (ou « bile noire ») un état de profonde dépression qu'il attribuait à une cause organique, à savoir un mauvais fonctionnement des « humeurs », c'est-à-dire, selon l'acception qu'avait à l'époque ce mot, des substances circulant à l'intérieur du corps humain.

Le terme « mélancolie » a prévalu jusqu'au tournant du XXe siècle, alors que Kraepelin, l'un des précurseurs de la nosologie psychiatrique moderne, l'a progressivement remplacé, dans la classification des pathologies psychiatriques, par celui de « dépression ». C'est également lui qui a proposé l'appellation « psychose maniaco-dépressive » pour décrire toute forme de psychose récurrente. La dépression, en raison de son potentiel de récidive, entrait dans cette catégorie ; en effet, à cette époque on ne distinguait pas entre troubles de l'humeur unipolaires et troubles de l'humeur bipolaires. Ce n'est qu'en 1957 qu'un auteur allemand, Leonhard, a démontré qu'il existait deux types fondamentalement différents de dépression, les dépressions **unipolaires** et les dépressions s'apparentant à un trouble **bipolaire** (ou maniaco-dépressif) (voir, dans le chapitre 5, la section intitulée « Une définition qui se précise »).

Le concept de mélancolie a continué cependant d'être utilisé au XXe siècle, en partie sous l'influence des auteurs de l'école psychanalytique, pour désigner une forme particulièrement grave de dépression. Le DSM-IV (American Psychiatric Association, 1994) a d'ailleurs conservé ce terme comme qualificatif d'un type particulier de dépression (dépression majeure de type mélancolique).

Si on y réfléchit bien, la confusion entourant le terme « dépression » provient en grande partie de ce qu'on ne fait pas toujours la distinction entre symptôme et maladie, c'est-à-dire entre la dépression (ou état dépressif) comme symptôme d'un autre problème et la dépression comme maladie proprement dite (désignée dans le présent ouvrage par l'appellation « dépression majeure »). On peut assimiler cette nuance de sens à celle qui caractérise les termes « convulsion » et « épilepsie ». Les convulsions surviennent comme symptômes d'états divers (p. ex., à la suite de fortes fièvres chez l'enfant), alors que l'épilepsie est une maladie dont l'une des caractéristiques est certes la présence habituelle de convulsions, mais qui comporte aussi d'autres signes et symptômes particuliers.

Les cliniciens sont parfaitement conscients du fait que ce qu'ils dénomment «dépression» regroupe en fait des entités cliniques variées: toutes les dépressions ne se présentent pas de la même façon, n'ont ni la même origine ni la même évolution, pas plus qu'elles ne répondent aux mêmes traitements. Cela explique qu'il y a eu par le passé plusieurs tentatives de classifier la dépression en différents sous-types, en fonction de critères divers:

– **endogène** ou **réactionnelle**, lorsqu'on voulait distinguer entre les maladies dépressives qui paraissaient causées par des facteurs internes (ou biologiques) et celles qui semblaient avoir été entraînées par des phénomènes extérieurs au sujet;

– **névrotique** ou **psychotique**, selon que les symptômes se présentaient comme apparentés, soit à une pathologie névrotique, soit à une perte de contact (psychotique) avec la réalité;

– **primaire** ou **secondaire**, selon que la dépression survenait de façon spontanée, ou qu'elle était plutôt attribuable à une maladie primaire physique ou psychiatrique ou à la consommation d'une substance psychoactive à des fins thérapeutiques ou récréatives (drogues);

– **ralentie** ou **agitée**;

– **typique** ou **atypique**;

– etc. (Cournoyer et de Montigny, 1988).

Ces classifications se sont avérées utiles cliniquement mais insuffisantes à titre de système exhaustif de classification des troubles de la lignée dépressive. À l'heure actuelle, la classification des troubles de l'humeur (incluant les troubles dépressifs) retenue dans le DSM-IV est celle présentée au tableau 2.1 (page 12).

ÉPISODE DE DÉPRESSION MAJEURE

Une définition

Un épisode de dépression majeure comporte un certain nombre de symptômes, qui sont habituellement répartis en symptômes dits «cognitifs» ou «neurovégétatifs» (ce dernier qualificatif faisant référence au système nerveux autonome, aussi appelé «neurovégétatif», qui régit les fonctions internes de l'organisme telles que la mobilité de l'intestin, la vitesse du pouls, la respiration, etc.).

Les symptômes cognitifs d'un épisode de dépression majeure sont les suivants:

– tristesse (chez l'adolescent, il peut s'agir d'irritabilité) pendant une grande partie de la journée, et ce, presque tous les jours;

TABLEAU 2.1
Classification des troubles de l'humeur selon le DSM-IV

Troubles dépressifs unipolaires

- Dépression majeure
  - à épisode unique
  - à épisodes récurrents
- Trouble dysthymique (dysthymie)
- Troubles dépressifs non spécifiques

Troubles bipolaires

- Trouble bipolaire de type I, maniaque, hypomaniaque, dépressif ou mixte
- Trouble bipolaire de type II
- Trouble cyclothymique (cyclothymie)
- Troubles bipolaires non spécifiques

Troubles de l'humeur liés à la présence d'une maladie organique ou à l'utilisation d'une substance psychoactive (ou autre)

Source: Adapté et traduit de l'American Psychiatric Association (1994, p. 317-318). Le *Manuel diagnostique et statistique des troubles mentaux (DSM-IV)*, traduction française officielle de ce livre dont Masson est le seul éditeur autorisé, n'était pas encore publié au moment où a été imprimé le présent ouvrage.

- réduction de l'intérêt ou du plaisir dans tous ou presque tous les champs habituels d'activités, pendant une grande partie de la journée, et ce, presque tous les jours;
- autocritique excessive, sentiments douloureux d'indignité, tendance à se dévaloriser, sentiments douloureux de culpabilité intenses ou inappropriés;
- diminution de la capacité de penser, de se concentrer ou de prendre des décisions;
- présence de différents types de pensée sur le thème de la mort (y compris les idées suicidaires).

Les symptômes neurovégétatifs (ou somatiques) d'un tel épisode sont, quant à eux, les suivants:

- perte ou, plus rarement, gain significatif de poids (non attribuables à une diète et caractérisés par une variation équivalant à au moins 5 % du poids corporel, en un mois) ou diminution ou augmentation de l'appétit, et ce, presque tous les jours;
- insomnie ou, plus rarement, hypersomnie, et ce, presque tous les jours;
- ralentissement psychomoteur ou, plus rarement, agitation psychomotrice;
- fatigue ou réduction de l'énergie.

Une dépression doit satisfaire à au moins cinq de ces critères, dont l'un des deux premiers symptômes cognitifs (tristesse ou perte de l'intérêt). Ces symptômes doivent être présents depuis au moins 15 jours, pratiquement tous les jours et toute la journée, et constituer un changement par rapport au mode habituel de fonctionnement.

Ces critères permettent de faire la distinction entre des réactions subjectives et pénibles parfois intenses mais transitoires ou fluctuantes, et la dépression proprement dite. Ces symptômes sont en effet subjectivement différents d'une réaction dite «normale» à des événements déplaisants (il est en effet «normal» de ressentir des émotions pénibles face à des situations difficiles; il ne s'agit pas dans ce cas de dépression). Ils entraînent un sentiment profond de détresse chez la personne atteinte, ou ont des répercussions importantes sur les aspects relationnel, professionnel ou autres de sa vie quotidienne.

Enfin, ces symptômes ne sont pas imputables aux effets directs d'une substance psychoactive (abus d'alcool ou de drogues; prise d'un médicament) ou aux symptômes d'une maladie concomitante (p. ex., une anémie). Ainsi, une consommation abusive et continue d'alcool provoque un état de **dysphorie** (le fait d'être mal dans sa peau) qui est souvent interprété faussement comme étant lié à une dépression sous-jacente. On parlait autrefois, dans ce cas, de «dépression secondaire»; ce terme tend toutefois à être délaissé, étant donné qu'il n'est pas question ici de dépression, mais plutôt d'un état de santé dont certaines caractéristiques évoquent la dépression.

Rôle des symptômes cognitifs

La dépression est un trouble de l'affect qui entraîne une perturbation du processus de la pensée, c'est-à-dire des troubles cognitifs. On peut en quelque sorte se représenter cet état comme résultant d'une «invasion» du psychisme par une toxine qui perturberait la pensée et le jugement de façon dramatique et inquiétante. À mesure que la maladie se développe, la personne atteinte en vient à croire qu'elle ne vaut rien, qu'elle est un poids pour les autres, qu'elle n'accomplit rien de bon et qu'elle mérite d'être blâmée pour ses faiblesses. Elle devient foncièrement pessimiste, tout concourant, à ses yeux, à prouver son manque de valeur. Lorsque la dépression s'aggrave, elle en arrive à se convaincre que l'avenir ne pourra être que désastreux, qu'elle est au bord de la ruine, etc. Les ruminations suicidaires apparaissent alors comme la suite logique de ces pensées perturbées.

Ces troubles de la pensée s'accompagnent d'une douleur morale importante. En outre, ils entraînent chez la personne qui en souffre un état d'abattement qui compromet chez cette dernière la recherche d'un traitement; en effet, compte tenu du défaitisme qui la submerge, cette personne ne voit pas l'utilité d'une démarche thérapeutique, qui selon elle ne peut qu'aboutir à un échec.

Il est difficile pour l'entourage de la personne atteinte de comprendre une telle altération de la pensée et du jugement, qui constitue en fait le signe immédiatement perceptible de la perturbation plus profonde qu'engendre la dépression et dont toute une série de facteurs biologiques, psychologiques et sociaux sont à l'origine. Une meilleure compréhension de ces facteurs a permis de mettre au point des traitements précisément orientés vers la suppression de ces anomalies: médicaments visant à corriger les perturbations biochimiques (voir le chapitre 8); psychothérapies prenant en quelque sorte pour cibles les «impasses» cognitives ou affectives présentées; ou encore psychothérapies psychosociales diverses (voir le chapitre 9).

Rôle des symptômes neurovégétatifs

L'un des symptômes les plus caractéristiques de la dépression majeure (et en particulier de la dépression de type mélancolique) est l'éveil très matinal, marqué par une impossibilité de se rendormir et accompagné d'un sentiment de profond abattement et de l'impression d'être encore plus fatigué qu'au moment de se mettre au lit; ce malaise intense s'atténue habituellement à mesure que la journée progresse. À ce sujet, Freud affirmait dès 1917 que, selon lui, «un facteur vraisemblablement somatique, non élucidable par la psychogenèse» (Freud, 1917 [1915]), entraînait cette amélioration systématique de la mélancolie en fin de journée.

On convient aujourd'hui que ce type particulier d'insomnie, de même que les autres symptômes neurovégétatifs de la dépression (et particulièrement ceux de la dépression de type mélancolique dont il sera question à la page 15) sont liés à des facteurs biologiques sous-jacents; d'ailleurs, les thérapies biologiques sont d'autant plus efficaces que ces symptômes neurovégétatifs sont plus importants. La CIM-10 regroupe ces symptômes sous le vocable de «syndrome somatique», dans la mesure où ils sont présents en nombre suffisant, et elle répartit les diverses formes de dépression en sous-types définis en fonction de la présence ou de l'absence de ce syndrome somatique. Il importe de noter que les dépressions avec syndrome somatique répondent mieux à un traitement antidépresseur s'attaquant aux causes biologiques (médicament ou électroconvulsivothérapie).

TROUBLES DÉPRESSIFS

Dépression majeure

La dépression majeure se définit au moyen des critères de l'épisode de dépression majeure énoncés plus haut.

Le diagnostic peut en préciser l'intensité, qui sera légère, modérée ou sévère. Les dépressions plus sévères sont parfois accompagnées de symptômes psychotiques (p. ex., délire de culpabilité, d'indignité, de pauvreté ou de persécution, ou encore hallucinations insultantes pour le sujet).

Bien qu'un premier épisode de dépression majeure puisse survenir à tout âge, l'âge moyen d'apparition se situe vers la fin de la vingtaine (26,5 ans). Pour plusieurs, ce sera le seul épisode (dépression majeure à épisode unique), mais 50% des sujets atteints présenteront éventuellement un ou plusieurs épisodes subséquents (dépression majeure à épisodes récurrents). La période de rémission entre ces divers épisodes peut aller de deux mois à plusieurs années.

En l'absence de traitement, la durée d'un épisode de dépression majeure varie de 6 à 24 mois; or, l'administration de médicaments antidépresseurs réduit souvent à quelques semaines la durée des symptômes. Chez les deux tiers des sujets, la guérison de l'épisode dépressif sera complète, alors que les autres continueront à manifester des symptômes résiduels et un certain degré de perturbation fonctionnelle sur le plan de la vie familiale, professionnelle et sociale. Lorsque l'amélioration est incomplète, la probabilité de survenue d'un nouvel épisode est augmentée. La dépression est qualifiée de «chronique» lorsque persistent, après deux ans, un nombre de symptômes suffisant à justifier le maintien d'un diagnostic de dépression majeure.

Il importe de connaître ces données, car elles influent sur la détermination de la durée et de l'intensité du traitement à administrer; à l'heure actuelle, les données mises au jour par la recherche suggèrent qu'un traitement précoce s'accompagne d'un meilleur pronostic.

DÉPRESSION MAJEURE DE TYPE MÉLANCOLIQUE

On peut imaginer que, si le DSM-IV requiert la présence de cinq symptômes tirés d'une liste de neuf pour définir une dépression majeure, plusieurs tableaux cliniques assez différents peuvent répondre à ce diagnostic, puisque plusieurs combinaisons de ces symptômes sont possibles. La dépression majeure de type mélancolique représente cependant une combinaison particulière en ce sens que ses symptômes en sont très caractéristiques, et que ce syndrome clinique a en quelque sorte constitué à travers les âges le prototype de la dépression.

On l'appelle aussi «dépression endogène» (c'est-à-dire attribuable à des causes biologiques), en raison de ce que sa survenue ne semble avoir aucun lien avec des facteurs déclencheurs extérieurs qui suffiraient à expliquer l'intensité des symptômes. Le tableau clinique est relativement comparable d'une personne à l'autre; par ailleurs, l'épisode dépressif survient souvent chez des individus dont la personnalité ne présente pas de vulnérabilité particulièrement évidente.

Les symptômes de la dépression de type mélancolique présentent les particularités suivantes:

- humeur dépressive perçue comme différente de ce que serait celle d'une personne vivant un deuil;

- perte de l'intérêt ou du plaisir dans les champs habituels d'activités marquée;

- survenue d'événements heureux n'améliorant pas le tableau clinique, même temporairement;

- dépression toujours plus manifeste le matin;

- insomnie matinale, le sujet trouvant, le soir, assez facilement le sommeil (il se sent mieux en fin de journée), mais s'éveillant, le matin, au moins deux heures avant l'heure habituelle et n'arrivant pas à se rendormir;

- ralentissement psychomoteur (de la pensée, de la parole et des gestes) ou agitation sans but (notamment chez les personnes âgées);

- diminution de l'appétit ou perte de poids;

- sentiment de culpabilité excessif ou inapproprié.

L'intensité et l'invariabilité des symptômes, l'absence de facteurs déclencheurs dont l'importance pourrait justifier la présence de ces symptômes et celle d'un trouble de la personnalité sous-jacent, ainsi que la présence fréquente de dépression dans les antécédents familiaux donnent à penser que la dépression de type mélancolique peut être attribuable à des causes biologiques. C'est d'ailleurs cette forme de dépression qui répond le mieux à l'administration de médicaments antidépresseurs appropriés ou à d'autres traitements biologiques tels que l'électroconvulsivothérapie (aussi appelée «sismothérapie»).

Trouble dysthymique (dysthymie)

On définit généralement le trouble dysthymique, ou dysthymie, comme étant une dépression chronique de moindre intensité que la dépression majeure. Dans la pratique, on pose un diagnostic de trouble dysthymique lorsque les conditions suivantes sont réunies:

- présence d'une humeur dépressive la plus grande partie de la journée, et ce, la majeure partie du temps depuis l'apparition de la dysthymie;

- présence de trois symptômes, parmi une liste de critères diagnostiques analogues à ceux de la dépression majeure;

- présence des symptômes depuis au moins deux ans (un an chez les enfants ou les adolescents), en l'absence de période de rémission asymptomatique de plus de deux mois.

Si le sujet souffre de dysthymie depuis plusieurs années, on peut aisément croire qu'il s'agit là tout bonnement d'un trait de personnalité. En effet, les personnes atteintes d'un trouble dysthymique semblent parfois résignées, ce qui peut donner l'impression que la dépression constitue chez elles, en quelque sorte, davantage un style de vie qu'une maladie proprement dite. Le fait qu'on décrive la dysthymie comme étant une dépression d'intensité légère à modérée peut donner à penser qu'il s'agit d'une pathologie bénigne. Or, les recherches ont montré que, au contraire, la dysthymie cause autant, sinon davantage, d'incapacité que ne le fait la dépression majeure.

En outre, l'efficacité des médicaments antidépresseurs est moindre en ce qui concerne ce type particulier de trouble dépressif; ce phénomène a indiscutablement entraîné un certain pessimisme thérapeutique. Néanmoins, le développement constant de nouvelles stratégies thérapeutiques a pu en améliorer le pronostic; ainsi, l'association d'approches pharmacologiques et psychothérapiques serait particulièrement pertinente dans le traitement de la dysthymie.

Troubles dépressifs non spécifiques

On regroupe sous l'appellation «troubles dépressifs non spécifiques» un certain nombre de troubles dépressifs qui ne satisfont pas aux critères diagnostiques spécifiques de la dépression majeure, mais dont les caractéristiques suffisent à ce qu'ils soient inclus dans la catégorie des troubles de l'humeur de type dépressif. C'est le cas, entre autres, des troubles brièvement décrits ci-après.

Trouble dysphorique prémenstruel (TDP) Il faut distinguer le trouble dysphorique prémenstruel (TDP) des difficultés habituelles liées au cycle menstruel et de la dysménorrhée (ou menstruations douloureuses). Il s'agit en fait d'un trouble dépressif marqué survenant régulièrement à la fin du cycle menstruel et disparaissant peu après le début des menstruations (voir, dans le chapitre 14, la section intitulée «Trouble dysphorique prémenstruel (TDP)»).

Dépression mineure   La dépression mineure s'assimile à la dépression majeure en ce qui concerne la durée de manifestation des symptômes; ceux-ci sont présents pendant au moins deux semaines consécutives, pratiquement tous les jours et durant la majeure partie de la journée. Cependant, moins de cinq des critères nécessaires à l'établissement d'un diagnostic de dépression majeure sont présents dans ce cas.

La nécessité de constituer un sous-type distinct qui porte le nom de «dépression mineure» est née de ce que cette forme de trouble dépressif est relativement fréquente et qu'elle a des répercussions importantes sur la qualité de vie et la capacité fonctionnelle; par ailleurs, elle répond à un traitement spécifique qui tient justement compte de ses caractéristiques particulières.

Troubles de l'humeur liés à la présence d'une maladie organique ou d'un problème de santé (dépression induite ou secondaire)

Il existe fréquemment une association entre la présence d'une dépression et celle de certaines maladies physiques. Il s'agit là d'une association complexe: en effet, il arrive parfois que la dépression soit provoquée par la maladie physique proprement dite; par contre, dans d'autres cas, le médicament administré pour traiter la maladie en cause peut entraîner la dépression. En fait, les études indiquent que la dépression est liée dans une large mesure à certaines pathologies organiques, mais leurs résultats ne permettent pas d'établir ce qu'est précisément ce lien.

La présence des maladies ou des problèmes de santé suivants est souvent associée à la dépression:

– Maladie de Parkinson: cette maladie, causée par une atteinte neurologique spécifique, se rencontre fréquemment chez les personnes âgées. Elle est essentiellement caractérisée par des tremblements, une disparition des mouvements automatiques (dont le balancement des bras pendant la marche), une rigidité musculaire et une perte de la mimique. Il est vrai que ces symptômes peuvent donner à la personne atteinte une «allure» dépressive, sans pour autant qu'il y ait trouble dépressif proprement dit; il n'en demeure pas moins que d'authentiques dépressions surviennent fréquemment dans ces cas. Les causes en étant mal connues, les hypothèses actuelles incluent l'un ou l'autre des facteurs suivants, pouvant agir isolément ou en interaction:

   • la dépression serait une réaction affective face à la présence de la maladie, laquelle entraîne parfois une incapacité appréciable;

- le syndrome dépressif ferait partie intégrante des symptômes de la maladie de Parkinson;
- les médicaments administrés pour le traitement de la maladie de Parkinson (L-dopa, lévodopa-carbidopa) seraient à l'origine de symptômes dépressifs;

– Syndrome de Cushing: le lien entre la dépression et cette maladie grave causée par la production excessive de cortisol par les glandes surrénales demeure toujours mal compris, mais on en sait davantage aujourd'hui sur l'ensemble des liens qui existent entre la dépression, la réponse au traitement antidépresseur et le système neurohormonal (voir le chapitre 8);

– Tumeurs cérébrales;

– Accidents cérébro-vasculaires: on a bien décrit la survenue fréquente de la dépression à la suite de ces accidents qui entraînent parfois des séquelles importantes telles que troubles du langage, paralysies, etc. La réaction émotionnelle alors induite ne serait pas seule en cause; la localisation de la lésion pourrait également jouer un rôle dans l'apparition des symptômes;

– Alcoolisme: état dépressif et alcoolisme coexistent souvent. Les recherches indiquant cependant que, dans la majorité des cas, les symptômes disparaissent dans les quatre semaines qui suivent un arrêt de la consommation, il ne s'agirait donc pas véritablement de dépression majeure, mais plutôt d'un effet de l'abus d'alcool;

– Certaines formes de cancer (p. ex., cancer du pancréas);

– Complications neurologiques du syndrome d'immunodéficience acquise (SIDA);

– Hyperthyroïdie ou hypothyroïdie (troubles résultant de perturbations du fonctionnement de la glande thyroïde, consistant dans le premier cas en un accroissement anormal de ses sécrétions, et dans le second, en une diminution de celles-ci).

Symptômes dépressifs induits par la prise de médicaments

S'il existe peu d'études contrôlées permettant de conclure définitivement à une relation entre la survenue de la dépression et des types spécifiques de médicaments, certains d'entre eux ont néanmoins parfois été associés à une incidence accrue de symptômes dépressifs. C'est le cas notamment:

– des antihypertenseurs: réserpine, propranolol;

– de certaines hormones: ACTH et glucocorticoïdes (cortisone et substances apparentées), stéroïdes anabolisants;

– de nombreux psychotropes : antipsychotiques, benzodiazépines (tranquillisants mineurs).

Ces agents ne causent pas de symptômes dépressifs chez tous ceux à qui on les administre. On conseille cependant aux personnes ayant des antécédents personnels ou familiaux de dépression d'être vigilants en ce qui concerne la prise de ces médicaments ; celle-ci doit se faire uniquement sous surveillance médicale.

DÉPRESSION PRÉSENTANT DES TRAITS PARTICULIERS : LA DÉPRESSION ATYPIQUE

Les dépressions ne répondent pas toutes également à un même type de traitement ou peuvent présenter une évolution différente de celle des formes habituelles ; il est alors parfois nécessaire d'en faire des entités nosologiques distinctes. C'est le cas, notamment, de ce qu'on appelle la « dépression atypique ». En effet, chez un bon nombre de patients atteints de dépression majeure, un ensemble de symptômes communs a retenu l'attention parce qu'ils paraissaient justement atypiques par rapport à ceux que présentaient habituellement les personnes souffrant de cette forme de dépression. Ces traits sont les suivants :

– Réactivité de l'humeur : alors que l'humeur de la personne atteinte de dépression ne s'améliore habituellement pas, même pour quelques heures, lorsque survient un événement heureux, celle du patient souffrant de dépression atypique subit alors un changement positif temporaire ;

– Inversion des symptômes neurovégétatifs de la dépression majeure :

  • il y a hypersomnie, c'est-à-dire un accroissement du besoin de dormir, une « envie de dormir tout le temps » ;

  • il y a augmentation de l'appétit ou du poids ainsi qu'une tendance à grignoter continuellement, surtout des sucreries ou des féculents ;

– Sensation de grande lourdeur dans les membres (« membres de plomb ») ;

– Grande sensibilité au rejet : un trait de personnalité caractéristique des patients présentant ce type de dépression, même avant la survenue de l'épisode dépressif, et qui entraîne des difficultés dans les relations interpersonnelles.

La personne souffrant de dépression atypique, outre qu'elle tire avantage de la psychothérapie en raison de la vulnérabilité qu'elle présente sur le plan de la personnalité, réagit souvent favorablement à une classe particulière d'antidépresseurs, les IMAO (inhibiteurs de la monoamine oxydase). Certes, l'administration de ce type de médicaments requiert des précautions additionnelles en ce qui concerne l'alimentation et la prise concomitante éventuelle d'autres médicaments, mais son efficacité dans le traitement de ce type de pathologie justifie son emploi dans la plupart des cas (voir le chapitre 8, page 116).

Troubles dépressifs à évolution spécifique

Certaines dépressions, dites «à évolution spécifique», semblent liées à des phases significatives de la vie ou à des changements dans l'environnement, dont par exemple le rythme des saisons.

Troubles affectifs saisonniers   Il s'agit habituellement de dépressions survenant à des moments précis de l'année, plus particulièrement à l'automne, et dont on présume qu'une réactivité particulière de l'organisme à la lumière puisse être à leur origine. Des traitements par l'exposition à la lumière (photothérapie) sont utilisés pour corriger les symptômes dépressifs de ce type (voir, dans le chapitre 12, la section intitulée «Traitement»).

Troubles de l'humeur du post-partum   Les troubles de l'humeur du post-partum apparaissent durant les quatre semaines qui suivent l'accouchement. Il faut les distinguer du **cafard postnatal**, appelé aussi «*baby blues*», qui n'est pas un état pathologique mais un état dépressif transitoire relativement fréquent survenant dans les jours qui suivent l'accouchement.

Il existe également une forme de trouble psychotique se manifestant dans la période du post-partum, appelée «psychose du post-partum», qui, en raison de ses liens avec l'accouchement, est décrite plus loin (voir le chapitre 14).

TERMES COURAMMENT UTILISÉS POUR QUALIFIER DES SYNDROMES DÉPRESSIFS OU DYSPHORIQUES

Plusieurs termes sont couramment employés dans la littérature scientifique ou populaire, ou encore dans la langue de tous les jours, pour décrire certains aspects de la dépression. Ces termes ne désignent nullement des catégories diagnostiques ou des types de dépression; ils sont cependant utiles parce qu'ils renvoient à des caractéristiques des syndromes dépressifs que la terminologie conventionnelle n'évoque pas.

Dépression masquée   L'expression «dépression masquée» donne à penser que la dépression pourrait en quelque sorte «se cacher

derrière» divers symptômes somatiques, psychologiques ou comportementaux. C'est au cours des années 60 et 70 que l'expression a connu
le plus de vogue, à la suite de la constatation qu'un nombre appréciable de personnes atteintes de dépression consultaient leur médecin
de famille à ce sujet, sans toutefois qu'un diagnostic de dépression soit
posé et qu'un traitement approprié soit instauré. L'une des répercussions positives de l'emploi de ce terme a été de sensibiliser davantage
le grand public et le corps médical à la fréquence de la dépression et à
l'importance d'établir un diagnostic précis et de prescrire un traitement adéquat.

Le concept en lui-même renvoyait indiscutablement à certaines
réalités qu'il n'était pas inutile de mettre en lumière. D'une part, c'est
souvent en raison de symptômes somatiques qu'une personne consulte
son médecin, ce qui peut contribuer à ce que la dépression «masquée»
par ces symptômes échappe au diagnostic. D'autre part, les neuf critères de la dépression majeure mentionnés dans le DSM-IV ne sont pas
les seuls symptômes de troubles dépressifs, et il a été suggéré que bon
nombre d'autres symptômes appartiennent à cette catégorie diagnostique. C'est le cas, entre autres, de la dépression survenant chez les
enfants. Il importe également de souligner que les manifestations de la
dépression varient en fonction de l'âge, et que, chez la personne âgée,
la dépression est plus fréquemment «masquée». L'expression de la
dépression, ainsi que la signification même de l'affect dépressif, diffè-
rent aussi selon les cultures (p. ex., la somatisation serait l'une des
manifestations les plus courantes de la dépression dans les pays non
occidentaux).

Toutefois, la popularisation du concept de dépression masquée n'a
pas eu que des effets positifs. Le phénomène a pu contribuer à rendre
plus flous les critères permettant d'établir un diagnostic de dépression
et à lui associer des problèmes de santé avec lesquels elle n'avait en
fait pas de liens véritables. C'est ainsi que bien des malaises physiques
vagues ont été et sont encore souvent présentés sans raison valable
comme des symptômes de troubles dépressifs. Il en est de même de
certains comportements impulsifs tels que toxicomanie, vol à l'étalage,
etc.

La littérature populaire, et en particulier les journaux, va encore
plus loin et utilise indifféremment le terme «dépression» pour désigner à peu près toutes les formes de déviances et de pathologies mentales (on lit souvent, par exemple: «il a commis ce geste dans un
moment de "dépression"»). On peut comprendre qu'il s'agit là d'une
sorte de réticence pudique à appeler les choses par leur nom, le mot
«dépression» étant en somme plus acceptable que d'autres termes
diagnostiques tels que «psychose», ou «démence». Cette pratique présente néanmoins l'inconvénient de faire perdre de vue le sens précis
du terme «dépression».

Dépression névrotique   Avant 1980, la dépression était classifiée différemment, le concept de dépression névrotique s'opposant alors à celui de dépression psychotique, forme plus grave de dépression. Le terme sert encore aujourd'hui à décrire des dépressions d'intensité légère à moyenne, survenant chez des personnes présentant une réactivité émotionnelle particulièrement marquée en présence des événements de la vie ou dans leurs contacts avec l'entourage.

Dépression situationnelle   Ce terme est synonyme de «trouble situationnel avec humeur dépressive».

TROUBLES APPARENTÉS : DIAGNOSTIC DIFFÉRENTIEL

Troubles situationnels avec humeur dépressive

Bien que les troubles situationnels avec humeur dépressive ne soient pas classifiés comme des troubles de l'humeur, nous avons jugé utile d'en parler ici étant donné leur ressemblance avec ces troubles, et parce qu'il est important de faire la distinction entre ces deux types de problèmes de santé.

En fait, la dépression majeure est une maladie dite «autonome», et non pas une simple modification de l'humeur chez un individu aux prises avec les difficultés de la vie courante. La dépression majeure peut apparaître sans événement déclencheur; et si un événement semble être à l'origine de cette dépression, l'intensité de cette dernière sera de beaucoup plus marquée que ne le justifie l'événement déclencheur, et la «qualité» subjective de la tristesse ressentie par la personne sera essentiellement différente (en ce sens qu'elle ne sera pas perçue, par le patient ou son entourage, comme la répercussion émotionnelle normale d'un événement de vie pénible).

En revanche, en présence d'un trouble situationnel, les symptômes se manifestent en réponse à des événements stresseurs précis survenus dans les trois mois précédents, et la réaction de l'individu, si intense soit-elle, est nettement assimilable à celle de tout individu normal placé dans une situation semblable. Cet état persiste habituellement pendant moins de six mois, à moins qu'une fragilité sous-jacente de la personnalité ne rende la personne touchée plus démunie face aux aléas de l'existence.

Dans le trouble situationnel, étant donné l'absence de pathologie dépressive, les médicaments antidépresseurs ne sont habituellement pas utiles; le traitement consistera plutôt en des mesures psychosociales de soutien.

Deuil normal et deuil pathologique

Une réaction de deuil normale comporte des symptômes semblables à ceux de la dépression majeure, tels que tristesse, insomnie, perte d'appétit ou de poids, etc. La personne endeuillée ressent cependant ces symptômes comme normaux, c'est-à-dire comme résultant naturellement de la perte subie, et comme étant d'une intensité proportionnelle à cette perte. Il peut arriver qu'elle recherche une aide professionnelle pour soulager certains symptômes (insomnie, perte d'appétit), mais ni le professionnel consulté ni le patient n'envisagent alors qu'il puisse s'agir d'une maladie affective.

Par contre, il arrive que la réaction de deuil soit plus intense ou présente des caractéristiques additionnelles qui se distinguent de celles d'un deuil dit «normal». D'une part, la réaction peut se prolonger au-delà de ce qui est considéré comme habituel dans une culture donnée. D'autre part, des symptômes autres que ceux d'un deuil normal peuvent être présents: tendance à se dévaloriser (diminution marquée de l'estime de soi), désespoir, idées suicidaires, ralentissement psychomoteur, phénomènes hallucinatoires, etc. Dans ces cas, on parle de «deuil pathologique», soit, en fait, une dépression majeure venue se greffer sur une réaction de deuil normale; le traitement habituel de la dépression majeure est alors indiqué.

Syndrome de fatigue chronique

La fatigue est un symptôme dont les gens font fréquemment part; il se situe au septième rang de l'ensemble des symptômes amenant les personnes à consulter un médecin, et se manifeste chez 20 à 25 % des patients. Il s'agit donc d'un symptôme non spécifique, pouvant être lié à une variété de facteurs physiques ou psychologiques, ou à un mode de vie particulier (p. ex., celui du «bourreau de travail»).

Il existe cependant des cas où un état de fatigue intense se développe rapidement, se prolonge pendant des mois ou des années, et ne semble pas associé à une pathologie physique ou mentale précise. On a donné à ce syndrome le nom de «syndrome de fatigue chronique». L'établissement d'un tel diagnostic n'est cependant possible qu'en présence d'un certain nombre de signes ou de symptômes additionnels, dont les suivants:

– fièvre ou frissons;

– douleurs musculaires ou articulaires migrantes;

– maux de tête;

– troubles du sommeil;

— douleurs pharyngées, maux de gorge;

— ganglions lymphatiques palpables et douloureux;

— et autres.

Bien que la cause de ce syndrome demeure à l'heure actuelle inconnue, il est possible qu'un ensemble de facteurs biologiques et psychosociaux contribuent à l'émergence de celui-ci. La dépression ne compte pas au nombre des critères diagnostiques du syndrome, mais elle peut y être liée à un stade ou à un autre de son évolution en raison de l'impact majeur de la maladie sur la personne atteinte.

ÉPIDÉMIOLOGIE

Plusieurs études épidémiologiques menées à travers le monde ont tenté d'établir la fréquence des troubles de l'humeur, et notamment celle de la dépression majeure. Ces études ont été conduites notamment au Canada, en Corée, aux États-Unis, en Italie, en Nouvelle-Zélande et à Taïwan (Smith et Weissman, 1991). Or, les données obtenues sont relativement concordantes malgré la diversité des groupes culturels étudiés et des méthodes utilisées.

Par ailleurs, une étude récente effectuée aux États-Unis sur un échantillon de sujets choisis au hasard parmi la population civile âgée de 15 à 54 ans et utilisant des outils de recherche épidémiologique éprouvés (Kessler et coll., 1994) a montré que, à l'intérieur d'une période de 12 mois consécutifs, 10,3 % de cette population ont présenté un épisode de dépression majeure. La prévalence à vie, c'est-à-dire le pourcentage de sujets ayant présenté au cours de leur vie un épisode de dépression majeure, se situe selon cette étude à 17,1 %, les taux les plus élevés étant observés chez les plus jeunes.

FACTEURS DE RISQUE

L'étiologie de la dépression n'est pas connue. Les études effectuées à ce jour semblent indiquer cependant une causalité multifactorielle, l'hérédité, les antécédents développementaux de l'individu et des facteurs environnementaux ayant chacun un rôle important à jouer dans la survenue de la maladie, dans des proportions qu'il est à l'heure actuelle difficile de déterminer.

Néanmoins, un certain nombre de facteurs de risque, passés en revue ci-après, ont pu être identifiés dans diverses études épidémiologiques.

Sexe

Les femmes sont atteintes de dépression majeure deux fois plus souvent que les hommes, comme l'indiquent les données du tableau 2.2 présenté ci-après, contrairement à ce qui survient dans les troubles bipolaires où la fréquence est la même chez les hommes et chez les femmes.

TABLEAU 2.2
**Prévalence des troubles de l'humeur établie
en fonction du sexe des participants**

	Prévalence	
	Ponctuelle	**À vie**
Hommes	2,3 à 3,2 %	7 à 12 %
Femmes	4,5 à 9,3 %	20 à 25 %

Source: U.S. Department of Health and Human Services (1993).

On a pensé attribuer cette différence de fréquence à des biais inhérents au mode de recrutement des sujets de recherche, à savoir que les femmes s'adressaient plus souvent aux services dispensateurs de soins de santé que les hommes, cela expliquant qu'on compte un plus grand nombre de femmes atteintes de dépression parmi les clientes de ces services de consultation. Or, des études récentes portant sur la population en général, et non uniquement sur les personnes recherchant des soins, signalent cette même proportion de deux pour un.

Plusieurs hypothèses ont tenté d'expliquer ce phénomène. À ce jour, les hypothèses faisant appel à des facteurs génétiques ou hormonaux n'ont pas réussi à rendre compte entièrement de cette différence entre les sexes. D'autres hypothèses, de type psychosocial, sont mises de l'avant. Citons comme exemple celle de Miller (1986), selon laquelle la société place la femme dans une situation de double contrainte en l'incitant à se définir à la fois comme personne liée (dans ses rôles de conjointe et de mère) et comme personne autonome et indépendante (en fonction des valeurs présentement dominantes dans les sociétés occidentales).

Le fait cependant que la proportion de deux pour un semble constante, et ce malgré la diversité des classes socioéconomiques et des milieux ethnoculturels des populations ayant fait l'objet d'études, plaide en faveur d'une explication biologique.

Variations selon les périodes historiques

L'un des apports les plus étonnants des études épidémiologiques a été de mettre en évidence une augmentation importante de la fréquence de la dépression chez les personnes nées dans les années qui ont suivi la Deuxième Guerre mondiale. Ainsi, une personne née au cours de la dernière décennie risque davantage de souffrir de troubles dépressifs au cours de sa vie qu'une personne née en 1930. Cette fréquence accrue caractérise également d'autres problèmes de santé s'apparentant en quelque sorte à la dépression, notamment l'alcoolisme, la toxicomanie et le suicide. On s'est évidemment efforcé de préciser les causes de ce phénomène, mais sans succès: ces causes demeurent à l'heure actuelle inconnues.

Il importe de prendre note que les études épidémiologiques dont il est ici question étaient basées en partie sur des questionnaires, ce qui a exigé des personnes interrogées qu'elles se remémorent des épisodes passés de dépression qu'elles avaient pu vivre. Or, l'augmentation ne semble pas être liée à des artéfacts tels que des souvenirs faussés chez les personnes plus âgées, lesquels auraient pu amener ces dernières à rapporter moins de dépressions dans les années (plus lointaines) précédant 1940. C'est là en tout cas la conclusion à laquelle aboutissent plusieurs études dans lesquelles on a pourtant eu recours à des méthodes différentes.

Statut socioéconomique

L'appartenance à une classe socioéconomique particulière ne semble pas être associée à une différence en ce qui concerne la fréquence de la dépression. Il n'en demeure pas moins que les personnes détenant un emploi ou jouissant d'une indépendance financière présentent trois fois moins de troubles dépressifs que les chômeurs ou les assistés sociaux.

Antécédents familiaux

On trouve, chez les parents au premier degré d'une personne atteinte de dépression majeure, deux à trois fois plus de dépressions que chez les parents de sujets témoins ne souffrant pas de dépression. De même, le taux différent de concordance de la dépression chez les jumeaux identiques (27 %) par rapport aux jumeaux non identiques (12 %) laisse soupçonner que des facteurs génétiques pourraient être à l'origine de la dépression majeure.

~

Les moyens dont l'être humain dispose pour exprimer ses émotions sont relativement peu nombreux; ce sont les affects qui permettent de traduire les variations de ses états d'âme. Il n'est donc pas étonnant qu'une grande confusion existe dans la compréhension des maladies de l'affect, puisqu'on recourt pour définir ces troubles au «langage» même qui sert à désigner les modalités normales de l'affect dans la vie courante. Il n'est pas étonnant non plus que les maladies dépressives aient été considérées, selon les cas, comme des modes de vie déviants, comme des formes de passivité condamnable ou de fuite devant les responsabilités, ou comme des phases normales de l'existence (donnant lieu à des remarques du type de «ça va passer avec le temps»).

De nos jours, on connaît mieux ces pathologies et leur gravité, soit les conséquences pénibles qu'elles entraînent pour l'individu qui en souffre, ainsi que pour l'entourage de ce dernier et pour la société en général. On est également davantage au fait de leurs facteurs de risque et des facteurs psychosociaux et neurobiologiques qui peuvent être à l'origine de leur survenue. Et surtout, on est plus en mesure d'établir une distinction entre ces maladies proprement dites que l'on désigne par l'appellation de «troubles de l'humeur» et des états dysphoriques ou de sensation d'être «mal dans sa peau» qui font plutôt partie de cette adaptation de l'individu à son milieu qui est notre lot à tous.

En définitive, l'intérêt que présente cette connaissance accrue de la dépression réside en bonne part dans le fait que des traitements efficaces et de plus en plus spécifiques ont pu par conséquent être mis au point, améliorant ainsi considérablement le pronostic de ces pathologies.

BIBLIOGRAPHIE

AMERICAN PSYCHIATRIC ASSOCIATION, 1993, «Practice Guideline for Major Depressive Disorder in Adults», *American Journal of Psychiatry*, vol. 150, n° 4 (suppl.), p. 1-26.

AMERICAN PSYCHIATRIC ASSOCIATION, 1994, *Diagnostic and Statistical Manual of Mental Disorders (4th edition): DSM-IV*, Washington, DC, American Psychiatric Press.

COURNOYER, G., et C. DE MONTIGNY, 1988, «Maladies affectives», dans P. LALONDE, F. GRUNBERG et coll., *Psychiatrie clinique: approche bio-psycho-sociale*, Boucherville, Gaëtan Morin Éditeur, p. 394-395.

FREUD, S., 1917 [1915], «Deuil et mélancolie», *Œuvres complètes, Psychanalyse* (1988), vol. XIII, Paris, Presses Universitaires de France.

KESSLER, R.C., et coll., 1994, «Lifetime and 12-month Prevalence of DSM-III-R Psychiatric Disorders in the United States», *Archives of General Psychiatry*, vol. 51, p. 8-19.

MILLER, J.B., 1986, *Toward a New Psychology of Women*, 2ᵉ édition, Boston, Beacon Press.

ORGANISATION MONDIALE DE LA SANTÉ, 1993, *Classification internationale des maladies: CIM-10*, Paris, Masson.

REESAL, R., et P. VINCENT (dir.), 1993, *La dépression. Diagnostic et traitement en médecine de premier recours*, Montréal, Éditions Grosvenor inc. et Association des médecins du Canada.

SMITH, A.L., et M.M. WEISSMAN, 1991, «The Epidemiology of Depressive Disorders: National and International Perspectives», dans J.P. FEIGHNER et W.F. BOYER, *The Diagnosis of Depression*, Chichester, John Wiley & Sons Ltd., p. 17-30.

U.S. DEPARTMENT OF HEALTH AND HUMAN SERVICES, 1993, *Depression in Primary Care: Volume 1. Detection and Diagnosis*, dans la série Clinical Practice Guideline, nº 5, Silver Springs, MD, AHCPR Publications.

WEISSMAN, M.M., et coll., 1991, «Affective Disorders», dans L.N. ROBINS et D.A. REGIER, *Psychiatric Disorders in America. The Epidemiologic Catchment Area Study*, New York, The Free Press, p. 53-80.

WEISSMAN, M.M., et F. KLERMAN, 1987, «Gender and Depression» dans R. FORMANEK et A. GURIAN (dir.), *Women and Depression*, New York, Springer, p. 3-15.

LECTURE SUGGÉRÉE

WIDLÖCHER, D., 1983, *Les logiques de la dépression*, Paris, Librairie Arthème Fayard.

CHAPITRE 3

Les « mesures » de la dépression

Jean Leblanc, M.D.[*]

Sommaire

[*] Psychiatre et psychanalyste, directeur du Programme des maladies affectives au Pavillon Albert-Prévost de l'hôpital du Sacré-Cœur de Montréal, et professeur agrégé de clinique au Département de psychiatrie de l'Université de Montréal.

Durant les dernières décennies, l'évolution de la psychiatrie a été caractérisée par le souci d'assurer une plus grande précision dans le diagnostic et le traitement des troubles psychiques, ainsi que dans la recherche portant sur ceux-ci. L'accroissement des connaissances dans les domaines neurobiologiques et psychologiques a permis de mieux connaître plusieurs facteurs liés aux troubles de l'humeur et de mettre au point des outils diagnostiques plus rigoureux, en vue d'instituer le traitement le plus approprié et le plus spécifique possible.

On dispose à l'heure actuelle d'une grande variété d'outils diagnostiques servant à l'évaluation psychométrique, mais leur usage demeure pour le moment limité à la recherche fondamentale. Quelques-uns d'entre eux sont cependant d'usage clinique plus courant. D'autres sont utilisés fréquemment dans le cadre d'études pharmacologiques réalisées dans des centres hospitaliers universitaires (p. ex., dans le cadre d'études dont de nouveaux médicaments font l'objet et dont les participants sont recrutés parmi les patients vus régulièrement). Nous passerons en revue ci-après quelques-uns de ces instruments.

CRITÈRES DIAGNOSTIQUES OBJECTIFS

L'un des développements importants dans le domaine du diagnostic des troubles mentaux a consisté en la définition des critères nécessaires à l'établissement d'un diagnostic sûr en présence d'une maladie affective donnée. D'une part, le recours à de tels critères permet l'atteinte d'une plus grande objectivité puisque tout clinicien, quelle que soit son orientation théorique, le lieu où il exerce ou le type de patients qu'il reçoit, doit s'assurer, avant par exemple de poser un diagnostic de dépression, que les critères diagnostiques objectifs de la dépression sont bel et bien présents. D'autre part, on garantit de cette manière, dans la littérature scientifique, l'emploi des mêmes termes pour désigner une même entité nosologique; la comparaison entre les différentes études s'en trouve ainsi facilitée.

Dans la pratique médicale quotidienne, les critères diagnostiques utilisés proviennent d'une liste descriptive de symptômes tirée du DSM-IV ou de la CIM-10 (voir, dans le chapitre 2, la section intitulée «Historique et définitions actuelles»). Lors de l'entrevue initiale qui lui permet d'apprécier l'état de santé de son patient, le clinicien confirme la présence de ces symptômes avant d'identifier l'affection dont souffre ce patient. Ainsi, dans le cas de la dépression majeure, il doit s'assurer de trouver au moins cinq des neuf critères énoncés dans le DSM-IV (voir, dans le chapitre 2, la section intitulée «Épisode de dépression majeure»).

ENTREVUES SEMI-STRUCTURÉES

Les entrevues semi-structurées constituent en quelque sorte un raffinement de la technique d'entrevue, qui permettent de rechercher avec une précision accrue les symptômes correspondant aux critères diagnostiques d'une maladie affective donnée. Le clinicien utilise pour ces entrevues un plan, outil qui, tout en lui laissant la latitude nécessaire à ce qu'il s'adapte à une situation donnée, le cas échéant, l'amène à poser des questions précises, dans un ordre déterminé, de façon à vérifier avec plus de rigueur si des critères diagnostiques spécifiques sont présents. On recourt davantage à ce type d'entrevue lors d'études cliniques comportant un protocole particulier, mais il est également possible de le faire lors de consultations en pratique privée ou hospitalière.

Les deux entrevues les plus fréquemment employées dans les milieux nord-américains sont:

- le SCID (*Structured Clinical Interview for DSM-III-R*);
- le SADS (*Schedule for Affective Disorders and Schizophrenia*).

Dans les deux cas, l'objectif est de déceler de façon fiable la présence d'une pathologie mentale et de déterminer la catégorie diagnostique à laquelle elle appartient. L'ordre d'enchaînement des questions, souvent ouvertes, est prévu de manière à rappeler l'approche d'un clinicien expérimenté; en outre, le clinicien utilisateur attribue une cote spécifique une fois l'appréciation faite, au moyen d'un questionnaire ou d'un autre procédé (consultation du dossier médical du patient, rencontre avec la famille, etc.), de la présence ou de l'absence des critères diagnostiques recherchés.

Les deux types d'entrevue comportent bien entendu leurs avantages et inconvénients respectifs. Le SADS est plus détaillé, mais moins commode à administrer en raison de sa longueur, alors que le SCID s'inscrit plus aisément dans une démarche clinique.

ÉPREUVES DE LABORATOIRE

L'explosion des connaissances dans le domaine des neurosciences, alliée à une meilleure compréhension des mécanismes biologiques qui sous-tendent les troubles de l'humeur, ont conduit les chercheurs à tenter de mettre au point des épreuves de laboratoire qui permettraient d'étayer un diagnostic de trouble de l'humeur en fonction de mesures de laboratoire, un peu comme on confirme un diagnostic de diabète sucré à l'aide d'une mesure de la glycémie (teneur du sang en glucose).

Deux de ces épreuves de laboratoire ont particulièrement retenu l'attention et ont fait l'objet de nombreuses études cliniques; le test de suppression à la dexaméthasone et le test de stimulation à la TRH.

Dans sa version la plus simple, le **test de suppression à la dexamé-thasone** (TSD) consiste à administrer au patient 1 mg de dexamétha-sone (substance synthétique dérivée de la delta cortisone) en com-primés à 23 h et à effectuer un dosage du cortisol sanguin à 16 h le lendemain. Un résultat de 5 µg/dl (138 nmol/l) est considéré comme étant le seuil différentiel et un résultat de 7 µg/dl (195 nmol/l) comme pouvant indiquer la présence d'une dépression. Cette épreuve est basée sur l'hypothèse selon laquelle, en présence de dépression, il existe une anomalie du fonctionnement du système endocrinien se traduisant par une non-adaptation de la sécrétion de cortisol à l'administration de dexaméthasone.

Une autre épreuve utilisée dans l'évaluation de la dépression est le **test de stimulation à la TRH** (facteur déclenchant la sécrétion de thy-réostimuline, mieux connu sous l'appellation anglaise «*thyrotropin-releasing hormone*»). Cette hormone produite dans la région anté-rieure de l'hypothalamus stimule la production d'une hormone hypo-physaire appelée «thyréostimuline», mieux connue peut-être sous la forme abrégée TSH (pour l'anglais «*thyroid-stimulating hormone*»); or, chez un certain nombre de personnes atteintes de troubles dépres-sifs, on constate une absence d'élévation du taux de thyréostimuline après injection de TRH, alors que le fonctionnement de la thyroïde est normal (Linkowski, 1988).

Ces épreuves présentent un intérêt théorique certain étant donné les phénomènes qu'elles mettent au jour, à savoir les anomalies surve-nant sur le plan de l'interaction entre les hormones appartenant au réseau complexe que constituent l'hypothalamus, l'hypophyse et les glandes endocrines périphériques. Néanmoins, bien des inconnues subsistent encore quant à la nature exacte de ces anomalies. En outre, ces deux tests manquent de sensibilité (propriété se définissant par la probabilité que les personnes atteintes d'une affection présumée obtiennent un résultat positif lors de l'épreuve) et de spécificité (pro-priété se définissant par la probabilité que les personnes non atteintes de l'affection présumée obtiennent un résultat négatif lors de l'épreuve). En raison de ces lacunes, on ne peut, à ce jour, s'appuyer sur ces deux épreuves pour établir avec confiance un diagnostic de dépression.

ÉCHELLES DE MESURE: L'ÉCHELLE DE MESURE DE LA DÉPRESSION DE HAMILTON

L'échelle de mesure de la dépression de Hamilton est une échelle objective permettant d'évaluer la gravité de la dépression. Mise au point en 1960, elle demeure encore aujourd'hui l'échelle de référence pour la mesure de la dépression. Elle ne peut cependant être utilisée pour poser un diagnostic de dépression (Hamilton, 1960).

L'échelle de mesure permet au clinicien d'attribuer une cote (de 0 à 2 ou de 0 à 4 selon les aspects) à chacun des aspects considérés comme significatifs dans le tableau clinique de la dépression : à l'origine, l'échelle comportait 17 aspects. Au fil des années, l'échelle a cependant subi de nombreuses modifications pour les besoins de diverses études, ce qui explique qu'on dispose aujourd'hui de versions comptant respectivement 17, 21 et 24 aspects, la deuxième de ces versions étant probablement la plus utilisée. Les aspects évalués sont les suivants :

- troubles de l'humeur (tristesse, désespoir, sentiment d'impuissance, dévalorisation);
- sentiments de culpabilité;
- suicide;
- insomnie initiale;
- insomnie médiane;
- insomnie matinale;
- travail et activités;
- ralentissement (lenteur de la pensée et de l'élocution, concentration laborieuse, diminution de l'activité motrice);
- agitation;
- anxiété psychique;
- anxiété somatique;
- symptômes somatiques gastro-intestinaux;
- symptômes somatiques généraux;
- symptômes se rapportant à la sphère sexuelle;
- hypocondrie;
- perte de poids (évaluation au cours de l'examen, évaluations hebdomadaires faites par le personnel, alors que les variations réelles du poids sont mesurées);
- capacité d'autocritique;
- variation diurne des symptômes;
- dépersonnalisation et déréalisation (sensation d'irréalité, nihilisme);
- symptômes paranoïdes;
- symptômes obsessionnels et compulsifs.

La somme des cotes ainsi obtenues fournirait une indication de l'intensité de la dépression; l'évolution de la maladie pourrait par ailleurs être appréciée de façon plus objective par la répétition de cette évaluation à différents moments au cours d'un épisode dépressif. Bien que, à l'origine, Hamilton n'ait pas défini la cote de sévérité de la dépression, on convient en général qu'un score de 17 ou moins dénote une dépression légère, un score de 18 à 24, une dépression modérée, et un score se situant au-dessus de 25, une dépression sévère.

Le tableau 3.1 présente cinq des aspects de l'échelle de mesure de la dépression de Hamilton.

TABLEAU 3.1
**Cinq aspects du tableau clinique de la dépression évalués
par l'échelle de mesure de la dépression de Hamilton**

Troubles de l'humeur (tristesse, désespoir, sentiment d'impuissance, dévalorisation)

0 = Aucune manifestation.
1 = Les états d'âme ne ressortent qu'à l'interrogatoire.
2 = Les états d'âme sont exprimés spontanément verbalement.
3 = Les états d'âme sont communiqués non verbalement, notamment par l'expression faciale et corporelle, la voix et une tendance à pleurer.
4 = Le patient ne signale pratiquement que ces états d'âme dans sa communication spontanée et non verbale.
Score: _____

Insomnie matinale

0 = Pas de difficulté sur ce plan.
1 = Le patient se réveille à l'aube mais arrive à se rendormir.
2 = Le patient est incapable de se rendormir s'il se lève.
Score: _____

Travail et activités

0 = Pas de difficulté sur ce plan.
1 = Pensées et sentiments d'incapacité, de fatigue ou de manque d'énergie quant aux activités, au travail ou aux passe-temps.
2 = Perte d'intérêt pour les activités, les passe-temps ou le travail, signalé soit directement par le patient, soit indirectement par l'insouciance, l'indécision et les hésitations manifestées; sentiment qu'a le patient de devoir se contraindre à effectuer un travail ou à s'adonner à des activités.
3 = Diminution du temps réel consacré à des activités ou diminution de la productivité. (Si le patient est hospitalisé, attribuer une cote de 3 s'il ne consacre pas au moins trois heures par jour à une activité, travail ou passe-temps autre que les corvées qu'on lui confie.)
4 = Le patient a cessé de travailler en raison de sa maladie. (S'il est hospitalisé, attribuer une cote de 4 s'il n'accomplit rien d'autre que les corvées qu'on lui confie, ou s'il est incapable de s'en acquitter sans aide.)
Score: _____

→

TABLEAU 3.1 (suite)
**Cinq aspects du tableau clinique de la dépression évalués
par l'échelle de mesure de la dépression de Hamilton**

Anxiété psychique

0 = Aucune difficulté sur ce plan.
1 = Tension et irritabilité subjectives.
2 = Tendance à se préoccuper de problèmes anodins.
3 = Attitude craintive apparente dans l'expression faciale et l'élocution.
4 = Les peurs sont exprimées spontanément, en l'absence d'interrogation.
    Score: _____

Symptômes somatiques gastro-intestinaux

0 = Aucun symptôme.
1 = Perte d'appétit mais le patient s'alimente sans recevoir d'encouragement de la part du personnel, s'il est hospitalisé, ou de la famille. Sensation de lourdeur dans l'estomac.
2 = Le patient a de la difficulté à s'alimenter s'il n'y est pas encouragé par le personnel. Demande ou requiert des laxatifs ou des médicaments pour soulager les symptômes gastro-intestinaux manifestés.
    Score: _____

Source: Adapté de Hamilton (1960).

Il existe plusieurs autres échelles objectives, mais leur intérêt est davantage confiné au domaine de la recherche.

QUESTIONNAIRES: L'INVENTAIRE DE LA DÉPRESSION DE BECK

Les questionnaires utilisés dans l'évaluation psychométrique des troubles affectifs consistent en une série de questions écrites, auxquelles le patient répond en tenant compte de consignes précises: attribuer une note de 0 à 4, choisir parmi un certain nombre d'énoncés celui qui décrit le mieux son état, etc.

Le questionnaire auquel on recourt le plus fréquemment est l'inventaire de la dépression de Beck (connu également sous la forme abrégée «BDI»). Cet inventaire comporte 21 éléments regroupant une série d'énoncés parmi lesquels le patient sélectionne celui qui correspond le mieux à son état. Une grille de correction permet ensuite d'attribuer à chacun des éléments une cote variant de 0 à 3, selon les réponses du patient. Des 21 éléments, 6 se rapportent aux symptômes neurovégétatifs, et les autres, à l'humeur en général et aux symptômes cognitifs (voir, dans le chapitre 2, la section intitulée «Épisode de dépression majeure»). Le score global, qui peut se situer entre 0 et 63, ne permet cependant pas de conclure quant à la gravité de la dépression, car il n'existe pas de normes précises quant à l'appariement d'un score particulier et du degré d'intensité des troubles affectifs — légers, modérés ou sévères.

Ce questionnaire utile, auquel on a intégré les cotes figurant sur la grille de correction et pour lequel on indique une interprétation possible, est présenté au tableau 3.2.

TABLEAU 3.2
Inventaire de la dépression de Beck

Consignes : Le présent questionnaire comporte plusieurs groupes de phrases. POUR CHACUN DE CES GROUPES : lisez attentivement chacune des phrases et placez UN SEUL «X» sur la ligne à gauche de la phrase qui décrit le mieux comment vous vous sentez au moment présent. (Dans la version présentée ci-dessous, les cotes attribuables à chacun des énoncés ont été indiquées.)

1.   0   Je ne me sens pas triste.

   1   Je me sens morose ou triste.

   2   Je suis morose ou triste en tout temps et je n'arrive pas à me remettre d'aplomb.

   2   Je suis à ce point triste ou malheureux(se) que cela me fait mal.

   3   Je suis à ce point triste ou malheureux(se) que cela m'est insupportable.

2.   0   Je ne suis pas particulièrement pessimiste ou découragé(e) en ce qui concerne l'avenir.

   1   Je me sens découragé(e) en ce qui concerne l'avenir.

   2   Je sens que je n'ai rien à attendre de l'avenir.

   2   Je sens que je n'arriverai jamais à surmonter mes difficultés.

   3   Je sens que l'avenir est sans espoir et que les choses ne peuvent pas s'améliorer.

3.   0   Je ne me perçois pas comme un(e) raté(e).

   1   Je sens que j'ai échoué plus que ne l'a fait la moyenne des gens.

   2   Je sens que j'ai accompli très peu de choses qui aient une valeur ou une signification quelconque.

   2   Quand je pense à ma vie passée, je ne vois rien d'autre qu'un grand nombre d'échecs.

   3   Je sens que, en tant que personne (parent, mari, épouse), j'ai échoué sur toute la ligne.

4.   0   Je ne suis pas particulièrement insatisfait(e).

   1   Je me sens «tanné(e)» la plupart du temps.

   2   Je ne prends pas plaisir aux choses comme je le faisais auparavant.

   2   Je ne retire plus aucune satisfaction de quoi que ce soit.

   3   Je suis insatisfait(e) de tout.

→

TABLEAU 3.2 (suite)
Inventaire de la dépression de Beck

5. 0   Je ne me sens pas particulièrement coupable.

1   Je sens souvent que je suis une personne mauvaise ou indigne.

2   Je me sens passablement coupable.

2   Je sens que je suis une personne mauvaise ou indigne presque tout le temps.

3   Je sens que je suis une personne très mauvaise ou que je ne vaux rien.

6. 0   Je n'ai pas l'impression d'être puni(e).

1   J'ai l'impression que quelque chose de malheureux peut m'arriver.

2   J'ai l'impression que je suis ou serai puni(e).

3   Je crois que je mérite d'être puni(e).

3   Je veux être puni(e).

7. 0   Je ne me déçois pas.

1   Je me déçois.

1   Je ne m'aime pas.

2   Je me dégoûte.

3   Je me déteste.

8. 0   Je n'ai pas l'impression d'être pire que les autres.

1   Je me réprimande fréquemment concernant mes faiblesses et mes erreurs.

2   Je me reproche constamment mes erreurs.

3   Je me considère comme responsable de tous les événements pénibles qui surviennent.

9. 0   Je n'ai aucune intention de me faire du mal.

1   Il m'arrive de penser à me faire du mal, mais je ne mettrais pas ces idées à exécution.

2   Je crois que je ferais mieux d'être mort(e).

2   Je crois que ma famille serait plus heureuse si j'étais mort(e).

3   J'ai des plans de suicide bien définis.

3   Je me tuerais si je le pouvais.

10. 0   Je ne pleure pas plus souvent que d'habitude.

1   Je pleure plus souvent maintenant que je ne le faisais auparavant.

2   En ce moment, je pleure tout le temps, sans pouvoir m'en empêcher.

3   Auparavant, j'étais capable de pleurer, mais maintenant je ne peux pas y arriver même si je le veux.

$\longrightarrow$

TABLEAU 3.2 (suite)
Inventaire de la dépression de Beck

11. __0__   Je ne suis pas plus irritable maintenant que je ne le suis d'habitude.

    __1__   Les choses me contrarient ou m'irritent plus facilement maintenant qu'en temps ordinaire.

    __2__   Je suis tout le temps contrarié(e).

    __3__   Je ne suis plus contrarié(e) du tout par les choses qui me contrarient habituellement.

12. __0__   Je n'ai pas cessé de m'intéresser aux autres.

    __1__   Je suis moins intéressé(e) aux autres maintenant que je ne l'étais auparavant.

    __2__   J'ai presque totalement cessé de m'intéresser aux autres et j'ai peu de sentiment pour eux.

    __3__   J'ai cessé totalement de m'intéresser aux autres et je ne me soucie plus du tout d'eux.

13. __0__   Je prends des décisions aussi bien qu'avant.

    __1__   Je suis moins sûr(e) de moi-même et j'essaie de remettre à plus tard la prise de décisions.

    __2__   Je n'arrive plus à prendre de décisions sans aide.

    __3__   Je n'arrive plus du tout à prendre de décisions.

14. __0__   Je n'ai pas l'impression d'avoir moins bonne apparence qu'auparavant.

    __1__   Je m'inquiète de paraître vieux (vieille) et sans attrait.

    __2__   Je sens que mon apparence a changé de façon permanente et que ces changements me font paraître sans attrait.

    __3__   Je me sens laid(e) et répugnant(e).

15. __0__   En ce qui concerne le travail, je suis aussi efficace qu'auparavant.

    __1__   Je dois faire des efforts supplémentaires pour me mettre à l'ouvrage.

    __1__   Je ne suis plus aussi efficace qu'auparavant.

    __2__   Je dois faire de très grands efforts pour accomplir quoi que ce soit.

    __3__   Je ne peux rien accomplir.

16. __0__   Je dors aussi bien que d'habitude.

    __1__   Je me réveille plus fatigué(e) que d'habitude.

    __2__   Je me réveille 1 à 2 heures plus tôt que d'habitude et j'ai de la difficulté à me rendormir.

    __3__   Je me réveille très tôt chaque jour et je n'arrive pas à dormir plus de cinq heures.

$\longrightarrow$

TABLEAU 3.2 (suite)
Inventaire de la dépression de Beck

17. 0 Je ne suis pas plus fatigué(e) que d'habitude.

1 Je me fatigue plus facilement qu'auparavant.

2 Un rien me fatigue.

3 Je suis trop fatigué(e) pour faire quoi que ce soit.

18. 0 J'ai autant d'appétit que d'habitude.

1 J'ai moins d'appétit que d'habitude.

2 J'ai beaucoup moins d'appétit maintenant.

3 Je n'ai plus d'appétit du tout.

19. 0 Je n'ai pas perdu beaucoup de poids (si j'en ai perdu) récemment.

1 J'ai perdu plus de 5 livres.

2 J'ai perdu plus de 10 livres.

3 J'ai perdu plus de 15 livres.

20. 0 Ma santé ne me préoccupe pas plus que d'habitude.

1 Je suis préoccupé(e) par des malaises et des douleurs, ou par des problèmes de digestion ou de constipation.

2 Je suis à ce point préoccupé(e) par ma santé et les malaises que je ressens qu'il est difficile pour moi de penser à autre chose.

3 Je ne pense plus qu'à ma santé et aux malaises que je ressens.

21. 0 Je n'ai noté aucun changement récent dans mon intérêt pour l'activité sexuelle.

1 Je suis moins intéressé(e) par l'activité sexuelle que je ne l'étais auparavant.

2 Je suis beaucoup moins intéressé(e) par l'activité sexuelle maintenant.

0 J'ai totalement perdu tout intérêt pour l'activité sexuelle.

Interprétation	Score moyen (±)
Absence d'état dépressif	10,9 ± 8,1
Dépression légère	18,7 ± 10,2
Dépression modérée	25,4 ± 9,6
Dépression sévère	30,0 ± 10,6

Source: Adapté de Beck et coll. (1961). [Adaptation de D. Dumont, J. Leblanc et L. Fortin]

L'un des avantages que présentent les questionnaires est leur simplicité d'administration; l'économie de temps qu'ils permettent est également fort appréciable. Par ailleurs, ils contribuent aussi à mettre en évidence, pour le bénéfice du patient, un certain nombre d'aspects significatifs du tableau clinique de la dépression, symptômes ou malaises que celui-ci a pu oublier de signaler à son médecin. Enfin, plusieurs auteurs sont d'avis que les questionnaires pourraient constituer les indicateurs les plus précoces d'un changement au tableau clinique.

L'inconvénient de ces questionnaires réside évidemment dans leur subjectivité. Tous les répondants n'évaluent pas nécessairement l'intensité d'un malaise ou d'un symptôme de la même façon; par ailleurs, certains d'entre eux pourraient fournir des réponses sciemment fausses, pour diverses raisons. En fait, si les cliniciens préfèrent en général les échelles objectives, la fiabilité des questionnaires s'est néanmoins révélée étonnamment bonne, selon ce que révèlent les résultats de plusieurs études. Ainsi, les comparaisons entre l'échelle de mesure de la dépression de Hamilton (échelle objective) et l'inventaire de la dépression de Beck (questionnaire subjectif) ont établi une concordance marquée entre les scores des deux types de mesures chez les deux tiers des sujets étudiés (Rabkin et Klein, 1987).

～

Au chapitre de l'évaluation psychométrique, c'est-à-dire mesurée, des maladies mentales, les développements les plus prometteurs ont eu lieu dans le champ de la dépression (Wetzler, 1989). Un grand nombre d'entrevues semi-structurées, d'échelles d'évaluation et de questionnaires ont été mis au point, permettant d'accroître l'objectivité du diagnostic et de l'appréciation de l'évolution du tableau clinique. On ne dispose pas encore d'épreuves de laboratoire pratiques et précises, mais l'accroissement rapide des connaissances dans ce domaine laisse espérer qu'apparaîtront bientôt des techniques plus sophistiquées qui constitueront autant d'outils diagnostiques additionnels pouvant contribuer à élucider l'énigme clinique complexe qu'est la maladie affective.

BIBLIOGRAPHIE

AMERICAN PSYCHIATRIC ASSOCIATION, 1994, *Diagnostic and Statistical Manual of Mental Disorders (4th edition): DSM-IV*, Washington, DC, American Psychiatric Press.

BECK, A.T., et coll., 1961, «An Inventory for Measuring Depression», *Archives of General Psychiatry*, vol. 4, p. 561-571.

HAMILTON, M., 1960, «A Rating Scale for Depression», *Journal of Neurology, Neurosurgery and Psychiatry*, vol. 23, p. 56-62.

LINKOWSKI, P., 1988, « Tests neuroendocriniens en psychopathologie », dans J. MEN-DLEWICZ, *Manuel de psychiatrie biologique*, Paris, Masson, p. 171.

RABKIN, J.G., et D.F. KLEIN, 1987, « The Clinical Measurement of Depressive Disorders », dans A.J. MARSELLA, R.M.A. HIRSCHFELD et M.M. KATZ, *The Measurement of Depression*, New York, The Guilford Press, p. 30-86.

WETZLER, S., 1989, « Assessment of Depression », dans S. WETZLER (dir.), *Measuring Mental Illness : Psychometric Assessment for Clinicians*, Washington, DC, American Psychiatric Press, p. 69-88.

CHAPITRE 4

Douze ans plus tard...
le bilan d'un épisode
maniaco-dépressif

Michèle Verner[*]

Sommaire

---

[*] Conseillère en communications, et cofondatrice et vice-présidente de l'Association des dépressifs et maniaco-dépressifs.

Aux États-Unis seulement, 11 millions de personnes souffrent de dépression, de maniaco-dépression et d'autres maladies affectives. Le manque à gagner attribuable à ces maladies coûte 43,7 milliards de dollars au Trésor américain chaque année. En extrapolant ces chiffres, nous pouvons déduire que quelque 440 000 personnes sont dans le même cas au Québec, occasionnant un manque à gagner annuel de 1,75 milliard de dollars.

Pendant trois ans, j'ai moi-même fait partie de cette multitude de millions de personnes en panne d'équilibre affectif dans le monde. Dix mois d'abattement, de vide, de désespoir, suivis d'une période de six mois d'exaltation... aboutissant à la grande noirceur encore pendant près d'un an et demi. Cette maladie s'appelle «psychose maniaco-dépressive», «maniaco-dépression» ou encore «maladie affective bipolaire». Je l'appelle «cancer de l'âme». Elle coûte plus que du «manque à gagner». Elle est souvent la cause de faillites, de pertes d'emplois et de lourdes dettes, bien sûr, mais aussi de divorces, de perte de jouissance de la vie, de suicides et d'abus de la part de thérapeutes incompétents et de certains charlatans du mieux-être. Cependant, elle constitue aussi une occasion de mieux se connaître.

Au printemps de 1981, je quitte mon poste de directrice des relations publiques au sein de la plus dynamique des maisons de publicité du Québec pour raison de ras-le-bol du stress inhérent à ce genre de travail. J'ai envie d'être mon propre patron et d'ouvrir une boutique d'objets décoratifs et de cadeaux. Après neuf mois à remplir les rôles d'acheteuse, de vendeuse, d'étalagiste, de comptable, de femme de ménage et de publiciste, j'ai perdu l'appétit et je souffre d'insomnie et d'angoisse. Je trouve encore l'énergie de vendre ma boutique, en récupérant tout juste la valeur de l'inventaire, et je sombre.

LE NAUFRAGE

Tout m'est une corvée, je n'ai le goût de rien ni de personne. Je n'ai plus de libre arbitre. L'angoisse m'oppresse, je me sens vide, entravée, incapable d'exprimer quoi que ce soit. Physiquement, je suis aussi dure qu'une poupée Barbie, je n'ai plus d'énergie, je suis un zombi. Mes amis ne me reconnaissent plus, moi si dynamique, si entreprenante, si solide...

Pour m'en guérir, j'ai tout essayé... ou presque. J'ai d'abord consulté deux médecins généralistes, puis trois psychologues — dont deux férues de médecines douces —, un auriculothérapeute, une masseuse, un fasciathérapeute, un homéopathe, un «catharsiste», un «gourou» et un psychiatre. J'ai fait de la gymnastique douce, du yoga, de la relaxation et même essayé les bains flottants. Je vous le dis tout de suite, c'est la psychiatrie et la pharmacologie qui offrent la seule solution efficace.

Après neuf mois de visites assidues, la psychologue est toujours persuadée que je ne souffre que de dépression bien que je lui aie signalé ma crainte de souffrir de maniaco-dépression, comme ma mère. Elle n'apprécie pas mon impatience à aller mieux et me recommande de me donner le temps d'être une petite fille. J'aurai bientôt 38 ans... Je profite de la période des vacances estivales pour décréter qu'elle ne comprend rien à mon état et prendre un congé définitif de l'abandon corporel, du «tapage» sur un matelas avec une raquette de tennis et des séances de conversation avec des coussins! J'ai le sentiment d'avoir tourné en rond.

L'EXALTATION

En mai 1983, je me sens renaître et redevenir maîtresse de ma destinée. Je mets à exécution mon projet de me séparer de mon compagnon de vie depuis neuf ans. Je m'offre des vacances, vends notre maison et recommence à travailler. Hypersensible, audacieuse, créatrice, je parle et j'écris avec une facilité inconnue jusque-là, de jour comme de nuit. Je ne dors d'ailleurs que quelques heures par nuit et mon énergie est décuplée. Je suis passionnément amoureuse... à sens unique et je crois fermement à mes fantasmes romantiques, tous plus fervents les uns que les autres. Je harcèle l'être aimé avec des billets doux et des appels importuns. Je m'achète une nouvelle voiture et une spacieuse maison victorienne où je rêve d'installer mon amour. Pour la payer, pas de problème! Mon pouvoir de persuasion est à ce point efficace que même un directeur de banque croit en mes moyens de rembourser les traites de l'hypothèque. Je vois des signes et des symboles partout et je fais des liens qui ne sont pas toujours évidents pour les autres. Bref, je suis exaltée et décrochée de la réalité. Ma mère et ma sœur, reconnaissant les symptômes, alertent la psychologue qui leur répond qu'elle n'est pas du tout convaincue de la justesse de leur diagnostic de maniaco-dépression. Je les envoie promener toutes les trois. C'est ma période «rien-de-trop-beau» et personne ne l'assombrira.

À la fin de l'automne, j'atterris durement. L'homme de mes rêves m'explique gentiment qu'il a de l'amitié pour moi, rien de plus. Au travail, les impondérables du métier m'exaspèrent; rien ne va assez vite à mon goût; on refuse de répondre à mes exigences d'un bureau fermé et d'une secrétaire prioritaire. Offusquée, je rentre chez moi panser mes plaies, décorer ma nouvelle maison et laisser porter. Amour et travail, les deux pôles de ma vie, sont compromis. Je panique devant mes comptes à payer et coupe tous les ponts avec le monde extérieur. C'est la noyade dans la dépression, une fois de plus. Je dois vendre ma maison pour vivre et payer la psychologue avec laquelle j'ai repris contact.

Après quelques mois de psychothérapie, ma sœur, exaspérée et désespérée de voir son aînée stagner dans un état d'impuissance, m'obtient un rendez-vous avec un psychiatre. Il me prescrit immédiatement des antidépresseurs auxquels il ajoutera du lithium après examens et analyses. Je connaissais le lithium puisque c'est le médicament qui avait sauvé ma mère huit ans plus tôt. Ce simple sel minéral essentiel à notre organisme, comme le sodium ou le potassium, est un médicament qu'on doit prendre jusqu'à la fin de ses jours, comme l'insuline pour le diabétique. Il sert à rééquilibrer une déficience chimique dans le cerveau qui est une cause de la maniaco-dépression. Il peut avoir des effets secondaires sur les reins et la glande thyroïde. J'en connaissais surtout les effets bénéfiques — ma mère qui a connu l'horreur d'une vingtaine d'épisodes de cette maladie dans sa vie n'en n'a plus jamais vécu depuis qu'elle prend du lithium.

LES CHARLATANS DU MIEUX-ÊTRE

Le psychiatre se contente de contrôler l'effet des médicaments qu'il me prescrit au cours d'entrevues durant 20 minutes par semaine et ne se mêle jamais de commenter ma thérapie avec la psychologue. J'ai mis dix mois pour sortir complètement du tunnel, pour me retrouver moi-même. Dix mois au cours desquels j'ai trouvé le temps long, déménagé, changé de psychothérapeute et perdu beaucoup de temps, d'énergie et d'argent à suivre les recommandations des psychologues, de consulter tantôt un auriculothérapeute et un fasciathérapeute, tantôt un homéopathe. Un coup lancée sur cette voie, j'ai aussi rencontré, à quelques reprises, un «catharsiste» qui avait publié un ouvrage recommandé par un médecin et deux psychologues, ainsi que le thérapeute d'une amie, médecin généraliste un peu mystique qui pratique un mélange de psychothérapies. Jusqu'au jour où j'ai réalisé que les médecines douces et autres thérapies dites du Nouvel Âge peuvent être efficaces dans le traitement de certaines affections ou diminuer la douleur physique, mais qu'elles sont complètement inefficaces pour traiter la dépression ou la maniaco-dépression. Pire encore, elles sont dangereuses lorsqu'on sait qu'une dépression non soignée peut mener au suicide. Le jour où j'ai compris cela, j'étais enfin sauvée!

En fait, pour choisir un psychologue ou un psychiatre, on a intérêt à être en bonne santé! Dans un état de détresse comme celui dans lequel je me trouvais, on est d'une vulnérabilité telle qu'on croit à peu près n'importe quel professionnel de la santé armé de bonnes intentions. Dans mon cas, la psychothérapie a été inutile tant et aussi longtemps que mon humeur n'a pas été stabilisée par le lithium. Tant qu'on est angoissé et oppressé, il est très difficile, sinon impossible, de faire des prises de conscience. Les paroles du thérapeute vous entrent par une oreille et ressortent par l'autre, sitôt franchi le seuil de son bureau. Je partage l'opinion du psychiatre américain Ronald Fieve, le premier à utiliser le lithium dans le traitement de la maladie dépressive. Dans son livre intitulé Nous sommes tous des maniaco-dépressifs, *ce psychanalyste de formation conteste l'efficacité clinique de l'analyse et de la psychothérapie dans le cas des dépressifs, précisant qu'une fois remis à flot par la médication, ces patients présentent rarement des troubles de la personnalité.*

LE DÉBUT D'UN TEMPS NOUVEAU

De 1 200 mg par jour qu'elle était au début, ma dose de lithium est passée à 900, puis à 600 mg. Au fil des jours, j'ai retrouvé suffisamment de confiance en moi pour aller décrocher des contrats de relations publiques. J'ai pris du recul par rapport à mon expérience et j'ai décidé de la décrire afin de démystifier cette maladie, dans un article qui en fin de compte est le texte dont je suis le plus fière. Des gens se sont reconnus dans certains passages de mon histoire. Ils se sont sentis moins seuls. Ils ont découvert une issue de secours. Une fois terminée ma rédaction, j'ai trouvé tellement grave le fait d'avoir perdu trois années de ma vie à suivre des psychothérapies avec des personnes qui ne pouvaient pas poser un diagnostic pertinent et qui m'adressaient à divers praticiens de médecines douces plutôt qu'aux psychiatres que, du même souffle, j'ai porté plainte à la Corporation professionnelle des psychologues du Québec. Mon objectif était d'éviter que d'autres personnes subissent le même sort que moi.

Ma plainte fut retenue. Durant le procès qui a duré près de deux ans, j'ai appris que le diagnostic établi dans mon cas en était un de personnalité borderline *et que le fait d'avoir écrit un article dans* L'actualité *était justement un signe de mon désir de puissance sur les autres... Chaque séance du procès était courue par une trentaine de psychologues d'approche humaniste qui manifestaient leur soutien à leur collègue. Le jury composé de deux psychologues et d'un juriste a donné raison à la psychologue.*

Mon objectif n'a toujours pas changé. J'ai trouvé un autre moyen de sensibiliser les professionnels de la santé et le public à cette maladie difficile à diagnostiquer. Il y a deux ans, avec un groupe d'hommes et de femmes qui partageaient les mêmes buts, j'ai participé à la fondation de l'Association des dépressifs et des maniaco-dépressifs. Avec peu de moyens, nous réussissons à sauver des gens de ce gouffre. L'association offre un service d'écoute et de références, publie un bulletin d'information, organise des conférences à l'intention des professionnels de la santé et du grand public et forme des groupes d'entraide pour les malades et leurs proches. C'est pour moi un engagement à vie.

« MANIAQUE » UN JOUR...

Cette maladie m'a appris beaucoup de choses sur moi-même et sur les autres. D'abord la tolérance à l'égard de mes propres faiblesses : je perçois mieux mes limites et j'essaie encore de les respecter. Je dois éviter le stress intense. J'en vis régulièrement comme tout le monde et je m'organise pour mieux le gérer. Je suis d'une nature « maniaque » comme tous ceux qui souffrent de cette maladie, je crois. J'ai la manie du travail bien fait, d'un décor harmonieux, des plantes, des fleurs et d'un joli jardin, des cadeaux bien emballés, de l'orthographe, des détails, etc. Je mourrai sûrement « maniaque ».

Ces trois années d'épreuve m'ont aussi fait réaliser à quel point j'ai des amis généreux ! Mon amie d'enfance, le principal témoin de ma vie, m'a téléphoné chaque jour. Parfois elle me disait que ma voix était meilleure, que j'avais l'air d'aller mieux, même si ce n'était pas toujours vrai. Une autre m'a hébergée pendant une semaine au tout début. Celle-là m'a confié après coup qu'elle essayait toujours de me dire quelque chose de positif et de vrai. Souvent, cela se résumait à remarquer que j'avais de belles chaussures ! D'autres m'ont invitée au restaurant. D'anciennes collègues de travail m'appelaient tout à coup, comme par hasard. Deux copains m'ont même confié du travail. Un voisin m'a apporté à manger. Une copine m'écrivait de Bruxelles. Même si je fuyais les contacts et ne renvoyais jamais leurs appels ni leurs gentillesses, ces femmes et ces hommes de bonne volonté m'ont redonné le goût de vivre !

J'ai pris du lithium pendant quatre ans. Une fois rendue à 300 mg par jour, il m'arrivait parfois d'oublier de prendre mon comprimé. Je ne sentais pas de changement, phénomène que j'ai confié à mon psychiatre. J'ai eu envie de cesser progressivement la médication pour savoir comment je réagirais. Avec la complicité du psychiatre qui jugeait que ma situation émotive et financière stable — mariée depuis six mois, j'avais plein de travail et un entourage parfaitement entraîné à déceler le moindre signe de dépression ou d'exaltation de ma part — réunissait les conditions idéales pour tenter l'expérience. Le risque était que je parte en direction de la dépression ou de la manie. Si je déprimais, il serait facile de me convaincre de prendre des antidépresseurs et du lithium. Si je partais sur un high... ce serait vraisemblablement plus ardu ! Le psychiatre m'a également appris que 15 % des personnes qui souffrent de cette maladie ne font qu'un épisode ou connaissent des rémissions qui durent des années. Je ne suis donc pas à l'abri d'une rechute et je dois être attentive à la qualité de mon sommeil et à l'intensité du stress que je m'impose. Neuf ans plus tard, j'ai parfois l'impression d'être seule dans le club des privilégiés de l'épisode unique! Je raconte volontiers ma chance afin d'apporter de l'espoir à d'autres, mais avec une certaine inquiétude quant aux conclusions que certains maniaco-dépressifs peuvent en tirer. En cas de rechute, je me précipiterai, de gré ou de force, chez mon psychiatre.

Ma maladie a fait perdre des revenus d'impôt de l'ordre de 75 000 $ aux gouvernements du Québec et du Canada pendant cette période où j'ai été sans emploi. J'avais heureusement des économies que j'ai complètement englouties, dont quelque 10 000 $ en honoraires de psychologues et divers praticiens de médecines douces.

Onze ans après ma première dépression, je vais très bien merci! Je partage ma vie avec mon mari, un homme généreux et tendre, et dirige mon petit cabinet de relations publiques avec beaucoup de plaisir et de succès. Bref, je suis une femme heureuse.

BIBLIOGRAPHIE

GREENBERG, P., et coll., 1993, «The Economic Burden of Depression in 1990», *Journal of Clinical Psychiatry*, vol. 54, n° 11, p. 405-418.

FIEVE, R., 1980, *Nous sommes tous des maniaco-dépressifs*, Paris, Éditions Flammarion.

VERNER, M., 1986, «Pour en finir avec la psychothérapie et autres médecines douces», *L'actualité*, vol. 11, n° 11, p. 74-86.

CHAPITRE 5

Les troubles bipolaires: classification et définitions

Jocelyne Cournoyer, M.D.*

Sommaire

*   Psychiatre et chef clinique du Service des soins intensifs à l'hôpital Louis-H. Lafontaine de Montréal, et professeure adjointe au Département de psychiatrie de l'Université de Montréal.

ÉVOLUTION DU CONCEPT DE TROUBLE BIPOLAIRE ET DE TROUBLE UNIPOLAIRE

Genèse d'un concept

Les concepts médicaux de manie et de dépression, bien qu'ayant évolué, sont des entités reconnues depuis l'Antiquité dont la description est demeurée à peu près la même au fil des siècles.

Les auteurs de la Grèce antique concevaient les troubles affectifs comme résultant d'une perturbation biologique, plus particulièrement cérébrale. On considérait que la mélancolie se manifestant, selon la description d'Hippocrate, par des aversions alimentaires, des insomnies, une irritabilité, un sentiment de désespoir et une agitation, était due à la présence de bile noire dans le cerveau. La manie, au contraire, était attribuée à un excès de bile jaune produisant une atteinte de la «raison» accompagnée de délire, d'un éveil continuel et d'une alternance constante de colère et de gaieté.

Déjà, à cette époque, bien que la manie et la dépression aient été perçues comme deux entités distinctes, les auteurs établissaient un lien entre elles. La compréhension de la maladie mentale s'obscurcit cependant au Moyen Âge alors qu'elle fut imputée à des phénomènes religieux, notamment à la possession par le démon et d'autres êtres surnaturels maléfiques.

Malgré l'émergence de la pensée scientifique vers les XVIIe et XVIIIe siècles, ce n'est qu'au XIXe siècle que le concept de maladie maniaco-dépressive devint plus explicite. En effet, c'est à cette époque que Falret et Baillarger formulèrent que la manie et la dépression pouvaient constituer des manifestations différentes d'une même maladie. En effet, en 1854, Falret définit la «folie circulaire» comme une succession de manie et de mélancolie et, la même année, Baillarger décrivit essentiellement la même chose, soit la «folie à double forme», dans laquelle les épisodes dépressifs et maniaques étaient envisagés comme représentant deux stades d'une même attaque. Mendel, en 1881, fut le premier à définir l'hypomanie comme une forme moins sévère de la manie et, en 1882, Kahlbaum représenta la cyclothymie comme un trouble circulaire caractérisé par des épisodes de dépression et d'excitation, et accompagné d'un pronostic favorable.

En 1899, dans la foulée de ses prédécesseurs, Kraepelin fut le premier à utiliser le terme «maniaco-dépression». Ce n'est qu'en 1921 qu'il distingua cette entité de la démence précoce qui devint plus tard la schizophrénie, selon l'appellation diagnostique que lui donna Bleuler. Kraepelin attribua à la maladie maniaco-dépressive les caractéristiques suivantes: évolution périodique ou épisodique, pronostic relativement bon et présence d'antécédents familiaux de la maladie. Il postula que les patients maniaco-dépressifs maintenaient un fonctionnement psychosocial adéquat et ne présentaient pas de détérioration progressive de la personnalité, contrairement à ceux atteints de démence précoce.

Une définition qui se précise

Ce modèle domine encore la conception européenne contemporaine de la maladie mentale. Toutefois, aux États-Unis, la psychiatrie a été profondément influencée par les nouvelles perspectives psychanalytiques ainsi que par les théories psychologiques et sociales, ce qui a favorisé l'analyse psychosociale de la maladie au détriment de sa description clinique et de celle de son évolution longitudinale. Jusqu'à tout récemment, la nosologie américaine des troubles affectifs, et particulièrement celle de la dépression, proposait de multiples classifications provenant de différentes écoles aux hypothèses étiologiques variées. Ces classifications de la dépression (voir, dans le chapitre 2, la section intitulée « Historique et définitions actuelles ») selon qu'elle soit endogène ou réactionnelle, névrotique ou psychotique, primaire ou secondaire, agitée ou ralentie, ou encore typique ou atypique présentaient souvent le désavantage d'être dichotomiques et peu nuancées.

Bleuler s'attarda quant à lui aux symptômes affectifs non spécifiques et inscrits à travers le spectre de la psychose en général, depuis la maladie maniaco-dépressive jusqu'à la schizophrénie. Il élargit le concept de la maladie maniaco-dépressive élaboré par Kraepelin en créant plusieurs catégories dont celles de la mélancolie d'involution et de la psychose maniaco-dépressive et en utilisant le premier le vocable « maladies affectives ». Il s'agissait là d'une vision anticipatrice de la principale classification contemporaine de la maniaco-dépression, qui repose sur la distinction entre maladie unipolaire et maladie bipolaire proposée par Leonhard en 1957. Ce dernier avait observé qu'au nombre des patients présentant le large éventail des diverses formes de la maladie maniaco-dépressive, certains avaient souffert à la fois de dépression et de manie (affection qu'il qualifie de « bipolaire », c'est-à-dire comportant deux pôles), alors que d'autres n'avaient manifesté que des épisodes dépressifs (nommés alors « monopolaires », c'est-à-dire ne comportant qu'un pôle). Il nota également une incidence plus élevée de manie chez les membres de la famille des patients atteints de troubles bipolaires que chez les membres de celle des patients atteints de troubles unipolaires. Cette observation fut corroborée en 1966 par Perris et Angst qui ont validé cette distinction entre troubles unipolaires et bipolaires au moyen des premières données systématiques relatives aux antécédents familiaux de ces patients. Le DSM-III tenait compte en 1980 de ce critère distinctif; à l'heure actuelle, les éditions les plus récentes de la *Classification internationale des maladies :*

CIM-10 et du *Diagnostic and Statistical Manual of Mental Disorders (4th edition): DSM-IV* confirment cete dichotomie.

Émergence de critères diagnostiques

Les critères distinguant la maladie bipolaire de la maladie unipolaire se sont modifiés au cours des années. Pour certains auteurs, les termes «unipolaire» et «bipolaire» étaient utilisés pour décrire des atteintes caractérisées par la présence d'épisodes récurrents ayant un caractère «endogène» autonome et menant à une détérioration du fonctionnement. En revanche, pour d'autres, l'expression «trouble unipolaire» désignait tout épisode dépressif sans antécédent de manie ou d'hypomanie, ce qui pouvait servir à qualifier une population très hétérogène.

En 1976, Dunner et ses collaborateurs ont proposé une classification distinguant entre trouble bipolaire de type I et trouble bipolaire de type II, après avoir étudié les antécédents de patients hospitalisés en raison d'une dépression majeure. Les patients atteints de troubles bipolaires de type I ont alors été définis comme ayant présenté un épisode maniaque souvent accompagné de symptômes psychotiques suffisamment sévères pour justifier un traitement et, dans la plupart des cas, une hospitalisation; quant aux patients atteints de troubles bipolaires de type II, il s'agissait de patients n'ayant présenté que des épisodes hypomaniaques, c'est-à-dire des épisodes maniaques atténués, mais suffisamment intenses pour perturber le patient atteint dans son fonctionnement et dans ses relations avec son entourage.

Malheureusement, certains auteurs ont utilisé l'expression «troubles bipolaires de type II» pour désigner des patients souffrant de dépression plus légère au sujet desquels d'autres diagnostics pouvaient être établis concurremment, principalement ceux de troubles liés à la personnalité limite (*borderline*) et de troubles liés à l'abus de substances psychoactives. En fait, ce que décrivaient ces auteurs était davantage une population de patients souffrant de fluctuations de l'humeur, c'est-à-dire de dépressions légères alternant avec des périodes de mieux-être, ce qui n'est nullement assimilable à la population définie par Dunner. Ce dernier réservait plutôt le qualificatif «trouble bipolaire de type II» à des patients ayant clairement présenté un épisode dépressif majeur nécessitant une hospitalisation ainsi qu'un épisode hypomaniaque. L'emploi élargi du concept de trouble bipolaire de type II a donc contribué à créer une certaine confusion en ce qui le concerne.

En 1979, Angst et ses collaborateurs ont tenté de pallier cette confusion en proposant une nomenclature qui reconnaissait les formes moins graves de la manie et de la dépression. Selon cette nomenclature les patients atteints de troubles bipolaires étaient répartis en catégories désignées par les sigles MD, Md, mD et md, les majuscules renvoyant aux épisodes maniaco-dépressifs nécessitant une hospitalisation et les minuscules, aux épisodes constituant clairement une anomalie par rapport au fonctionnement normal mais insuffisamment sévères pour nécessiter une hospitalisation. Les catégories MD et Md relèvent de la maladie bipolaire de type I et la catégorie mD est analogue au trouble bipolaire de type II défini plus précisément par Dunner et ses collaborateurs dans un texte subséquent (1982). Quant à la catégorie md, elle désigne des épisodes modérés de dépression et de manie ne requérant pas d'hospitalisation et s'apparentant à certaines formes de troubles bipolaires de type II décrites par d'autres auteurs, tels qu'Akiskal en 1981, mais classés sous l'appellation de «troubles cyclothymiques» (ou de «cyclothymie») dans le DSM-III-R, le DSM-IV et la CIM-10.

La figure 5.1 (page 58) illustre de façon schématique l'évolution du concept de trouble bipolaire et de trouble unipolaire, en précisant les diverses catégories diagnostiques et les systèmes classificatoires qui en font état.

Les études ont noté l'incidence particulièrement rare de patients souffrant de troubles maniaques unipolaires en l'absence d'antécédents de dépression. Par ailleurs, le tableau clinique de la manie, les antécédents familiaux, ainsi que l'évolution et le traitement ont été rapportés comme étant chez ces patients identiques à ceux présentés chez les patients souffrant de troubles bipolaires. À l'heure actuelle, on considère que les patients souffrant apparemment de troubles maniaques unipolaires ont vraisemblablement omis de rapporter des épisodes dépressifs probablement moins sévères (de catégorie Md, selon Angst et coll.) qu'ils auraient vécus ou n'ont pas été suivis suffisamment longtemps pour qu'on puisse exclure définitivement la survenue ultérieure de tout épisode dépressif. Selon certains auteurs, l'existence d'une véritable manie unipolaire comme entité distincte paraît discutable.

La distinction entre la maladie unipolaire et la maladie bipolaire a donc représenté un immense progrès dans la classification des troubles affectifs et a permis de mieux identifier les différences biologiques, génétiques et cliniques entre ces deux catégories diagnostiques. Par ailleurs, le spectre de la maladie bipolaire comporte à lui seul diverses catégories qu'il importe de définir.

SPECTRE DE LA MALADIE BIPOLAIRE

La maladie bipolaire s'inscrit dans la gamme plus vaste des troubles affectifs, que le DSM-IV classifie selon les catégories diagnostiques présentées dans la figure 5.2 (page 59).

FIGURE 5.1

Catégories diagnostiques et systèmes classificatoires faisant état de l'évolution
du concept de trouble bipolaire et de trouble unipolaire

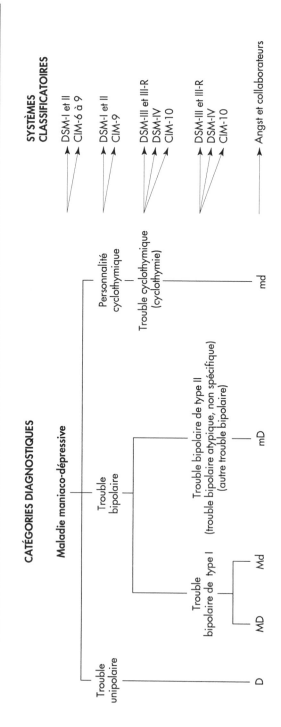

d: épisode dépressif constituant une anomalie par rapport au fonctionnement normal mais ne nécessitant pas une hospitalisation
D: épisode dépressif nécessitant une hospitalisation
m: épisode maniaque constituant une anomalie par rapport au fonctionnement normal mais ne nécessitant pas une hospitalisation
M: épisode maniaque nécessitant une hospitalisation

Source: Adapté d'Angst et coll. (1979), et de Goodwin et Jamison (1990).

FIGURE 5.2

Classification diagnostique des troubles affectifs selon le DSM-IV

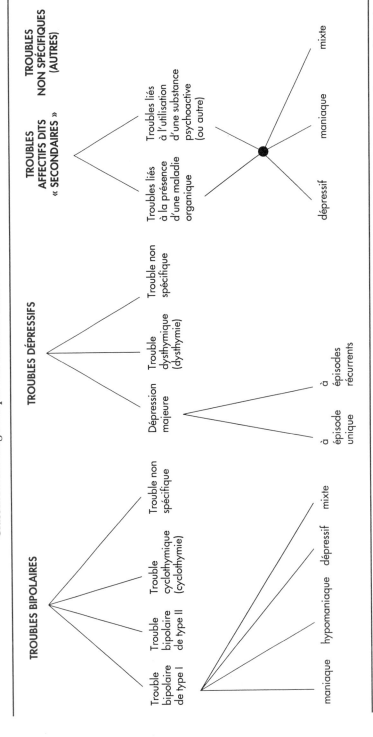

Source: Inspirée de l'American Psychiatric Association (1994, p. 317-318). Le *Manuel diagnostique et statistique des troubles mentaux (DSM-IV)*, traduction française officielle de ce livre dont Masson est le seul éditeur autorisé, n'était pas encore publié au moment où a été imprimé le présent ouvrage.

Le trouble bipolaire, ou maniaco-dépression, comporte, on l'a vu précédemment, deux composantes: une composante dépressive et une composante maniaque. Les patients qui en souffrent présentent une alternance d'épisodes dépressifs et d'épisodes maniaques dont l'intensité est plus forte que celle des épisodes observés chez les patients atteints de troubles cyclothymiques.

Épisode dépressif

L'épisode dépressif majeur (voir, dans le chapitre 2, la section intitulée «Épisode de dépression majeure») se caractérise par la tristesse, les pleurs et le sentiment d'être dépassé par les événements; une douleur psychique extrême est même parfois signalée. On note également une réduction de la capacité de jouir de la vie; les patients déprimés rapportent en effet une diminution de leur entrain et de leur énergie. Dans la majorité des cas, on observe une perte d'appétit souvent associée à une perte de poids. Des perturbations du sommeil très marquées accompagnées d'insomnie initiale, moyenne et terminale sont constatées. (Chez certains patients déprimés, il apparaît toutefois une augmentation de l'appétit et une hypersomnie.) Une baisse de la libido survient dans la grande majorité des cas, ainsi qu'une diminution de la capacité de concentration et d'abstraction et une perturbation de la mémoire. La motricité est réduite chez la majorité des patients atteints de troubles dépressifs; le débit verbal, la gestuelle et la démarche sont ralentis. Dans certains cas, on remarque une agitation sans but assimilable à un état de nervosité extrême et liée à un état de tension intérieure. Environ les deux tiers des patients déprimés présentent des idées suicidaires; de 10 à 15 % d'entre eux se suicident effectivement. Certains patients souhaitent la mort sans cependant envisager sérieusement de mettre fin à leurs jours.

L'atteinte de l'humeur s'accompagne souvent de sentiments de culpabilité, de pessimisme et d'indignité. Dans environ 15 % des cas, on constate des symptômes psychotiques, soit des délires et des hallucinations, d'où le terme «dépression psychotique». Le délire est une conviction absolue, anormale et erronée vécue comme une évidence et ayant une grande signification personnelle ou universelle, irréductible par la logique ou l'expérience, souvent extraordinaire et ne faisant pas partie des croyances du groupe culturel d'appartenance. L'hallucination est une perception sans objet qui se caractérise essentiellement par la croyance réelle, l'incoercibilité et l'extériorité et qui peut affecter n'importe lequel des cinq sens, l'ouïe étant toutefois le plus susceptible d'être touché. Chez les patients déprimés, les symptômes psychotiques sont le plus souvent congruents à l'humeur et sont liés à l'autodévalorisation, au sentiment de culpabilité, d'indignité et de punition méritée. On observe parfois des délires hypocondriaques portant sur la conviction de souffrir d'une maladie physique grave. Chez certains patients, des idées paranoïdes (impression d'être persécuté) sont présentes, la personne étant souvent convaincue qu'on lui veut du mal pour la punir de fautes commises.

Épisode maniaque

L'épisode maniaque constitue une période distincte de la maladie comportant une humeur à prédominance exaltée, gaie, euphorique, expansive ou irritable. On observe fréquemment une humeur labile qui se traduit par le passage rapide de l'euphorie contagieuse à la tristesse et à l'irritabilité. Cette dernière se rencontre particulièrement lorsque le patient est limité dans ses actions ou contrarié dans ses projets. Contrairement aux patients déprimés qui semblent ralentis, on trouve chez les patients maniaques une hyperactivité tant psychique que motrice. Ces patients dorment peu mais ne s'en plaignent nullement et, en fait, donnent l'impression d'être infatigables. L'hyperactivité, qui peut se manifester dans les activités sociales, professionnelles ou scolaires, ou même l'hypersexualité provoque une perturbation marquée du fonctionnement en raison de l'atteinte du jugement et de l'activité désorganisée déployée. Cette hyperactivité démesurée associée à une certaine désinhibition comportementale place parfois le patient maniaque dans des situations potentiellement dangereuses ou lourdes de conséquences, quoique lui-même ne les reconnaisse pas comme telles. Ainsi, il peut s'engager dans des transactions financières irréfléchies, faire des achats inconsidérés, s'adonner à une activité sexuelle débridée ou faire preuve d'imprudence au volant.

Le patient maniaque présente également des troubles de la pensée, le cours de celle-ci devenant accéléré. Il est entraîné dans son débit précipité au point d'en oublier l'idée de départ et de perdre le fil conducteur de son propos. Les changements brusques de sujet et le relâchement des associations plus ou moins marqué qui en résulte amènent la fuite des idées ; ainsi, on note que ces changements rapides de sujet pouvant survenir au hasard de la sonorité des mots aboutissent parfois aux associations par assonance. Les troubles de la pensée se manifestent même à travers l'écriture, les patients maniaques ayant une propension à écrire avec profusion, griffonnant de nombreuses pages dans tous les sens, en diagonale et verticalement aussi bien qu'horizontalement, et liant souvent les mots entre eux au moyen de traits et de flèches. La concentration du patient maniaque est perturbée par sa distractivité, celui-ci devenant hypervigilant et répondant à des stimuli environnants et internes qui sont souvent sans importance véritable.

On note une pression du discours chez le patient maniaque qui parle généralement beaucoup et rapidement, comme s'il craignait de ne pouvoir exprimer toutes les idées qui lui viennent à l'esprit ; ce discours peut devenir excessivement abondant, s'apparentant à ce flux irrépressible de paroles inutiles qu'on nomme « logorrhée ». Le patient a même parfois tendance à « monologuer », ne concédant à son interlocuteur aucune interruption. Dans les cas de manie plus sévère, on peut noter la présence de multiples plaisanteries et jeux de mots dans le discours.

On trouve fréquemment une augmentation de l'estime de soi, laquelle peut atteindre une intensité délirante menant à une manie psychotique. En effet, comme la dépression majeure, la manie s'accompagne dans 75 % des cas de symptômes psychotiques (délire et/ou hallucination) généralement congruents à l'humeur, c'est-à-dire correspondant à des thèmes grandioses d'inflation de l'estime de soi, de puissance, d'habiletés ou de savoir démesurés, d'identification à Dieu ou à des personnages célèbres, ou de relation privilégiée avec ces derniers. On peut trouver également des délires paranoïdes (impression d'être persécuté) dans 20 à 25 % des cas de manie.

L'altération du jugement est particulièrement marquée chez le patient maniaque. De plus, celui-ci fait preuve durant cette phase de très peu de sens critique en ce qui concerne son état et reconnaît encore moins souffrir d'une maladie, allant même souvent jusqu'à affirmer ne jamais s'être senti aussi bien.

Pour que le clinicien puisse qualifier véritablement l'épisode de « phase maniaque », le trouble de l'humeur doit être suffisamment sévère pour causer une altération appréciable du fonctionnement normal de la personne, soit dans ses occupations ou ses activités sociales habituelles, soit dans ses relations interpersonnelles, ou pour nécessiter une hospitalisation.

Une variété de formes hybrides

Le trouble bipolaire se caractérise donc par une alternance d'épisodes de dépression majeure et d'épisodes de manie, tel que mentionné antérieurement, la majorité des patients demeurant tout à fait asymptomatiques entre les épisodes. Toutefois, il arrive parfois qu'un patient souffrant de maladie bipolaire présente au cours d'un même épisode des symptômes de manie et de dépression qui s'entremêlent ou alternent très rapidement. On parle alors d'un **épisode mixte**.

Il importe de noter que les termes «épisode» et «cycle» sont parfois utilisés de façon interchangeable. En réalité, le terme «cycle» décrit de façon plus précise certaines évolutions des troubles bipolaires. Ainsi, on considère, en matière de «comptabilité», qu'un épisode de trouble affectif compte pour un cycle. Un cycle nouveau est «comptabilisé» lorsqu'il y a changement de polarité (un épisode dépressif qui se transforme après quelques semaines en un épisode maniaque compte pour deux cycles), ou lorsque deux épisodes (quelle que soit leur polarité) sont séparés par un intervalle de rémission asymptomatique d'au moins deux mois. Aux fins de cette «comptabilité», un épisode mixte est considéré comme un épisode maniaque.

Le nombre d'épisodes de dépression et de manie susceptibles de survenir au cours de la vie d'un patient atteint de troubles bipolaires est très variable. Les patients peuvent présenter de 2 à 30 épisodes maniaques, bien que la moyenne soit d'environ 9 épisodes. Seuls 7% des patients atteints de troubles bipolaires n'ont qu'un seul épisode. On qualifie la maladie de «trouble bipolaire à cycle rapide» lorsque les patients présentent quatre épisodes ou plus de dépression et/ou de manie par année. De 13 à 20% des patients atteints de troubles bipolaires, dont la majorité sont des femmes, présentent un cycle rapide. Chez eux, la maladie répond peu aux traitements habituels et se caractérise par une évolution plus morbide.

Il existe une forme moins sévère de manie nommée «hypomanie», tel que mentionné plus tôt dans le présent chapitre, à la section intitulée «Genèse d'un concept». L'intensité des symptômes est plus modérée que celle qui dénote un épisode maniaque et ceux-ci, bien qu'étant considérés comme anormaux par le patient et sa famille, n'entraînent ni une altération grave du fonctionnement normal ni une hospitalisation. Les symptômes psychotiques tels que le délire ou l'hallucination ne sont jamais rapportés dans l'hypomanie.

Certains patients présentent parfois des phases de dépression majeure alternant avec des épisodes hypomaniaques. Le diagnostic de troubles bipolaires de type II est posé dans ce cas; il se distingue du diagnostic de troubles bipolaires «proprement dits», c'est-à-dire de celui des troubles bipolaires de type I, dans lesquels la dépression majeure alterne avec des épisodes maniaques.

Chez certains patients, on constate que des cycles d'hypomanie alternent avec des épisodes dépressifs moins intenses que ceux qui caractérisent la dépression majeure définie plus haut. Il s'agit de périodes dépressives pendant lesquelles la perte d'intérêt et de plaisir s'accompagne de symptômes neurovégétatifs (soit, modification du sommeil ou de l'appétit), de fatigue et de baisse de l'estime de soi. Les symptômes sont moins sévères que ceux présents lors d'un épisode dépressif majeur; les symptômes psychotiques (délires ou hallucinations) sont dans tous les cas absents. Ce cycle d'hypomanie et de dépression modérée se nomme «cyclothymie» ou «trouble cyclothymique». Les patients qui en souffrent manifestent chroniquement une fluctuation de l'humeur, n'étant jamais asymptomatiques plus de deux mois à la fois. Pendant les périodes d'hypomanie, l'humeur est gaie, parfois irritable et pouvant devenir plus hostile, et s'accompagne d'un gain d'énergie et d'une augmentation de la productivité souvent associée à des heures de travail inhabituellement longues. L'acuité de la pensée et la créativité sont très fréquemment plus marquées. Le patient devient plus sociable et participe davantage à des activités agréables, ce qui entraîne parfois une certaine promiscuité. Il est plus bavard et plus optimiste et a moins besoin de sommeil. Quant aux périodes dépressives de la cyclothymie, elles se manifestent par la fatigue, une baisse d'énergie, une diminution de l'efficacité, une perturbation du sommeil, une perte de l'intérêt et du plaisir procurés par les activités habituelles, un pessimisme et de la tristesse. Le patient est plus isolé, ralenti et moins communicatif.

Par ailleurs, certains auteurs ont décrit des fluctuations de l'humeur qui, si elles n'atteignent pas l'intensité des différents syndromes discutés plus tôt dans le présent chapitre, se situent néanmoins au-delà de la variation normale de l'humeur. C'est ainsi qu'on a parlé de «tempérament cyclothymique» et de «tempérament hyperthymique», catégories par ailleurs non retenues dans les systèmes classificatoires actuels des maladies mentales. Selon cette description, le tempérament cyclothymique aurait présenté une fluctuation de l'humeur, du sommeil, de la productivité et des interactions sociales; quant au tempérament hyperthymique, il se serait caractérisé par une personnalité expansive ayant peu besoin de sommeil, généralement assez productive, parfois irritable et au mode de vie plutôt étourdissant.

On constate donc que les formes cliniques de troubles affectifs, et particulièrement celles des maladies bipolaires, sont extrêmement variées. Les variations émotionnelles habituelles qui sont le propre de l'expérience humaine et le trouble bipolaire parfois accompagné de manifestations psychotiques, constituent les extrêmes du registre des fluctuations de l'humeur, de la normalité à la pathologie. La figure 5.3 passe justement en revue les troubles de l'humeur, précisant les cycles qui les caractérisent et permettant ce faisant de mieux saisir ce qui distingue les troubles dépressifs des troubles bipolaires.

FIGURE 5.3
Cycles des troubles dépressifs et bipolaires

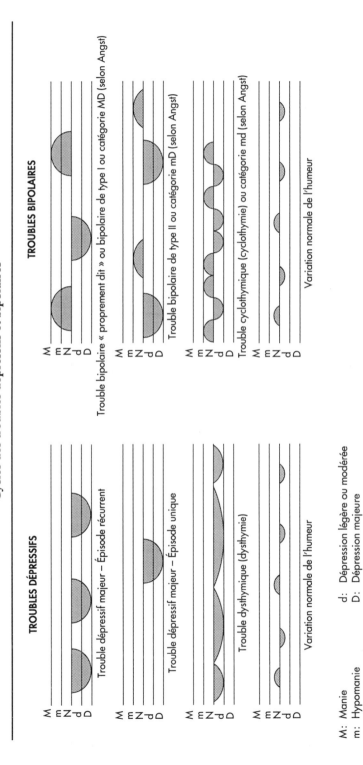

TROUBLES DÉPRESSIFS

Trouble dépressif majeur – Épisode récurrent

Trouble dépressif majeur – Épisode unique

Trouble dysthymique (dysthymie)

Variation normale de l'humeur

TROUBLES BIPOLAIRES

Trouble bipolaire « proprement dit » ou bipolaire de type I ou catégorie MD (selon Angst)

Trouble bipolaire de type II ou catégorie mD (selon Angst)

Trouble cyclothymique (cyclothymie) ou catégorie md (selon Angst)

Variation normale de l'humeur

M: Manie
m: Hypomanie
N: Humeur normale

d: Dépression légère ou modérée
D: Dépression majeure

Source: Adapté d'Angst et coll. (1979).

Diagnostic différentiel: le trouble schizo-affectif

Il existe, au sein de la classification actuelle des maladies se manifestant notamment par une variation de l'humeur, une autre catégorie diagnostique classée en fait sous la rubrique des psychoses et non sous celle des troubles affectifs; il s'agit du trouble schizo-affectif, entité nosologique moins bien définie que celles décrites plus tôt dans le présent chapitre. Ce terme est réservé aux patients présentant un épisode maniaco-dépressif majeur concurremment à des symptômes schizophréniques (notamment, délires plutôt bizarres, hallucinations fréquentes, affect inapproprié ou émoussé, illogisme et incohérence de la pensée); les délires et hallucinations doivent se manifester durant au moins deux semaines en l'absence de symptômes affectifs de type maniaque ou dépressif. Kasanin, en 1933, fut le premier à proposer le concept d'une psychose comportant des caractéristiques mixtes de schizophrénie et de troubles affectifs. Malgré plusieurs études, la validité du diagnostic du trouble schizo-affectif demeure controversée et un certain désaccord persiste toujours, à savoir s'il s'agit d'un sous-type de schizophrénie ou d'une maladie affective.

TROUBLES AFFECTIFS DITS «SECONDAIRES»

Le qualificatif «secondaire», largement utilisé dans la littérature scientifique et populaire, jusqu'en 1990, pour désigner certains troubles affectifs, n'apparaît plus dans le DSM-IV. Dans les faits, cette notion recouvre ce qu'on appelle aujourd'hui les «troubles affectifs liés à la présence d'une maladie organique» et les «troubles affectifs liés à l'utilisation d'une substance psychoactive (ou autre)».

En effet, divers médicaments et maladies organiques sont à l'origine de variations de l'humeur; ainsi, les agents et pathologies auxquels on attribue la survenue de symptômes dépressifs ont fait l'objet d'une présentation au chapitre 2, aux sections intitulées «Troubles de l'humeur liés à la présence d'une maladie organique ou d'un problème de santé (dépression induite ou secondaire)» et «Symptômes dépressifs induits par la prise de médicaments». Des symptômes hypomaniaques ou maniaques, classés sous la catégorie diagnostique de manie secondaire, peuvent également être dus à de telles causes. Le tableau clinique est alors celui des épisodes hypomaniaques ou maniaques habituels, tel que décrit à la section précédente. On note souvent une atteinte légère ou modérée de certaines facultés telles que la mémoire, l'orientation ou la capacité d'abstraction. Certains médicaments, notamment les décongestionnants, les bronchodilatateurs et les stéroïdes, peuvent entraîner des effets assimilables à ceux du tableau clinique de la manie, particulièrement lorsqu'ils sont ingérés en quantité plus importante que celle prescrite par des patients davantage sujets aux effets secondaires, tels que les enfants, les personnes âgées ou celles présentant une atteinte hépatique. Outre les médicaments, l'alcool et les hallucinogènes peuvent également déclencher des symptômes maniaques. Par ailleurs, plusieurs troubles métaboliques dont l'hyperthyroïdie (une augmentation de l'activité de la glande thyroïde) ainsi que certaines infections et tumeurs cérébrales peuvent aussi s'accompagner d'épisodes maniaques. Lors d'un épisode hypomaniaque ou maniaque, il est donc particulièrement important d'exclure toute cause pharmacologique (médicament ou drogue) et somatique (maladie organique) présumée.

ÉPIDÉMIOLOGIE DES TROUBLES BIPOLAIRES

Le trouble bipolaire survient chez environ 1 % de la population. On observe une prévalence (nombre total de cas d'une maladie signalés dans une population) de la maladie à peu près équivalente chez les deux sexes. Certaines études ont rapporté une prépondérance de la maladie bipolaire dans les classes sociales plus favorisées mais ces résultats sont inconstants. Aucune distribution raciale particulière n'est signalée, la prévalence de la maladie s'étant révélée uniforme dans les différentes ethnies.

Par ailleurs, on observe deux pics en ce qui concerne l'incidence saisonnière des maladies affectives, soit le printemps et l'automne, et ce, plus particulièrement en ce qui concerne les épisodes dépressifs ; l'incidence des épisodes maniaques serait quant à elle plus importante durant l'été.

L'âge moyen au début de la maladie est d'environ 30 ans, bien qu'un nombre appréciable de patients souffrent d'un premier épisode avant l'âge de 20 ans. Le trouble bipolaire débutant le plus souvent par un épisode dépressif, seule son évolution permet de déterminer s'il s'agit d'un trouble dépressif ou d'un trouble bipolaire. Sans traitement, un épisode maniaque dure en moyenne trois mois, et un épisode dépressif, neuf mois. Il existe une variation individuelle considérable au niveau de la fréquence des épisodes ; en effet, deux épisodes du même type peuvent survenir à un intervalle se situant entre 2,7 et 9 ans. À mesure que la maladie évolue, on note une augmentation de la fréquence des épisodes. Cependant, au-delà du cinquième épisode, la durée de l'intervalle entre chaque épisode tend à se stabiliser.

On croit que la sévérité des épisodes, de même que leur fréquence, peuvent augmenter avec l'âge. La majorité des patients atteints de troubles bipolaires sont asymptomatiques entre les épisodes. Cependant, 25 à 33 % des patients présentent un certain nombre de symptômes et une altération du fonctionnement entre les épisodes. Les études concernant le pronostic et l'évolution de la maladie bipolaire ont été effectuées auprès de patients n'ayant pas tous fait preuve de fidélité au traitement, si bien qu'il demeure justifié d'envisager que le pronostic puisse être plus favorable dans des conditions thérapeutiques optimales.

Par ailleurs, la présence de symptômes psychotiques lors d'un épisode maniaque n'entraîne pas nécessairement un pronostic plus défavorable. En fait, ce qui contribue à assombrir le pronostic des patients atteints de troubles bipolaires, ce sont les troubles de la personnalité dont souffrent certains d'entre eux, ainsi que la consommation de drogues ou d'alcool souvent utilisés à titre d'autotraitement (voir le chapitre 10).

FACTEURS GÉNÉTIQUES

La transmission héréditaire de la maladie bipolaire est reconnue depuis les premières descriptions de celle-ci; des antécédents familiaux positifs constituent donc un facteur de risque. La preuve d'une transmission génétique, non associée à l'influence de l'environnement, repose sur des études dans lesquelles on a comparé des jumeaux identiques (homozygotes, c'est-à-dire partageant le même bagage génétique) à des jumeaux non identiques (hétérozygotes) et sur des études dans lesquelles on a comparé les parents biologiques et les parents adoptifs de patients maniaco-dépressifs adoptés en bas âge.

Études de jumeaux

Les études de jumeaux ont clairement établi l'existence d'une composante génétique dans les maladies affectives, le taux de concordance chez les jumeaux atteints de troubles bipolaires étant plus élevé que celui observé chez ceux présentant uniquement des troubles (ou épisodes) dépressifs. Le risque qu'un jumeau identique présente un trouble bipolaire lorsque son jumeau en souffre est de 67 %, alors qu'il est de 20 % si les jumeaux sont hétérozygotes. Ainsi, plus le bagage génétique partagé est semblable, plus le risque est important.

Études d'adoption

On a également observé que des enfants adoptés issus de parents biologiques atteints d'une maladie affective présentaient une fréquence beaucoup plus élevée de troubles affectifs que des enfants adoptés issus de parents biologiques atteints d'une autre maladie mentale ou non atteints de maladie mentale.

Risque génétique

En fait, environ 50 % des patients atteints de troubles bipolaires comptent dans leur parenté au moins une personne souffrant d'un trouble affectif, qu'il soit uniquement dépressif ou de type bipolaire. Un enfant dont un parent du premier degré souffre d'un trouble bipolaire a 27 % de risques de développer un trouble affectif, pourcentage qui augmente à 75 % si ses deux parents en souffrent. Cependant, seuls 15 % des patients atteints de troubles bipolaires ont un père et une mère souffrant tous deux de la même maladie.

Compte tenu de la teneur de ce risque génétique, la grossesse n'est donc pas nécessairement à éviter chez les femmes atteintes de troubles bipolaires. En revanche, on doit prendre en compte l'intensité de la maladie et la réponse de la patiente au traitement afin de s'assurer que la présence de ces troubles ne compromet pas un futur rôle parental.

Bien que l'existence d'une composante génétique dans les troubles bipolaires soit indéniable, le peu de données actuellement disponibles ne permettent pas encore de tirer des conclusions valides quant à la localisation, au mode de transmission et à la pénétrance du défaut génétique. En définitive, la plupart des auteurs estiment que c'est probablement la vulnérabilité à cette maladie qui est transmise.

FACTEURS DÉCLENCHEURS

Le rôle possible des facteurs déclencheurs, ou stresseurs psychosociaux, en ce qui concerne l'apparition des maladies constitue un sujet d'intérêt en médecine et plus particulièrement en psychiatrie. À l'heure actuelle, il est généralement admis que les conditions psychosociales sont en cause dans la survenue d'un épisode maniaque ou dépressif chez un patient présentant une vulnérabilité génétique à la maladie. Ainsi, les événements déclencheurs joueraient un rôle particulièrement important lors des premières décompensations mais, à mesure que la maladie bipolaire évolue, contribueraient dans une moins large mesure à la survenue d'un épisode. À la lumière de ces considérations, il apparaît donc essentiel que le patient, bénéficiant par ailleurs d'un traitement pharmacologique, apprenne à gérer les situations à risques élevés.

~

Les états maniaques et dépressifs sont certes connus depuis fort long-temps. La compréhension qu'on en a s'est par contre considérablement accrue au cours des quatre dernières décennies, sous l'influence notamment des progrès de la génétique, de l'épidémiologie et de la pharmacologie. Néanmoins, si la description et le traitement des symptômes bipolaires francs (troubles bipolaires de type I) sont relativement bien établis aujourd'hui, il n'en va pas nécessairement de même des états atténués dans leur symptomatologie (troubles bipolaires de type II ou troubles cyclothymiques). On reconnaît maintenant que ces troubles ont une évolution souvent plus pernicieuse, que leur diagnostic est plus difficile à poser et qu'ils répondent moins bien à un traitement classique ; il faut parfois attendre quelques années d'évolution avant qu'un diagnostic adéquat soit posé. Une meilleure connaissance de ces états par les professionnels des soins de santé et par le grand public, de même que l'élaboration de stratégies thérapeutiques nouvelles, permettent cependant au pronostic de ces affections de se trouver à l'heure actuelle grandement amélioré.

BIBLIOGRAPHIE

AKISKAL H.S., 1981, « Subaffective Disorders : Dysthymic, Cyclothymic and Bipolar II Disorders in the "Borderline" Realm », *Psychiatric Clinics of North America*, vol. 4, nº 1, p. 25-46.

AMERICAN PSYCHIATRIC ASSOCIATION, 1994, *Diagnostic and Statistical Manual of Mental Disorders (4th edition) : DSM-IV*, Washington, DC, American Psychiatric Press.

ANGST, J., FELDER, W., et R. FREY, 1979, « The Course of Unipolar and Bipolar Affective Disorders », dans M. SCHOU et E. STRÖMGREN, *Origin, Prevention and Treatment of Affective Disorders*, New York, Academic Press, p. 215-226.

DUNNER, D.L., GERSHON, E.S., et F.K. GOODWIN, 1976, « Heritable Factors in the Severity of Affective Illness », *Biological Psychiatry*, vol. 11, nº 2, p. 31-42.

DUNNER, D.L., et coll., 1982, « Classification of Bipolar Affective Disorder Subtypes », *Comprehensive Psychiatry*, vol. 23, nº 2, p. 186-189.

GOODWIN, F.K., et K.R. JAMISON, 1990, *Manic-Depressive Illness*, New York, Oxford University Press.

ORGANISATION MONDIALE DE LA SANTÉ, 1993, *Classification internationale des maladies : CIM-10*, Paris, Masson.

PERRIS, C., et J. ANGST, 1966, « A Study of Bipolar (Manic-Depressive) and Unipolar Recurrent Depressive Psychoses », *Acta Psychiatrica Scandinavica*, vol. 42, suppl. 194.

LECTURES SUGGÉRÉES

ALEXANDER, F.G., et S.T. SELESNICK, 1972, *Histoire de la psychiatrie*, Paris, Librairie Armand Colin.

KAPLAN, H.I., et B.J. SADOCK, 1989, *Comprehensive Textbook of Psychiatry*, 5ᵉ édition, Baltimore, Williams and Wilkins, p. 859-951.

LALONDE, P., GRUNBERG, F., et coll., 1988, *Psychiatrie clinique: approche bio-psychosociale*, Boucherville, Gaëtan Morin Éditeur, p. 392-422.

PAYKEL, E.S., 1992, *Handbook of Affective Disorders*, 2ᵉ édition, New York, The Guilford Press, p. 1-324.

CHAPITRE 6

Les aspects biologiques des maladies affectives

Pierre Landry, M.D.[*]

Sommaire

[*]   Psychiatre à l'hôpital Louis-H. Lafontaine, professeur adjoint au Département de
psychiatrie de l'Université de Montréal et chercheur au Centre de recherche
Fernand-Seguin.

ORGANISATION DU SYSTÈME NERVEUX CENTRAL

Anatomie du cerveau

Le cerveau est chez l'homme l'organe non seulement le plus complexe mais aussi le plus difficile à étudier. Il pèse environ 1,4 kg et est constitué de 100 milliards de cellules nerveuses appelées «neurones». Le cerveau est entouré par le liquide céphalorachidien, lui-même contenu dans de petites enveloppes appelées «méninges». Ce liquide entoure également la moelle épinière et sert en quelque sorte de coussin, protégeant le système nerveux des coups éventuellement portés contre les parois intérieures de la boîte crânienne et des vertèbres.

On peut se représenter simplement l'organisation anatomique du cerveau en regroupant les différentes régions sous trois entités distinctes, soit le **tronc cérébral**, les **hémisphères cérébraux** et le **cervelet**. En fait, les hémisphères cérébraux recouvrent le tronc cérébral et une partie du cervelet un peu comme le fait le chapeau d'un champignon de sa tige. À la base du crâne, le tronc cérébral devient la moelle épinière. Le cervelet joue un rôle important sur le plan de la motricité mais présente un intérêt moindre en psychiatrie.

La figure 6.1, une vue latérale de la face interne gauche de l'encéphale, illustre les rapports anatomiques entre le cerveau, le tronc cérébral et le cervelet.

L'ensemble des structures du tronc cérébral est considéré comme la partie la plus primitive du cerveau. Le tronc cérébral est subdivisé en trois régions: le bulbe rachidien, la protubérance et le mésencéphale. Le diencéphale, formé principalement du thalamus, se situe au point de rencontre des hémisphères et du tronc cérébral (voir la figure 6.1). Les neurones du tronc cérébral jouent un rôle particulièrement important dans le contrôle des fonctions dites «neurovégétatives» telles que la tension artérielle, le rythme cardiaque, la température corporelle, la faim, le sommeil, et la régulation de la synthèse des hormones par l'hypothalamus et l'hypophyse (ou glande pituitaire). Les fonctions neurovégétatives sont d'ailleurs souvent modifiées chez un patient atteint de troubles dépressifs ou de manie.

Chacun des hémisphères est recouvert d'une fine couche de cellules nerveuses mesurant de 3 à 4 mm d'épaisseur. Cette écorce cérébrale, ou **cortex**, forme plusieurs replis (nommés «scissure» et «sulcus») et confère aux hémisphères l'apparence ondulée qu'on peut observer à la figure 6.1. Le cortex est particulièrement développé chez l'humain et est donc perçu comme la partie la plus récente dans l'évolution du cerveau. Comme l'indique la figure 6.1, la surface externe des hémisphères est divisée en quatre lobes pour lesquels une fonction spécifique a pu être identifiée. En progressant de la partie antérieure

FIGURE 6.1

Vue latérale de la face interne gauche de l'encéphale illustrant les rapports anatomiques entre le cerveau, le tronc cérébral et le cervelet

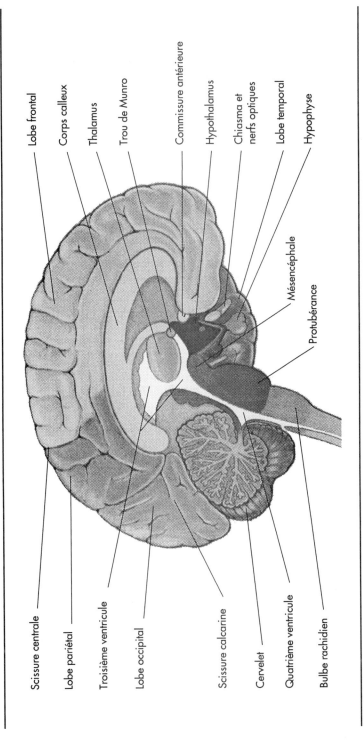

Source: Guyton (1991).

du cerveau vers sa partie postérieure, on trouve le lobe frontal (élaboration de la pensée, motricité), le lobe pariétal (intégration des informations sensorielles du corps), le lobe temporal (langage, perception des stimuli sonores) et le lobe occipital (perception des stimuli visuels). Un cinquième lobe, l'insula, est enfoui profondément dans chacun des hémisphères (ce qui explique qu'il ne soit pas visible sur la figure 6.1). Les hémisphères gauche et droit communiquent entre eux par des réseaux de fibres nerveuses qui passent par le corps calleux et la commissure antérieure.

Le siège des émotions, par ailleurs, n'est pas limité à une seule région cérébrale; celles-ci nécessitent plutôt la double participation du cortex et des structures du tronc cérébral. Au XIXe siècle, un célèbre neuroanatomiste, Broca, donna le nom de «système limbique» à l'ensemble des structures nerveuses en cause dans le comportement, la mémoire et les émotions. Comme le montre la figure 6.2, une vue de la surface médiane du cerveau, les structures du système limbique forment une espèce d'anneau autour du corps calleux. Parmi ces structures, soulignons celles du cortex limbique dans lequel on trouve l'hippocampe, les gyrus cingulaire, dentatus et hippocampique, et l'amygdale (voir la figure 6.2). La notion de système limbique est un peu moins populaire parmi les neurobiologistes contemporains mais l'idée que des structures du système nerveux puissent être à la base des émotions et des comportements demeure en psychiatrie un concept important qui permet de mieux comprendre la maladie affective.

Neurones

Le cerveau, comme tous les organes du corps humain, est composé de cellules spécialisées. Ces cellules, appelées «neurones», ressemblent à des arbustes à cause des prolongements qu'elles comportent, lesquels quittent le corps cellulaire. Il y a deux sortes de prolongements; d'une part, les dendrites, par lesquelles les neurones reçoivent des messages des autres neurones, et, d'autre part, l'axone qui, tel un câble électrique, transmet le signal émis par un neurone aux dendrites d'une autre cellule.

La transmission de l'information d'un neurone à un autre s'effectue par la libération de substances chimiques à des sites spécifiques nommés «synapses». Ces substances chimiques, ou neurotransmetteurs, sont contenues dans de petites vésicules et sont libérées dans la fente synaptique pour ensuite se lier à des récepteurs localisés sur les dendrites et influencer l'activité d'un autre neurone. Cette opération de communication prend quelques millièmes de seconde et se termine, soit par la destruction du neurotransmetteur par des enzymes,

FIGURE 6.2

Vue de la surface médiane du cerveau montrant les structures du système limbique

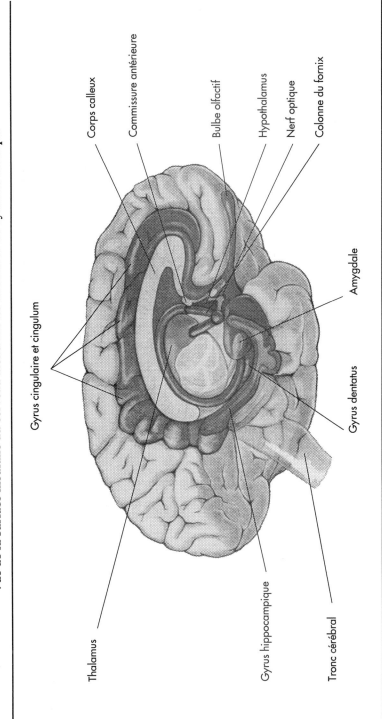

Gyrus cingulaire et cingulum

Corps calleux

Commissure antérieure

Bulbe olfactif

Hypothalamus

Nerf optique

Colonne du fornix

Amygdale

Gyrus dentatus

Thalamus

Gyrus hippocampique

Tronc cérébral

Source : Adapté de Williams et coll. (1989).

soit par un recyclage du neurotransmetteur qui est recapté et emmagasiné par l'axone pour être réutilisé lors d'une prochaine transmission. La figure 6.3 illustre ces mécanismes, qu'il est crucial de se représenter clairement pour bien comprendre le mode d'action des antidépresseurs que nous décrirons au chapitre 8 du présent ouvrage.

FIGURE 6.3
Représentation schématique d'un neurone et d'une synapse

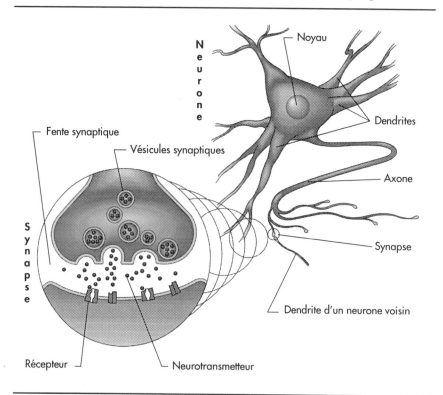

Source: Adapté de Villedieu (1993).

Plusieurs neurotransmetteurs sont connus. Pour n'en nommer que quelques-uns, mentionnons la **sérotonine**, la **noradrénaline**, la **dopamine**, l'**acétylcholine**, le **GABA**, les hormones et la classe des peptides qui regroupe une centaine de molécules différentes. De façon générale, les neurotransmetteurs ne sont pas synthétisés partout dans le cerveau mais plutôt dans des neurones qui remplissent une même fonction et qui sont rassemblés à un endroit particulier du cerveau. Ces ensembles de cellules spécialisées forment un noyau. Ainsi, les cellules qui fabriquent la sérotonine sont regroupées dans le noyau du **raphé**, celles qui fabriquent la **noradrénaline** sont regroupées dans le noyau du **locus céruléus**, et la **substance noire** regroupe les cellules qui synthétisent la dopamine. Ces trois noyaux sont localisés dans le tronc cérébral du cerveau mais leurs axones se rendent jusqu'au cortex.

La sérotonine et la noradrénaline sont probablement les neuro-transmetteurs les plus étroitement liés aux troubles de l'humeur, bien que d'autres, en particulier la dopamine, jouent probablement un rôle important, mais mal connu, dans l'étiologie de ces maladies. En effet, les connaissances actuelles donnent à penser qu'il y avait diminution des taux de sérotonine et de noradrénaline dans la dépression majeure alors que, dans la manie, l'activité de la dopamine serait augmentée. Bien que partielle, cette information a entraîné la formulation d'hypo-thèses biologiques visant à expliquer les troubles de l'humeur et à ins-tituer des traitements qui pourraient rétablir l'équilibre biochimique du cerveau; ainsi, les antidépresseurs augmentent les taux de séroto-nine et de noradrénaline dans l'espace synaptique.

À la lumière de ces considérations, il importe donc de voir com-ment les chercheurs arrivent à mieux comprendre le fonctionnement du cerveau.

CONNAISSANCE DU CERVEAU

Techniques et approches directes

Les connaissances que nous avons des aspects biologiques des mala-dies affectives, nous les devons, non seulement à la technologie mise à la disposition des chercheurs, mais aussi à la collaboration des patients qui se portent volontaires pour participer à des projets de recherche. Sans cette collaboration, c'est-à-dire uniquement par le biais de la recherche sur des animaux ou des modèles informatisés, il serait tout à fait impensable d'espérer pouvoir élucider les mécanismes responsables de la maladie mentale. Il va sans dire que le fait que les méthodes de recherche utilisées ne présentent absolument aucun danger pour la santé du patient demeure primordial.

ÉLECTROENCÉPHALOGRAPHIE

L'électroencéphalographie (EEG) fut introduite en 1929 par un psy-chiatre autrichien du nom de Berger afin de mesurer l'activité élec-trique du cerveau. Depuis ce temps, cette technique s'est raffinée; elle permet à l'heure actuelle d'enregistrer l'activité du cerveau de façon très sécuritaire et précise en plaçant de petites électrodes sur le cuir chevelu de la personne. En pratique clinique, l'EEG est surtout utile pour dépister les maladies du sommeil et l'épilepsie. Toutefois, cette technique d'enregistrement s'avère être un outil de recherche intéressant pour comprendre les changements cérébraux qui s'opèrent chez les patients atteints d'un trouble de l'humeur. Pour éviter toute confusion, mentionnons ici que l'EEG est très différente de l'électroconvulsivothérapie qui nécessite également l'application d'électrodes sur le cuir chevelu. Contrairement à l'électroconvulsivothérapie, l'EEG ne transmet pas de courant électrique et n'induit pas de convulsions. Les appareils qui sont utilisés servent uniquement à enregistrer et à amplifier les signaux électriques naturellement émis par le cerveau.

Les enregistrements électroencéphalographiques nous ont surtout permis de préciser la nature des troubles du sommeil dont se plaignent les patients souffrant de dépression. En effet, une étude américaine a établi que plus de 80 % des patients déprimés ont un sommeil perturbé, ce qui peut se manifester par de l'insomnie ou même par un besoin de dormir davantage (hypersomnie). Chez de nombreuses personnes, les troubles du sommeil précèdent l'apparition des symptômes dépressifs ou maniaques et servent en quelque sorte de signal d'alarme.

Le sommeil peut être divisé en deux stades distincts, selon ce que révèlent les enregistrements électroencéphalographiques. L'activité électrique du premier stade montre des ondes amples et lentes alors que le second stade est caractérisé par des ondes plus rapides et plus courtes. Le nom de «sommeil paradoxal» a été prêté au second stade, car l'électroencéphalogramme obtenu à ce moment-là ressemble à celui observé durant l'éveil. Ce sommeil, également connu sous l'acronyme REM (*rapid eye movement*), apparaît 90 minutes après l'endormissement et se produit à un intervalle fixe de 90 minutes pendant toute la nuit.

La figure 6.4 présente les tracés polygraphiques du sommeil lent profond et du sommeil paradoxal chez un adulte normal: électro-oculogramme (enregistrement des mouvements des yeux par l'application d'électrodes sur la peau de la région péri-orbitaire), électromyogramme (enregistrement des contractions musculaires par l'application d'électrodes sur la peau de la nuque) et électroencéphalogramme.

Comme l'illustre cette figure, le sommeil lent profond est caractérisé par une absence des mouvements oculaires à l'électro-oculogramme, un tonus musculaire constant à l'électromyogramme et des ondes lentes et amples à l'électroencéphalogramme. En revanche, durant le sommeil paradoxal, on observe des mouvements oculaires rapides à l'EOG, une atonie musculaire à l'EMG et des ondes rapides et de faible amplitude à l'EEG.

Or, chez les patients déprimés, les enregistrements ont permis de constater des réveils fréquents associés à des différences appréciables

FIGURE 6.4
Tracés polygraphiques du sommeil lent profond et du sommeil paradoxal chez un adulte normal

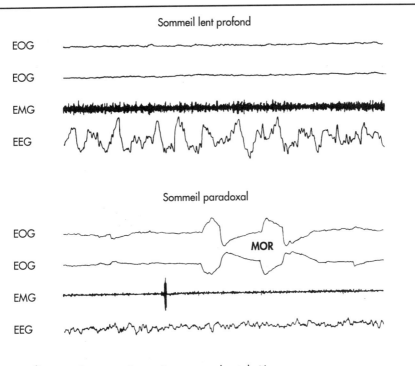

EOG: Électro-oculogramme (respectivement gauche et droit)
EMG: Électromyogramme
EEG: Électroencéphalogramme
MOR: Mouvements oculaires rapides

Source: Adapté de Lalonde, Grunberg et coll. (1988).

dans la latence et la durée du stade du sommeil paradoxal. Ainsi, le délai d'apparition du premier épisode de sommeil paradoxal est diminué de moitié chez les patients souffrant de dépression majeure (Buysse et Kupfer, 1990). Cette caractéristique serait par ailleurs présente même en dehors des périodes dépressives proprement dites, ce qui permet de croire qu'elle pourrait servir de marqueur pour identifier un sous-groupe de gens susceptibles d'être atteints de dépression majeure. Les études réalisées dans ce domaine, dont les résultats indiquent qu'une diminution de la durée de la période de latence du sommeil paradoxal survient fréquemment chez les membres d'une même famille, même en l'absence de dépression chez ces personnes (Giles et coll., 1988) suggèrent que ce trait aurait possiblement une composante génétique. En fait, c'est à la suite de l'observation de ce phénomène que les chercheurs ont formulé l'hypothèse selon laquelle la dépression pourrait être causée par un changement des cycles du sommeil.

À la lumière de ces découvertes, il est donc envisageable qu'un certain nombre de patients atteints de troubles dépressifs recevront un traitement par un antidépresseur dont l'efficacité résidera dans sa capacité de corriger l'anomalie présentée par la période de latence du sommeil paradoxal.

IMAGERIE CÉRÉBRALE

La dernière décennie a été marquée par des progrès spectaculaires en radiologie et en médecine nucléaire. La tomodensitométrie (*computer analysed tomography* ou *CAT scan*) et l'imagerie par résonnance magnétique (*magnetic resonance imaging* ou *MRI scan*) servent à obtenir des images du cerveau utilisables du point de vue médical, alors que la tomographie par émission de positrons (*positron emission tomography* ou *PET scan*) et la tomographie monophotonique (*single photon emission computed tomography* ou *SPECT*) permettent maintenant de visualiser la circulation du sang dans le cerveau, ainsi que ses mécanismes physiologiques et biochimiques, grâce à l'injection dans le sang de petites particules radioactives inoffensives qui circulent jusqu'au cerveau où elles peuvent être détectées.

Ces techniques d'imagerie ont surtout été développées afin d'identifier le site des lésions cérébrales, ce qui relève, on le sait, de la neurologie. En psychiatrie, ces techniques sont employées principalement dans un cadre expérimental ; le cerveau de patients atteints de troubles de l'humeur n'a que très récemment fait l'objet d'études réalisées au moyen de ces techniques.

Jusqu'à présent, les résultats de ces travaux ont indiqué une absence de lésions ou de malformations anatomiques cérébrales ; tout au plus a-t-on observé une légère augmentation du volume des ventricules et une diminution de l'hippocampe chez un nombre peu élevé de patients souffrant de troubles bipolaires. La cause de ces anomalies demeure inconnue bien qu'elles suggèrent la possibilité d'une diminution des connexions entre le cortex et le système limbique.

Les modifications de la physiologie et de la biochimie du cerveau observées avec la tomographie monophotonique et la tomographie par émission de positrons laissent soupçonner un ralentissement du métabolisme des lobes frontaux plus marqué du côté gauche chez la personne atteinte de dépression (Baxter et coll., 1989), alors que la manie serait le résultat d'une diminution de l'activité neuronale dans le lobe temporal droit (Migliorelli et coll., 1993). L'asymétrie de cette activité met en lumière les rôles distincts que joue chacun des deux hémisphères dans les troubles de l'humeur.

Du désir de préciser davantage la localisation des déficits cognitifs dans la dépression est né l'accroissement de la collaboration entre neuropsychologues et radiologistes dont nous sommes à l'heure actuelle témoins. Dans cette optique, l'activité du métabolisme du cerveau est mesurée au moment même où le patient subit des épreuves neuropsychologiques. Cette approche expérimentale devrait permettre d'obtenir un nombre considérable de renseignements sur la localisation des déficits cognitifs et, éventuellement, d'aider le clinicien dans son évaluation diagnostique et dans le choix qu'il doit faire du traitement le plus avantageux compte tenu des déficits particuliers que présente le patient. La comparaison des résultats en cours de traitement devrait pouvoir assurer un suivi plus efficace reposant sur une mesure objective des bienfaits des différents traitements.

NEUROPATHOLOGIE

Des patients vivants font l'objet des études décrites jusqu'ici. Une autre approche expérimentale consiste à examiner le cerveau de patients qui se sont suicidés ou qui sont décédés accidentellement; cette approche présente cependant beaucoup d'embûches tant sur le plan éthique que sur le plan méthodologique. Pour effectuer un tel examen, l'autorisation de la famille du patient décédé ou de l'un de ses proches est évidemment essentielle. Or, on peut facilement comprendre la réticence de ces personnes qui, encore en état de choc, se voient soumettre une demande à cet effet. Il n'en demeure pas moins que les résultats qu'obtiendra le neuropathologiste seront d'autant plus significatifs qu'il aura pu réaliser l'examen dans les heures ou les jours qui suivent le décès afin que les changements biochimiques et physiologiques de la cellule survenant inévitablement après la mort soient encore peu importants.

Dans le cadre de telles études, l'examen du cerveau porte plus particulièrement sur les récepteurs de plusieurs neurotransmetteurs, sur le dosage des neurotransmetteurs ainsi que sur leurs métabolites. On doit comparer les résultats obtenus aux données correspondantes observées chez d'autres individus décédés mais qui n'étaient pas atteints de troubles dépressifs; on doit également tenir compte des médicaments qu'aurait pris le patient avant son décès.

Les études de ce type menées à ce jour ont mis en lumière des modifications dans la transmission de la sérotonine et de la noradrénaline. En premier lieu, on a noté une augmentation des récepteurs de la sérotonine, particulièrement dans le lobe frontal, ainsi qu'une augmentation des récepteurs bêta-adrénergiques. En second lieu, le recyclage ou la réutilisation de la sérotonine par les neurones s'effectuerait avec une moindre efficacité. On a attribué ces phénomènes à une «tentative» par les neurones de pallier une diminution des taux de sérotonine et de noradrénaline dans le lobe frontal; pour plus d'information à ce sujet, le lecteur peut consulter l'article de Marcusson et Ross (1990).

Techniques et approches indirectes

Les difficultés évoquées à la section précédente ont contraint les chercheurs à recourir à d'autres approches expérimentales pour étudier la pathophysiologie du cerveau humain. Certaines substances sécrétées par le cerveau telles que les hormones ou les métabolites des neurotransmetteurs, présentes dans le liquide céphalorachidien, le sang et l'urine, ont donc fait l'objet d'analyses pouvant fournir de précieux indices sur le fonctionnement du cerveau.

ANALYSE DU LIQUIDE CÉPHALORACHIDIEN, DU SANG ET DE L'URINE

Tel que mentionné précédemment, le cerveau baigne dans le liquide céphalorachidien. En outre, le système sanguin du cerveau est très développé, de façon à lui assurer un apport constant de nutriments et d'oxygène et d'éliminer les métabolites nocifs du cerveau. Ainsi, l'analyse biochimique du liquide céphalorachidien et du sang peut nous renseigner sur l'état du fonctionnement du cerveau puisqu'on y trouve des substances chimiques sécrétées par les neurones. Certaines de ces substances peuvent même être détectées dans l'urine mais, dans ce cas, les résultats sont moins fiables.

Le prélèvement du liquide céphalorachidien se fait par ponction lombaire, alors que le sang est obtenu au pli du coude. Bien que sécuritaires, ces prélèvements peuvent néanmoins entraîner un certain inconfort chez le patient.

Bien que les résultats varient considérablement d'une étude à l'autre, il est en général possible d'affirmer que, chez les personnes atteintes de troubles dépressifs, le liquide céphalorachidien et le sang présentent une diminution des métabolites et des substances précurseurs de la sérotonine et de la noradrénaline; ce phénomène est encore plus marqué chez les personnes qui ont des idées suicidaires (Kalus et coll., 1989). Ces résultats viennent soutenir l'hypothèse selon laquelle ces deux neurotransmetteurs sont présents en quantité moindre durant la dépression.

ÉTUDES PORTANT SUR LES PLAQUETTES SANGUINES

Outre les globules rouges et les globules blancs, le sang contient d'autres cellules, notamment les plaquettes sanguines. Ces cellules ont la propriété d'adhérer les unes aux autres au moment de la rupture d'un vaisseau sanguin de manière à réduire le saignement. Or, la sérotonine stimule l'adhérence des plaquettes et les chercheurs ont constaté que les mécanismes sérotoninergiques des plaquettes (recapture de la sérotonine plasmatique par les plaquettes, stimulation par la sérotonine des récepteurs sur les membranes des plaquettes) s'assimilaient à plusieurs points de vue à ceux des neurones (Andres et coll., 1992). Pour cette raison, les plaquettes servent de modèle dans l'étude du système sérotoninergique chez les patients souffrant de dépression.

Les résultats des travaux réalisés en ce sens soutiennent l'hypothèse selon laquelle il y aurait diminution de l'activité des mécanismes cellulaires interagissant avec la sérotonine chez plusieurs patients atteints de troubles dépressifs (Biegon et coll., 1990). Certains chercheurs vont jusqu'à affirmer que l'étude des mécanismes sérotoninergiques des plaquettes pourrait être utile à l'établissement d'un diagnostic et permettrait même de pronostiquer la réponse d'un patient à un antidépresseur donné. En effet, les patients présentant une augmentation des récepteurs plaquettaires par la sérotonine répondraient favorablement à un traitement par un antidépresseur. Les études comportant une analyse des plaquettes sanguines s'avèrent donc prometteuses, si on tient compte par exemple que ces plaquettes peuvent être obtenues par une simple prise de sang, sans que les patients soient exposés à des examens inutilement complexes. Cette approche du traitement de la dépression devrait mériter une plus grande attention dans l'avenir et permettre une meilleure compréhension du rôle de la sérotonine chez les patients souffrant de troubles dépressifs.

ÉTUDES PORTANT SUR LES HORMONES (NEUROENDOCRINOLOGIE)

Le système neurohormonal ou neuroendocrinien est unique, car il constitue le plus bel exemple d'intégration entre l'activité du cerveau et celle des autres organes du corps dans le but d'assurer l'adaptation d'une personne à son environnement. Différents signaux sont perçus par le cerveau, qu'il s'agisse de stresseurs physiques, comme la température ambiante, ou de stresseurs psychologiques. Ces signaux convergent vers l'hypothalamus qui assimilera et décodera l'information avant de la retransmettre par neurotransmission à l'hypophyse, une glande située à la base du cerveau (voir la figure 6.1). Celle-ci va libérer dans le sang des hormones qui stimuleront d'autres glandes, plus particulièrement la glande thyroïde et les glandes surrénales, à produire à leur tour d'autres hormones afin de rétablir l'équilibre physique et psychologique momentanément perturbé.

Deux hormones, soit le **cortisol** et la **thyroxine**, ont fait l'objet de nombreuses recherches portant sur des personnes souffrant de dépression. En effet, au début du siècle, les médecins avaient observé que plusieurs patients porteurs d'une tumeur sur l'hypophyse présentaient des symptômes dépressifs en plus des symptômes physiques. Depuis, les chercheurs ont établi que des changements hormonaux pouvaient se manifester chez certains patients atteints de dépression sans qu'il y ait pour autant une atteinte importante du fonctionnement de la voie hypothalamo-hypophysaire (Checkley, 1992).

Le cortisol est sécrété par les glandes surrénales qui coiffent la partie supérieure de chaque rein. Normalement, la sécrétion du cortisol se fait la nuit durant le sommeil et diminue progressivement durant la journée. Les cellules de l'hypothalamus et de l'hypophyse sont sensibles au taux de cortisol circulant dans le sang et modifient leur activité en fonction de ce taux. Or, la variation diurne est absente chez 50 à 60 % des patients atteints de troubles dépressifs ; il semble que le système d'autorégulation du cortisol soit inefficace chez ces derniers, ce qui entraîne chez eux le maintien d'un taux élevé de cortisol plasmatique durant la journée. D'ailleurs, les patients qui souffrent chroniquement de dépression présentent une hypertrophie des glandes surrénales résultant d'une hyperstimulation de ces glandes. Toutefois, on ne sait toujours pas si cette hypercortisolémie (augmentation du taux de cortisol plasmatique) est attribuable à la dépression, ou si elle en est la cause. Les études menées par Selye (1974) indiquent que le stress fait augmenter le cortisol de façon non spécifique ; or, il est possible de concevoir la dépression comme un stress constant qui pourrait donc avoir cet effet sur le cortisol, sans qu'on puisse néanmoins conclure que l'hypercortisolémie soit à l'origine de la dépression. La poursuite de recherches en ce sens présente un grand intérêt et semble même prometteuse, car certains patients atteints chroniquement de dépression auraient connu une amélioration considérable de leur état à la suite de traitements visant à rétablir le cycle diurne du cortisol (Wolkowitz et coll., 1993).

L'association entre l'hypercortisolémie et les troubles du sommeil est un phénomène qui mérite d'être souligné. Il est possible d'augmenter le taux de cortisol plasmatique et d'induire en laboratoire chez des sujets normaux des troubles du sommeil similaires à ceux qui sont observés chez les sujets souffrant de troubles dépressifs. Ceci ne fait que souligner l'interrelation entre les différents mécanismes physiologiques du cerveau et la difficulté d'établir un lien de causalité avec la dépression.

Quant à la thyroxine, il s'agit d'une hormone sécrétée par la glande thyroïde localisée dans le cou, sous la pomme d'Adam. Les gens qui souffrent d'une diminution de l'activité de la glande thyroïde (hypothyroïdie) manifestent des symptômes similaires à ceux de la dépression, tels qu'une fatigue constante, un ralentissement de la pensée et des troubles de la mémoire. Chez quelques patients souffrant de troubles dépressifs, on a noté un certain ralentissement de l'activité de la glande thyroïde sans qu'on puisse pour autant parler d'une altération du fonctionnement ou d'hypothyroïdie clinique. L'hypophyse serait dans ce cas moins sensible aux messages qu'elle reçoit de l'hypothalamus, ce qui provoquerait une diminution de l'activité de la glande thyroïde. De plus, il y aurait chez 20 % des patients souffrant de dépression présence d'anticorps agissant contre les cellules de la glande thyroïde, entraînant une diminution de la sécrétion et de la libération de thyroxine (Nemeroff et coll., 1985). Pour cette raison, certains psychiatres prescrivent parfois, à titre d'essai thérapeutique, des comprimés de thyroxine accompagnés d'un antidépresseur chez les patients atteints de troubles dépressifs ou du lithium chez ceux souffrant de maladie bipolaire à cycle rapide (Bauer et Whybrow, 1990). Cette pratique demeure cependant encore expérimentale et devra faire l'objet de recherches subséquentes.

Ainsi, le système neuroendocrinien constitue un champ de recherche très prometteur en psychiatrie. Plusieurs autres hormones ayant été étudiées, il est possible d'affirmer que d'autres changements hormonaux importants accompagnent la dépression. Toutefois, il convient de demeurer prudent dans l'interprétation des résultats de ces études et de cerner avec plus de précision les caractéristiques des changements observés avant d'en tirer des conclusions quant au traitement et au pronostic de la maladie.

MODÈLE ANIMAL DES MALADIES AFFECTIVES

Il serait faux de prétendre qu'il est possible, en laboratoire, d'arriver à induire chez des animaux une maladie mentale dont les caractéristiques seraient identiques à celles de troubles vus en clinique. L'objectif visé par les modèles expérimentaux avec les animaux consiste plutôt en l'étude d'un aspect donné d'un comportement particulier s'apparentant d'une certaine façon à la dépression ou à la manie. Cette méthode expérimentale permet tout de même de mieux contrôler les différentes variables et de faire des liens entre celles-ci (McKinney, 1992).

Les modèles utilisés peuvent être classés sous deux thématiques différentes. La première se veut plus comportementale, le chercheur tentant de recréer une situation qui provoquera chez les animaux des comportements similaires à ceux qui sont observés chez l'humain durant la dépression ou la manie. La deuxième approche, complémentaire à la première, est cependant davantage axée sur les changements physiologiques et biochimiques que subissent les cellules nerveuses à la suite d'un traitement pharmacologique.

Le premier modèle expérimental fut présenté par Tinkelpaugh en 1928, lorsqu'il remarqua un comportement similaire à la dépression chez un singe qui venait d'être séparé de sa mère; l'animal était devenu agité, ne mangeait plus, s'isolait et s'automutilait. Il fallut cependant attendre les années 1960 avant que le modèle de la séparation ne soit repris dans des études dont l'objectif était d'arriver à mieux comprendre le lien entre la relation mère-enfant (ou la relation d'un singe avec d'autres singes de la même espèce) et l'apparition de symptômes similaires à ceux de la dépression. Ces travaux se sont avérés des plus intéressants, car ils montraient toute l'importance des relations sociales dans le maintien de la santé mentale chez les animaux. En outre, les antidépresseurs amenuisaient les changements de comportement chez ces animaux et confirmaient en quelque sorte l'utilité de ce traitement dans la dépression.

Il existe un bon nombre d'autres modèles comportementaux. Mentionnons entre autres les récentes expériences de manipulation génétique réalisées par Barden et ses collaborateurs (1995) à l'Université Laval à Québec; ces chercheurs ont réussi à «créer» une souris génétiquement prédisposée à la dépression. Compte tenu de la relation entre dépression et cortisolémie expliquée plus haut, et de ce que l'état apathique de ces souris transgéniques est lié à la modification des récepteurs des neurones pour le cortisol, il sera intéressant de voir ce que seront les fluctuations du taux de cortisol plasmatique lorsque ces souris seront exposées à un traitement par un antidépresseur. Dans ce genre d'étude, les animaux reçoivent pendant quelques semaines des aliments contenant des antidépresseurs; puis, on enregistre l'activité des neurones à l'aide d'électrodes. Durant cet enregistrement, on administre de la sérotonine et de la noradrénaline sur les neurones des animaux et les changements de l'activité neuronale apportés par les antidépresseurs sont analysés. Ces études ont établi que les neurones étaient sensibilisés aux effets excitants de la sérotonine et de la noradrénaline lorsque les animaux recevaient un antidépresseur pendant au moins deux semaines. Il est intéressant de noter que cette période de temps correspond approximativement au délai observé cliniquement entre le début d'un traitement par un antidépresseur et la diminution des symptômes dépressifs, ce qui suggère par le fait même qu'un antidépresseur doit augmenter la transmission de sérotonine et de noradrénaline pour être efficace dans la dépression.

Par ailleurs, des études de la manie ont été réalisées chez des animaux en induisant une hyperactivité, par l'administration d'amphétamines et de cocaïne ou par des lésions neurologiques dans l'hippocampe et l'amygdale. De ces travaux est née l'hypothèse de la sensibilisation graduelle du système limbique, également connue sous l'appellation anglaise de «*kindling*» (Post, 1992), selon laquelle, de légers changements étant survenus dans le cerveau à la suite d'un premier épisode dépressif ou maniaque, un agent stresseur de moindre intensité que celui à l'origine de ce premier épisode déclenchera la réapparition des symptômes dans le futur. Dans cette optique, un patient qui présente plusieurs rechutes devrait recevoir un traitement préventif permettant d'éviter une sensibilisation des neurones pouvant accélérer la survenue de ces rechutes et augmenter leur durée.

~

En définitive, les recherches clinique et animale peuvent contribuer à l'accroissement des connaissances sur l'étiologie des maladies affectives et sur les mécanismes d'action des traitements administrés pour les vaincre. Elles demeurent en fait les seuls moyens de prévenir ces maladies et de maximiser l'efficacité de l'approche thérapeutique.

BIBLIOGRAPHIE

ANDRES, H.A., et coll., 1992, «Human Brain Cortex and Platelet Serotonin Receptor Binding Properties and their Regulation by Endogenous Serotonin», *Life Sciences*, vol. 52, n° 3, p. 313-321.

BARDEN, N., REUL, J.M.H.M., et F. HOELSBOER, 1995, «Do Antidepressants Stabilize Mood through Actions on the Hypothalamic–Pituitary–Adrenocortical System?», *Trends in Neuroscience*, vol. 18, n° 1, p. 6-11.

BAUER, M.S., et P.C. WHYBROW, 1990, «Rapid Cycling Bipolar Affective Disorder. ll. Treatment of Refractory Rapid Cycling with High-Dose Levothyroxine: A Preliminary Study», *Archives of General Psychiatry*, vol. 47, n° 5, p. 435-440.

BAXTER, L.R., et coll., 1989, «Reduction of Prefrontal Cortex Glucose Metabolism Common to Three Types of Depression», *Archives of General Psychiatry*, vol. 46, n° 3, p. 243-250.

BIEGON, A., et coll., 1990, «Serotonine 5-HT$_2$ Receptor Binding on Blood Platelets as a State Dependent Marker in Major Affective Disorder», *Psychopharmacology*, vol. 102, n° 1, p. 73-75.

BUYSSE, D.J., et D.J. KUPFER, 1990, «Diagnostic and Research Applications of Electroencephalographic Sleep Studies in Depression: Conceptual and Methodological Issues», *Journal of Nervous and Mental Disorders*, vol. 178, n° 7, p. 405-414.

CHECKLEY, S., 1992, «Neuroendocrinology», dans E.S. PAYKEL, *Handbook of Affective Disorders*, 2e édition, New York, The Guilford Press, p. 255-266.

GILES, D.E., et coll., 1988, «Risk Factors in Families of Unipolar Depression. I: Psychiatric Illness and Reduced REM Latency», *Journal of Affective Disorders*, vol. 14, p. 51-59.

GUYTON, A.C., 1991, *Basic Neuroscience: Anatomy and Physiology*, 2e édition, Philadelphie, Harcourt Brace Jovanovich, Inc., et W.B. Saunders.

KALUS, O., ASNIS, G., et H.M. VAN PRAAG, 1989, «The Role of Serotonine in Depression», *Psychiatric Annals*, vol. 19, p. 348-353.

LALONDE, P., GRUNBERG, F., et coll., 1988, *Psychiatrie clinique: approche bio-psycho-sociale*, Boucherville, Gaëtan Morin Éditeur.

MARCUSSON, J.O., et S.B. ROSS, 1990, «Binding of Some Antidepressants to the 5-Hydroxytryptamine Transporter in Brain and Platelets», *Psychopharmacology*, vol. 102, n° 2, p. 145-155.

MCKINNEY, W.T., 1992, «Animal Models», dans E.S. PAYKEL, *Handbook of Affective Disorders*, 2e édition, New York, The Guilford Press, p. 209-218.

MIGLIORELLI, R., et coll., 1993, «SPECT Findings in Patients with Primary Mania», *Journal of Neuropsychiatry*, vol. 5, n° 4, p. 379-383.

NEMEROFF, C.B., et coll., 1985, «Antithyroid Antibodies in Depressed Patients», *American Journal of Psychiatry*, vol. 142, n° 7, p. 840-843.

POST, R.M., 1992, «Transduction of Psychosocial Stress into the Neurobiology of Recurrent Affective Disorder», *American Journal of Psychiatry*, vol. 149, n° 8, p. 999-1010.

SELYE, H., 1974, *Stress sans détresse*, Montréal, Les éditions La Presse.

TINKELPAUGH, O.L., 1929, «The Self Mutilation of a Male Macaque Rhesus Monkey», *Journal of Mammalogy*, vol. 9, p. 293-300.

VILLEDIEU, Y., 1993, «Un organe nommé cerveau», *Le cerveau : Cahier thématique de la Quinzaine des sciences*, Québec, Les Communications Science-Impact.

WILLIAMS, P.L., et coll., 1989, *Gray's Anatomy*, 37e édition britannique, Édimbourg, Churchill Livingstone.

WOLKOWITZ, O.M., et coll., 1993, «Ketoconazole Administration in Hypercortisolemic Depression», *American Journal of Psychiatry*, vol. 150, n° 5, p. 810-812.

LECTURE SUGGÉRÉE

GUYTON, A.C., 1989, *Anatomie et physiologie du système nerveux*, Mont-Royal, Décarie Éditeur inc.

CHAPITRE 7

Les facteurs psychosociaux en cause dans les maladies affectives

Jean Leblanc, M.D.[*]

Sommaire

[*]   Psychiatre et psychanalyste, directeur du Programme des maladies affectives au Pavillon Albert-Prévost de l'hôpital du Sacré-Cœur de Montréal et professeur agrégé de clinique au Département de psychiatrie de l'Université de Montréal.

UN FOISONNEMENT D'INTERROGATIONS

Il existe une conviction bien ancrée, aussi bien chez les cliniciens que dans la population en général, que l'«environnement» (au sens large du terme) joue un rôle significatif dans le développement des troubles de l'humeur. L'influence de ces facteurs extérieurs viendrait en quelque sorte se superposer à une vulnérabilité génétique de l'individu et serait à l'origine de l'un ou l'autre des troubles de l'humeur.

Plusieurs études tendent à appuyer cette conception des troubles de l'humeur. Deux questions d'importance demeurent cependant irrésolues, à savoir ce qu'est le rôle respectif des diverses facettes de cet environnement psychosocial, et si on peut leur attribuer une valeur de causalité par rapport à ces maladies. Si l'environnement peut effectivement entraîner la dépression — et cela reste à déterminer —, par quel mécanisme le fait-il?

On peut regrouper sous l'appellation d'«environnement» des agents qui se situent soit à l'extérieur de l'individu (événements traumatiques, histoire passée de l'individu, contexte social), soit à l'intérieur de lui-même, dans son «environnement» psychique, ce qui donne lieu à de nombreux questionnements. Ainsi, certains modes de réaction du sujet aux événements extérieurs pourraient-ils engendrer ce type de pathologie? Existerait-il des types de personnalités qui prédisposeraient au développement de l'un ou l'autre de ces troubles? Y aurait-il un lien entre un milieu familial perturbé, des conditions socioéconomiques précaires, un taux élevé de chômage, etc., et l'incidence des maladies affectives chez un individu ou dans la population en général? L'isolement social, des difficultés professionnelles, des perturbations de la vie de couple ou des relations interpersonnelles difficiles pourraient-ils jouer un rôle pathogène spécifique? Les pertes importantes et les deuils n'occasionnent-ils pas la dépression?

Ces interrogations sont d'autant plus pertinentes que les réponses qu'on y apporte entraînent une structuration particulière des approches thérapeutiques, qui doivent s'attaquer avec le plus de précision possible aux causes spécifiques de la maladie.

Toutefois, la recherche dans ce domaine pose des défis appréciables. Ainsi, s'il est relativement facile de connaître les liens entre les maladies mentales en général et certains facteurs psychosociaux, il est par contre beaucoup plus difficile de déterminer l'impact de ces facteurs sur les troubles de l'humeur en particulier. On sait par exemple que la fréquence des troubles psychiatriques est inversement proportionnelle au niveau socioéconomique; il est plus ardu cependant d'établir un lien entre le niveau socioéconomique et le taux des troubles de l'humeur.

Un nombre considérable d'études dites «transversales» (c.-à-d. qui se penchent sur les sujets à un moment précis de leur vie) ont permis de constater des différences importantes entre personnes déprimées et personnes non déprimées en ce qui concerne l'existence de facteurs divers précédant l'épisode dépressif. On peut notamment signaler une association entre la dépression et la présence de stresseurs récents (dans une proportion notable de cas) ou l'existence de modes particuliers de perception de l'environnement ou de réaction à cet environnement, de relations problématiques avec l'entourage, de types de personnalité distinctifs au chapitre de la dépendance par rapport aux autres, de déficits dans les comportements sociaux, etc. (Checkley, 1995). Rien n'indique par ailleurs que ces facteurs soient des causes ou des conséquences de la dépression.

Pour mieux s'y retrouver, il faudrait effectuer des études longitudinales (c.-à-d. qui étudient les sujets sur une période de temps plus ou moins longue, et de préférence **avant** l'apparition des troubles dépressifs), mais ces études sont à la fois complexes et coûteuses; en fait, elles commencent tout juste à jeter une certaine lumière sur la question.

Il faut dire que notre compréhension de ces phénomènes a été grandement améliorée depuis que les critères diagnostiques en psychiatrie ont gagné en précision et en fiabilité. Auparavant, on appréciait les liens entre les facteurs psychosociaux, d'une part, et les symptômes dépressifs, d'autre part. En outre, ces éléments pouvaient être définis différemment selon les auteurs, ce qui rendait difficile la comparaison des diverses études entre elles. L'utilisation de critères diagnostiques précis a permis de réaliser des progrès appréciables à ce chapitre, de sorte qu'il est à l'heure actuelle davantage possible d'effectuer des études plus approfondies, dont certains aspects font justement l'objet des pages qui suivent.

INTERRELATIONS ENTRE FACTEURS BIOLOGIQUES ET PSYCHOSOCIAUX (LES « ÉTIOLOGIES » DE LA DÉPRESSION)

La survenue d'une dépression peut en général être considérée comme étant liée à l'influence, chez une personne génétiquement prédisposée, d'événements «vécus» comme pénibles. Les rôles que jouent respectivement la vulnérabilité génétique et l'agent stresseur peuvent varier considérablement d'un individu à un autre. Plusieurs études récentes ont permis d'en savoir plus long sur cette interaction (Kendler et coll., 1993).

Ces études tentent d'établir ce qu'est la cause de la dépression, prenant en considération que plusieurs facteurs semblent être à son origine, et ce, dans une interrelation et des interactions qui nous sont encore largement inconnues. Selon Kendler et coll., les éléments qui, à ce jour, permettent le mieux de prévoir l'apparition d'un épisode dépressif sont, en ordre décroissant d'importance :

— des événements stressants ;

— une vulnérabilité génétique (c.-à-d. des antécédents familiaux de dépression) ;

— un ou plusieurs épisodes dépressifs antérieurs ;

— une réactivité émotionnelle élevée (fragilité névrotique ou « neuroticisme »).

On connaît mieux aujourd'hui les mécanismes neurobiologiques en cause dans la dépression. Ainsi, on sait maintenant qu'il survient, dans les cas de dépression, une déficience fonctionnelle dans l'utilisation d'une substance appelée sérotonine, médiateur de l'activité du système nerveux central. Cette découverte a entraîné la mise au point de nouveaux antidépresseurs qui permettent de corriger ce déficit. Par ailleurs, d'autres études ont montré (van Praag, 1986), que cette substance était transmise au cerveau en moins grande quantité chez les sujets, déprimés ou non, ayant fait une tentative de suicide, et que cette diminution était d'autant plus marquée que la méthode utilisée était plus violente. Accueillis avec scepticisme dans bien des milieux, car on ne voyait pas à l'époque ce que pouvait être la relation entre un phénomène comme le suicide et une telle substance, les résultats de ces études ont cependant été appuyés à plusieurs reprises par les résultats obtenus par des chercheurs indépendants. Il est apparu par la suite qu'un déficit fonctionnel cérébral de la sérotonine était également lié à diverses autres maladies mentales (comme le trouble obsessionnel-compulsif et la cleptomanie) qui présentaient un trait commun, soit un aspect de compulsion (c.-à-d. une impulsion très forte amenant irrésistiblement un sujet à poser une action) ou d'impulsivité agressive. Les nouveaux antidépresseurs, qui augmentent le taux de sérotonine dans le cerveau, ont aussi fait preuve d'une certaine efficacité dans ces pathologies.

Ces études sont à la fois fascinantes et déroutantes, dans la mesure où elles semblent établir un lien entre des troubles de l'affect et des troubles du comportement ou de l'impulsivité, et qu'il est difficile d'expliquer cette association entre des pathologies hétérogènes. Par ailleurs, il est clair qu'elles nous amènent à explorer de plus près les frontières entre le psychique et le biologique.

PERSONNALITÉ ET TRAITS DE PERSONNALITÉ

Les données en ce domaine peuvent être regroupées en fonction de deux hypothèses principales, dont diverses études ont fait l'objet.

Selon la première de ces hypothèses, il existe une association entre les maladies affectives et divers **troubles de la personnalité**, c'est-à-dire que les troubles affectifs sont fréquemment liés à des caractéristiques pathologiques de la personnalité, reconnues comme constituant des entités diagnostiques distinctes. Il s'agit donc ici d'étudier les liens entre deux types différents de maladies mentales, dont l'association porte le nom de «comorbidité»; on aborde ces questions dans le chapitre 10.

La seconde hypothèse a donné lieu à des études portant sur des traits particuliers de la personnalité (*patterns*), qui seraient souvent présents chez les sujets souffrant de troubles dépressifs. On parle ici des multiples variantes de la personnalité présentes normalement dans la population, et non de traits pathologiques. On aborde dans ce cas la question d'un autre point de vue: serait-on davantage prédisposé à la dépression si on est porteur, par exemple, de tendances à l'introversion ou à l'extraversion? Les études menées en ce sens cherchent à déterminer les **facteurs de risque** en cause dans la dépression et dans les autres maladies affectives; elles sont revues plus en détail ci-après.

Selon Hirschfeld et coll. (1989), chez des sujets ayant des antécédents familiaux de dépression, un premier épisode survient surtout parmi ceux qui présentent une plus grande fragilité émotive, une réactivité émotionnelle plus marquée et une moindre capacité à s'adapter à des événements stressants; ces sujets sont en quelque sorte moins aptes à «rebondir», à se ressaisir. Plusieurs d'entre eux présentent également une plus forte dépendance interpersonnelle. Ces auteurs ont donc conclu à l'influence de traits particuliers de la personnalité dans la genèse de la dépression, notamment une **réactivité émotionnelle** plus importante.

Les traits de personnalité associés à la dépression ont par ailleurs été regroupés en deux groupes principaux. Les traits distinctifs constituant le premier de ces groupes sont d'une part un besoin intense d'être aimé et apprécié, et d'autre part une sensibilité accrue à ce qui est perçu comme un abandon, ou encore le retrait ou la diminution de l'estime que porte l'entourage à la personne concernée. Ce groupe est donc caractérisé par la **dépendance**. Le second groupe de traits de personnalité comprend la présence d'exigences personnelles excessives, une autocritique constante et une tendance à se blâmer pour n'avoir pas satisfait aux standards élevés que le sujet s'impose. Ce groupe est défini par les concepts d'**accomplissement** et d'**autonomie**. La majorité des études a indiqué que les personnes atteintes de troubles dépressifs pouvaient être classées en deux types, selon qu'elles présentaient l'un ou l'autre de ces groupes de traits de personnalité.

Le type **dépendant** a été désigné par diverses appellations: **anaclitique** (Spitz, 1946; Blatt, 1974), **sociotropique** (Beck, 1967) ou **accolé à autrui** (*dominant other*) (Arieti et Bemporad, 1980). Mais ces termes renvoient tous plus ou moins à la même réalité, à savoir des personnes plus instables et plus vulnérables sur le plan émotif, et qui n'arrivent à trouver de véritable sécurité affective que dans le lien à l'autre, dont ils dépendent. On pourrait faire un certain rapprochement entre ce type de personnes souffrant de dépression et la notion psychanalytique d'**oralité** qu'on attribue parfois à ces personnes.

Le second type a été décrit par les mêmes auteurs par les adjectifs **introjectif** (Blatt, 1974), **autonome** (Beck, 1967) ou **relié à un idéal** (en anglais, «*dominant goal*») (Arieti et Bemporad, 1980). Il s'agit dans ce cas de sujets qui poursuivent inlassablement des idéaux élevés de réalisation de soi. Malgré leur minutie et leur ardeur au travail, ces personnes ne sont jamais satisfaites de leurs accomplissements et entretiennent un sentiment constant d'inadéquacité, tout en multipliant à leur propre endroit des reproches incessants. Dans la terminologie psychanalytique, on parlerait ici de sujets «tyrannisés par leur Surmoi» (Nietzel et Harris, 1990).

D'un tout autre point de vue, des auteurs allemands se réclamant du courant de la psychiatrie phénoménologique ont apporté une intéressante contribution à la connaissance de ces traits de personnalité prédisposant aux troubles de l'humeur. Tellenbach (1979), puis Pössl et von Zerssen (1990) ont défini le **type mélancolique** et le **type maniaque** de personnalité, tous deux précurseurs de certaines maladies affectives. Il importe de bien comprendre qu'il s'agit ici de traits de personnalité caractéristiques de la population en général, de traits «normaux» de personnalité. Le type mélancolique s'apparente au type autonome ou relié à un idéal mentionné plus haut. Il désigne des personnes poussées par le sens du devoir et le besoin d'être reconnues et appréciées par leur entourage, et qui s'obligent continuellement à accomplir toujours plus et toujours mieux de façon à faire taire leur sentiment de n'avoir pas répondu aux attentes de cet entourage. Ce type de personnalité prédisposerait à la dépression ainsi qu'au trouble bipolaire comportant à la fois des épisodes dépressifs et des épisodes maniaques. Le type maniaque renvoie aux individus extravertis, actifs, audacieux, passionnés et à la parole facile, mais aussi changeants, et privilégiant les relations intenses mais moins profondes, des gens qui ont besoin de changement, et qui aiment diriger et prendre des initiatives. Ces sujets sont prédisposés à cette forme rare de trouble bipolaire qui ne comporte que des épisodes maniaques.

DYNAMIQUE INTRAPSYCHIQUE

Plusieurs courants théoriques se penchent sur l'élucidation des mécanismes psychologiques sous-jacents à la dépression et aux troubles bipolaires.

L'approche psychanalytique

La psychanalyse s'est intéressée à la dépression et à la manie, envisagées comme pathologies et aussi comme affects liés à diverses expériences humaines. À ce titre, elle a pu contribuer au progrès des connaissances en ce qui concerne les mécanismes intrapsychiques associés au développement de ces états.

Freud (1917) a avancé, dans *Deuil et mélancolie*, que la mélancolie pouvait mieux se comprendre si on la comparait au phénomène de deuil. La personne mélancolique, comme la personne endeuillée, souffre de la perte d'un «objet» (personne ou situation). Mais cette perte a provoqué ici une réaction particulière: la personne déprimée se replie sur elle-même, s'accable de reproches et affirme mériter les pires châtiments. Simultanément, elle devient incapable d'aimer ou d'établir des liens avec autrui. Ses investissements libidinaux sont entièrement reportés sur elle-même.

L'importante découverte de la psychanalyse réside dans le fait que cet objet perdu, tellement aimé, est également haï (c'est le concept d'ambivalence du lien à l'objet) et que le lien à cet objet possède une caractéristique bien particulière: il «existe [...] une résistance minime de l'investissement d'objet» (Freud, 1917 [1915]), en dépit du fait que cet investissement, ce lien, paraît intense et essentiel. La libido de la personne souffrant de troubles dépressifs se retire des objets extérieurs, et cette personne ne semble plus préoccupée que d'elle-même et de sa douleur.

Cette contradiction apparente s'explique par le fait que le travail psychique entrepris pour pouvoir surmonter cette perte comporte la prise en soi de l'objet perdu, par un mécanisme d'introjection aboutissant à une «identification narcissique», ce qui revient à dire que la personne déprimée a en quelque sorte pris en elle-même, dans son moi, son objet perdu. Cette relation intériorisée à l'objet est devenue par la suite une scène où s'exprime une agressivité intense vis-à-vis de l'objet. C'est ainsi qu'on peut comprendre les amers reproches que le sujet atteint de dépression s'adresse: en réalité ce n'est pas lui-même qu'il blâme, mais plutôt cet objet intériorisé, par qui il s'est senti abandonné. Cette relation intériorisée, marquée par une agressivité intense adressée à un objet aimé, a été décrite sous le nom de «régression sadomasochique».

Bien d'autres auteurs de l'école psychanalytique se sont par la suite intéressés à la dépression, en y mettant en évidence des mécanismes autres. Il y a lieu cependant de distinguer entre les textes portant sur la dépression mélancolique (plus rares maintenant, car la dépression mélancolique est moins souvent un objet de traitement psychanalytique), et la dépression de type plus névrotique, dans laquelle la perte d'estime de soi et la blessure narcissique seraient des mécanismes plus importants que la régression sadomasochique rencontrée dans la mélancolie (Widlöcher, 1983).

L'impuissance apprise

Le concept d'impuissance apprise a été élaboré par Seligman et Maier (1967) comme modèle animal expérimental de la dépression. Dans les études réalisées en ce sens, des chiens étaient exposés à des stimuli désagréables auxquels ils ne pouvaient échapper. Les animaux finissaient par **abandonner**, ne faisant plus d'efforts pour éviter les chocs. Cette attitude d'abandon s'étendait bientôt à d'autres situations non liées à l'administration de chocs, et les chiens finissaient par devenir impuissants et apathiques. On obtenait une guérison lorsqu'on récompensait les chiens qui faisaient un mouvement pour éviter les stimuli désagréables, comme si, de cette façon, on arrivait à faire renaître l'espoir chez ces chiens.

Cette approche a été par la suite adaptée au traitement de la dépression chez l'humain. Peu utilisée aujourd'hui, elle est cependant considérée comme ayant en quelque sorte préparé le terrain eu égard aux thérapies cognitivo-comportementales élaborées entre autres par Beck (1967).

Une intéressante application sociale de cette approche consiste dans son utilisation auprès d'élèves habitués à de mauvais résultats scolaires et persuadés qu'ils vont échouer quels que soient les efforts déployés. Se percevant comme d'éternels perdants, ils perdent le goût de l'effort pour le travail scolaire. En les persuadant de continuer à faire des efforts, on arrive à renverser le processus et à rétablir chez ces élèves une meilleure estime d'eux-mêmes et de meilleures performances.

Les théories cognitives

Les théoriciens cognitivistes postulent qu'on ne réagit pas aux événements eux-mêmes, mais plutôt à l'idée qu'on s'en fait. Les divers syndromes psychiatriques seraient accompagnés de certaines distorsions de la pensée qui viendraient perturber la perception des événements et ainsi provoquer des états pathologiques.

L'étude de ces distorsions cognitives s'est faite en particulier dans le champ de la dépression, et ce, par Beck et ses collaborateurs (1967). Selon ces chercheurs, la dépression serait attribuable à une lecture faussée de l'information qui parvient au sujet, en raison de schèmes cognitifs altérés. Les représentations cognitives qui découlent de cette lecture faussée entraînent une perception négative de soi-même, du monde et de l'avenir (triade de Beck), distorsions cognitives que le traitement vise à corriger (voir, dans le chapitre 9, la section intitulée « Thérapies cognitivo-comportementales »).

ÉVÉNEMENTS DE VIE ET AGENTS STRESSEURS

En 1950, Holmes publiait les résultats d'une étude dans laquelle il établissait une augmentation de la fréquence des infections des voies respiratoires supérieures chez les sujets ayant subi des événements stressants dans les mois précédents. Depuis lors, plusieurs auteurs ont tenté de préciser l'impact d'événements de vie pénibles sur le développement de maladies physiques ou mentales (Klerman et coll., 1984).

La dépression constitue un champ fertile pour ce genre de recherche. En effet, face à l'hétérogénéité du concept de dépression, les théoriciens ont toujours, de manière implicite ou explicite, postulé qu'existaient deux grands types de dépression, l'un étant lié davantage à des facteurs biologiques (dépression endogène), et l'autre, à des facteurs psychologiques ou environnementaux. Or, les études ont montré de façon régulière que des événements stressants précédaient souvent l'apparition d'un épisode dépressif. Cependant, contrairement à une opinion répandue, il n'a pas été possible de distinguer entre divers types de dépression en fonction du fait qu'elles aient été ou non précédées d'événements stressants. Ce sont d'ailleurs ces résultats qui ont conduit à regrouper les multiples formes de dépression sous une seule catégorie diagnostique, celle de **dépression majeure.**

Pour mesurer les effets des agents stresseurs, des auteurs (Holmes et Rahe, 1967 ; Paykel et coll., 1971) ont élaboré des échelles événementielles passant en revue diverses situations auxquelles une cote était attribuée en fonction du degré de propension à déclencher un épisode dépressif. On peut citer à titre d'exemple, par ordre décroissant d'importance (Ferreri et coll., 1987) :

— le décès d'un enfant ;

— le décès d'un conjoint ;

— un divorce ;

— une grossesse non désirée ;

— une émigration ;

- la retraite;
- le départ d'un enfant du foyer;
- une grossesse.

De tels inventaires sont cependant des outils bien imparfaits pour évaluer l'ampleur du rôle joué par un agent stresseur dans le déclenchement d'une dépression. En effet, les événements mentionnés ne revêtent pas la même importance pour tous les sujets; d'ailleurs, leur impact varie largement selon le contexte dans lequel ils surviennent. Malgré ces lacunes, les études ont établi de façon systématique la fréquence prépondérante d'événements pénibles précédant un épisode dépressif.

Il semble en outre que les agents stresseurs entraînant les plus lourdes conséquences aient à voir avec la vie familiale et conjugale, ou à tout le moins avec des perturbations dans les relations interpersonnelles.

Ces études ont évidemment pour but de préciser les éléments qui pourraient être à l'origine de la dépression; d'où l'intérêt de mieux saisir le lien entre dépression et agents stresseurs. Il importe cependant de souligner que les liens de causalité ne vont pas nécessairement toujours dans le même sens. Ainsi, des auteurs ont montré que des sujets prédisposés génétiquement à la dépression, qui n'avaient pourtant pas présenté d'épisode dépressif, avaient vécu autant d'événements stressants que des sujets atteints de dépression, et plus que les sujets témoins. À la lumière de ces données, les événements pénibles ne seraient donc pas à l'origine de la dépression, mais ils surviendraient plutôt comme une forme de propension à l'infortune, qui relèverait de la même influence génétique que la dépression. Cet héritage génétique prendrait la forme de traits de personnalité particuliers — p. ex., une réactivité émotionnelle plus grande, une réponse impulsive aux événements — susceptibles d'entraîner des difficultés interpersonnelles et des situations de vie pénibles. Dépression et événements de vie seraient donc des phénomènes interreliés ayant une cause commune. Cette conception est d'ailleurs assez voisine de celle qui sous-tend la psychothérapie interpersonnelle brève, une approche du traitement de la dépression dans laquelle celle-ci est considérée comme survenant dans un contexte de difficultés relationnelles, sans qu'on ait à préciser dans quel sens vont les liens de causalité (Coyne et Downey, 1991).

L'accélération du processus dépressif

On sait que les troubles affectifs unipolaires et bipolaires se caractérisent par la fréquence des rechutes. En effet, les études longitudinales ont établi qu'une première dépression unipolaire est suivie dans 50 à 70 % des cas d'épisodes ultérieurs. Le taux de récidive est encore plus élevé en ce qui concerne les troubles bipolaires.

Une récidive survient habituellement après un intervalle assez long. S'il en survient d'autres subséquemment, celles-ci surviendront cependant selon un rythme de plus en plus accéléré, et l'intervalle entre les épisodes diminuera.

Néanmoins, le rôle des événements stressants semble prépondérant principalement dans le déclenchement du premier épisode. Ce rôle est moins évident dans les épisodes ultérieurs. Tout se passe comme si la maladie présentait avec le temps une évolution autonome, indépendante des stimuli extérieurs.

Des auteurs, dont Post (1992), ont été frappés par cette évolution particulière, et l'ont comparée au phénomène d'embrasement (*kindling*), observé de façon expérimentale dans le cas de convulsions provoquées d'abord par une stimulation électrophysiologique et qui finissent par apparaître spontanément par la suite. Ces auteurs expliquent cette évolution particulière des maladies affectives par des modifications sur le plan de l'encodage de l'information au niveau cellulaire, phénomène associé à une sensibilisation de l'organisme aux stresseurs et aux épisodes dépressifs antérieurs.

L'instauration d'un traitement précoce et adéquat est donc primordiale si on souhaite prévenir cette accélération du processus dépressif et son évolution maligne.

SOUTIEN SOCIAL

La recherche de liens entre la dépression et le soutien social provient en grande partie du sentiment communément répandu que les individus bénéficiant de liens sociaux adéquats sont moins vulnérables aux divers agents stresseurs présents dans leur vie.

Par ailleurs, les auteurs étudiant les comportements instinctuels des animaux dans leurs rapports parents-enfants ont décrit un ensemble de comportements présents chez les petits animaux, et qui déclenchent chez le parent une réaction particulière consistant en une attitude de rapprochement et de protection. Cet ensemble appelé «comportement d'appel de soins» ferait partie d'une série de phénomènes instinctuels de protection contre les dangers qui menacent un petit animal encore trop vulnérable pour leur faire face seul.

Ces notions ont été reprises plus tard par des auteurs comme Bowlby (1978), qui a proposé le concept dit d'«attachement» pour désigner le besoin, chez un être humain, d'un réseau social permettant d'assurer sa survie et la qualité de cette survie. Les attitudes d'appel de soins existent aussi chez l'humain et déclenchent, dans l'entourage, des comportements de contacts corporels, et des expressions verbales et gestuelles d'intérêt et d'affection. Inversement, l'adulte dont les liens sociaux ont été rompus éprouve un sentiment de détresse qui le porte à rechercher de nouveaux soutiens. C'est dans ce contexte que la dépression peut survenir, lorsque le soutien social fait défaut de façon trop marquée.

La notion même de soutien social est cependant complexe. Elle peut comprendre la **quantité** de contacts réels ou de ressources accessibles, la perception qu'a l'individu de la **qualité** de ces ressources et la provenance du soutien recherché (étant donné que certains liens sociaux sont plus importants que d'autres) (Klerman et coll., 1984). En général, il est néanmoins clair qu'il existe une relation entre la dépression, d'une part, et la faible taille des réseaux sociaux, le petit nombre de liens étroits avec autrui et la perception d'une mauvaise qualité des relations interpersonnelles, d'autre part.

Par ailleurs, toutes les relations sociales n'ont pas le même impact sur la survenue d'états dépressifs; ainsi, l'existence et la qualité de liens conjugaux paraissent particulièrement significatifs. En effet, les personnes seules sont généralement plus enclines à souffrir de dépression que les personnes mariées ou vivant une relation de couple stable. En revanche, une relation de couple conflictuelle ou une absence d'intimité entre les conjoints sont également associées à l'apparition d'une pathologie dépressive (Barnett et Gotlib, 1988).

Les associations statistiques entre dépression et soutien social établies dans les études n'impliquent cependant pas nécessairement une relation de cause à effet. On admet plutôt que les dysfonctions sociales vont, tantôt précéder la dépression, tantôt en découler. Ainsi, une relation conjugale conflictuelle peut être à l'origine d'une dépression, mais des conflits de couple peuvent également survenir à la suite de la manifestation de troubles dépressifs chez l'un des conjoints.

Enfin, des auteurs (dont Kessler et coll., 1992) croient que ce sont davantage des facteurs antécédents, notamment une vulnérabilité génétique, qui vont prédisposer à la fois à des dysfonctions sociales et à la dépression. Autrement dit, certaines personnes déprimées qui vivent dans un contexte de difficultés relationnelles auraient hérité génétiquement à la fois d'une tendance à la dépression **et** d'une vulnérabilité relationnelle. Ces hypothèses s'apparentent aux liens entre dépression et événements stressants mentionnés plus haut. Selon cette conception, il y aurait interdépendance entre la dépression et divers types de situations sociales pénibles ou conflictuelles, et non relation de cause à effets.

En dernière analyse, les relations sociales peuvent certes affecter la santé de multiples façons. En effet, des relations sociales adéquates peuvent inciter à adopter une hygiène de vie plus saine et à éviter les comportements autodestructeurs (mauvaises habitudes de vie, etc.). Mais surtout, elles contribuent au développement d'un sentiment d'appartenance à un groupe social et de reconnaissance par ce groupe, et au développement consécutif de mécanismes d'autoprotection contre les événements stressants (Tiller et Dean, 1994).

INCIDENCE DE LA DÉPRESSION CHEZ LA FEMME

Il existe une abondante littérature scientifique rapportant de façon constante une prédominance de la dépression chez la femme. À la lumière de données publiées avant la définition, dans le DSM-III, de critères diagnostiques de la dépression, on considère généralement que le taux de prévalence de la dépression est chez les femmes de 2,5, comparativement à 1 chez les hommes. Certes, depuis, les classifications diagnostiques ont changé, les techniques d'enquête épidémiologique se sont raffinées, et les études se sont graduellement étendues à des cultures autres que celles des pays industrialisés. Plusieurs chercheurs ont donc tenté de vérifier à nouveau la validité des données fournies par les études passées. Or, il semble que les résultats des études contemporaines concordent généralement avec ceux obtenus antérieurement (Wolk et Weissman, 1995).

Ainsi, les troubles bipolaires, ou maniaco-dépressifs, ont une fréquence égale chez les hommes et chez les femmes, alors que la dépression touche de deux à trois fois plus souvent les femmes que les hommes. En fait, ces données ne manquent pas d'intriguer, car ces deux entités diagnostiques sont assez semblables et font partie dans le DSM-IV de la même catégorie diagnostique, soit celle des troubles affectifs. La différence observée entre les sexes ne trouve pas encore d'explications satisfaisantes.

Par ailleurs, les études récentes ont permis de préciser que d'autres types de maladies affectives se rencontrent également plus fréquemment chez les femmes. C'est notamment le cas de la dysthymie, ou dépression chronique d'intensité modérée (voir, dans le chapitre 2, la section intitulée «Trouble dysthymique (dysthymie)», de la dépression saisonnière (voir le chapitre 12) et du trouble bipolaire à cycle rapide (voir, dans le chapitre 5, la section intitulée «Une variété de formes hybrides»).

Une autre donnée intrigante mise au jour par les études épidémiologiques consiste en l'augmentation de la prévalence à vie de la dépression depuis les années qui ont suivi la Seconde Guerre mondiale. On s'est informé, chez les sujets participant à ces études, de la survenue d'épisodes dépressifs au cours de leur vie, et, dans l'affirmative, du nombre de ces épisodes. Or, les personnes âgées de 65 ans et plus ont rapporté un plus petit nombre de dépressions (1,4 % des sujets ayant déjà présenté au moins un épisode dépressif) que les sujets de 18 à 29 ans (5,0 %) (Weissman et coll., 1991). Toutes les hypothèses ont été envisagées pour expliquer cet écart étonnant, y compris une déficience dans la capacité de se rappeler les épisodes passés; mais il semble bien que cette augmentation soit réelle, et difficilement explicable. Il apparaît également que, en dépit de cette variation importante, le ratio entre la fréquence de la dépression chez la femme et chez l'homme demeure inchangé.

Un bon nombre d'études épidémiologiques ont été effectuées parmi des populations de cultures diverses, pour déterminer justement si la prévalence de la dépression selon les sexes différait en fonction des contextes culturels. Selon les sites, le ratio femmes/hommes variait de 1,9 à 3,5/1, ce qui semble confirmer que l'écart mentionné plus haut subsiste au sein de cultures variées; cependant, il importe de prendre en compte que ces études présentent certaines lacunes étant donné que la dépression pourrait se définir différemment dans des cultures différentes, et donc être moins bien repérable au moyen des outils diagnostiques en usage en Occident. Par ailleurs, les mesures de la prévalence des troubles bipolaires dans ces mêmes cultures indiquent le même ratio de 1/1 chez les hommes et les femmes, tout comme dans les pays industrialisés.

Plusieurs hypothèses peuvent théoriquement être envisagées pour expliquer cet écart (Wolk et Weissman, 1995). Celles dont la liste suit ont été proposées et soumises à la recherche:

- **hypothèses extérieures (ou artéfacts):**
  - les femmes utilisent plus souvent que les hommes les services de santé;
  - les femmes reconnaissent plus volontiers la présence chez elles de symptômes affectifs;
  - la dépression est définie de telle sorte qu'elle s'applique plutôt aux femmes déprimées qu'aux hommes déprimés;
  - l'abus d'alcool et le trouble de la personnalité antisociale (plus fréquents chez les hommes que chez les femmes) sont l'équivalent masculin de la dépression;
- **hypothèses directes**
  - **biologiques (génétiques et endocriniennes):**
    - □ la transmission génétique prédispose la femme à la dépression;

- □ la physiologie hormonale prédispose la femme à la dépression;
- **de statut social:**
  - □ les femmes sont exposées à un plus grand nombre d'agents stresseurs, ou ressentent les événements de vie comme étant plus stressants;
  - □ les femmes ont un statut social qui les désavantage sur les plans économique, légal et social;
  - □ les femmes sont plus vulnérables aux effets d'un manque de soutien social;
- **cognitives:**
  - □ les femmes sont amenées à développer un schéma cognitif s'apparentant au modèle de l'impuissance apprise;
  - □ les femmes ont davantage tendance à se replier sur elles-mêmes et à subir passivement les symptômes éprouvés, plutôt qu'à y réagir par des actes concrets.

L'**hypothèse génétique** s'appuie sur les preuves de l'existence d'une influence de la génétique dans la transmission de la dépression majeure et des troubles bipolaires. Ainsi, certains mécanismes de transmission ont été proposés pour expliquer la fréquence accrue de la dépression chez la femme. On peut présumer, par exemple, que la dépression est liée à un défaut situé sur le chromosome X; or, comme la femme possède deux chromosomes X, et l'homme, un seul, la probabilité que la femme soit porteuse de ce défaut génétique serait deux fois celle de l'homme. Cette hypothèse n'a cependant pas été confirmée à ce jour. On peut penser aussi que la dépression apparaît plus facilement chez la femme que chez l'homme en présence d'un même défaut génétique. En effet, une telle situation d'expression différentielle du génotype d'une pathologie selon le sexe a été observée dans les cas de bégaiement et du syndrome de Gilles de la Tourette; en ce qui concerne la dépression, cette hypothèse n'a toutefois pu être confirmée.

Par ailleurs, les **hypothèses endocriniennes** sont soutenues par le fait que plusieurs symptômes dépressifs semblent associés à certains aspects de la vie reproductive de la femme, qui sont nombreux:

- le taux de dépression est le même chez les garçons et les filles prépubères, mais est approximativement le double chez les filles après la puberté;
- des symptômes dépressifs semblent liés aux règles chez certaines femmes;
- l'emploi de contraceptifs oraux a été associé à une plus grande incidence de dépression;

- la période du post-partum est associée à des symptômes dépressifs légers (les «blues» de l'accouchement) ou plus graves (la dépression post-partum);
- la ménopause est considérée comme une période pendant laquelle la dépression est plus fréquente.

Dans toutes ces situations, le lien entre la dépression et des modifications du niveau des hormones sexuelles (œstrogènes et progestérone) n'a pu néanmoins être établi de façon concluante, et ne permet pas d'expliquer une plus grande fréquence de dépression chez la femme.

Enfin, les **hypothèses de statut social** postulent que la femme est désavantagée socialement dans ses rôles féminins traditionnels. La discrimination subie par la femme sur les plans économique, légal et social lui rend difficile l'atteinte de ses objectifs et idéaux, et augmente conséquemment ses risques de manifester des troubles dépressifs. Cette hypothèse est appuyée par le fait que la fréquence accrue de dépression chez la femme s'observe alors que celle-ci est en période d'activité reproductrice, laquelle correspond à la période pendant laquelle la divergence entre les rôles masculin et féminin est justement la plus marquée. Par ailleurs, comme on l'a mentionné plus haut, le ratio différentiel homme/femme de la dépression caractérise également des populations très diverses sur les plans ethnique, économique et politique et comportant des statuts sociaux variés pour l'homme et la femme. Dans ces populations, on pourrait s'attendre à des taux différents de dépression chez la femme lorsque son statut social est différent de celui qui est le sien dans notre contexte occidental; mais ce n'est pas le cas (Wolk et Weissman, 1995). Des études supplémentaires sont donc nécessaires pour confirmer ou infirmer les hypothèses de statut social.

En résumé, chacune de ces hypothèses présente un intérêt, mais aucune d'entre elles n'a permis à ce jour de rendre compte entièrement de la prévalence accrue de la dépression chez la femme. Néanmoins, le fait que le ratio est le même dans les différents groupes d'âge, même en présence de l'augmentation de la prévalence de la dépression dans le temps, ainsi d'ailleurs qu'au sein de différentes cultures, semble indiquer que des facteurs d'ordre biologique plutôt qu'environnementaux pourraient être en cause.

CONSÉQUENCES PSYCHOSOCIALES DES MALADIES AFFECTIVES

Les maladies affectives entraînent des conséquences majeures dans divers secteurs de la vie de la personne touchée ou de son entourage.

On a abondamment décrit les répercussions des troubles de l'humeur sur les plans économique et professionnel. Ainsi, les études ont établi que les personnes ayant souffert d'un épisode dépressif présentent un risque de deux à cinq fois plus élevé (selon le degré de gravité de la dépression) d'absentéisme ou de perte de journées de travail que les sujets témoins (Broadhead et coll., 1990).

Les conséquences familiales sont également appréciables en ce sens que la survenue d'un épisode dépressif ou maniaque constitue un stress considérable pour le couple ou la famille. Des répercussions continuent à se faire sentir après que l'épisode s'est résolu, en raison, soit de symptômes résiduels, soit de l'impact à long terme des interactions négatives survenues au moment de l'épisode.

Une étude importante a voulu déterminer les effets de la dépression sur les personnes atteintes, comparativement à ceux de huit maladies physiques chroniques (cardiopathies, maladies pulmonaires et arthritiques, hypertension artérielle, diabète sucré, etc.). Les auteurs ont mesuré le degré de dysfonctionnement sur les plans physique, social et des rôles, de même que les perceptions subjectives de souffrance et de sentiment d'être atteint d'une maladie grave. Sur tous ces plans, les personnes atteintes de dépression ont obtenu, par rapport aux patients souffrant des autres maladies chroniques, des scores identiques ou moins favorables (Wells et coll., 1989); ces résultats permettent de mettre en évidence une réalité trop souvent oubliée, à savoir la gravité des troubles de l'humeur et notamment de la dépression. Ces pathologies, parce qu'elles n'entraînent habituellement pas de dérèglements de la pensée comme on en voit dans les états psychotiques, sont parfois considérées dans l'entourage comme un laisser-aller ou un manque de motivation ou de volonté, alors qu'on a affaire à un processus pathologique pernicieux et générateur de complications non négligeables.

En outre, le fait que ces pathologies apparaissent à un âge de plus en plus précoce donne également à penser qu'un nombre de plus en plus important d'enfants et de jeunes adolescents en sont atteints; ainsi, on commence à prendre conscience qu'il s'agit peut-être là de l'un des facteurs à l'origine des difficultés scolaires chez les jeunes. La hausse constante du taux de suicide dans cette population constitue également un sujet de préoccupation sociale majeure; or, comme nous le verrons au chapitre 16, le lien entre suicide et troubles de l'humeur est étroit.

CONCLUSION

La recherche des déterminants psychosociaux des maladies affectives est complexe. On compte au nombre des facteurs faisant le plus fréquemment l'objet d'études les structurations psychologiques internes, l'influence des agents stresseurs et des événements de vie, la qualité du soutien social et des liens du couple, ainsi que l'appartenance au sexe masculin ou féminin.

Ces divers éléments jouent un rôle significatif dans le déclenchement des épisodes dépressifs : lorsqu'ils sont présents, les probabilités qu'un épisode dépressif ou maniaque survienne sont augmentées. Il est possible également d'établir certaines associations entre ces éléments et les aspects génétiques de la prédisposition aux divers troubles de l'humeur : on considère notamment que leur influence se fait davantage sentir lorsqu'il y a prédisposition génétique à ce type de maladie affective. Leur lien de causalité avec les troubles de l'humeur n'est cependant pas linéaire (c.-à-d. que les probabilités de développer un trouble de l'humeur ne sont pas directement proportionnelles au **nombre** de ces facteurs), et la relation ne va pas nécessairement toujours dans le même sens (ainsi, une relation de couple dysfonctionnelle pourrait favoriser la survenue d'un épisode dépressif, tout comme elle pourrait également être attribuable à cet épisode dépressif).

Bien que certaines incertitudes demeurent, les connaissances acquises sur diverses pathologies de l'humeur dans les dernières décennies ont permis de mettre au point des traitements plus spécifiques et mieux adaptés (voir le chapitre 9) ; et la nécessité de reconnaître précocement et de traiter efficacement ces pathologies est apparue avec davantage de force.

BIBLIOGRAPHIE

ARIETI, S., et J.R. BEMPORAD, 1980, « The Psychological Organization of Depression », *American Journal of Psychiatry*, vol. 137, p. 1360-1365.

BARNETT, P.A., et I.H. GOTLIB, 1988, « Psychosocial Functioning and Depression : Distinguishing among Antecedents, Concomitants, and Consequences », *Psychological Bulletin*, vol. 104, n° 1, p. 97-126.

BECK, A.T., 1967, *Depression*, New York, Harper and Row.

BLATT, S.J., 1974, « Level of Object Representation in Anaclitic and Introjective Depression », *Psychoanalytic Study of the Child*, vol. 29, p. 107-157.

BOWLBY, J., 1978, *Attachement et perte*, Paris, Presses Universitaires de France.

BROADHEAD, W.E., et coll., 1990, « Depression, Disability Days, and Days Lost from Work in Prospective Epidemiologic Survey », *Journal of the American Medical Association*, vol. 264, n° 19, p. 2524-2528.

CHECKLEY, S., 1995, « Lessons from Social Psychiatry for the Biology of Depression », *Current Opinion in Psychiatry*, vol. 8, n° 1, p. 1-2.

COYNE, J.C., et G. DOWNEY, 1991, « Social Factors and Psychopathology : Stress, Social Support, and Coping Processes », *Annual Review Psychology*, vol. 42, p. 401-425.

FERRERI, M., VACHER, J., et J.M. ALBY, 1987, « Événements de vie et dépression », dans *Encyclopédie médico-chirurgicale — Psychiatrie*, Paris, Éditions techniques, p. 37879 A10.

FREUD, S., 1917 [1915], « Deuil et mélancolie », *Œuvres complètes, Psychanalyse* (1988), vol. XIII, Paris, Presses Universitaires de France.

HIRSCHFELD, R.M.A., et coll., 1989, « Premorbid Personality Assessments of First Onset of Major Depression », *Archives of General Psychiatry*, vol. 46, p. 345-350.

HOLMES, T.H., GOODELL, H., et S. WOLF, 1950, *The Nose. An Experimental Study of Reactions within the Nose of Human Subjects during Varying Life Experiences*, Springfield, Ill., Charles C. Thomas.

HOLMES, T.H., et R.H. RAHE, 1967, « The Social Readjustment Rating Scale », *Journal of Psychosomatic Research*, vol. 11, p. 213-218.

KENDLER, K.S., et coll., 1993, « The Prediction of Major Depression in Women: Toward an Integrated Etiologic Model », *American Journal of Psychiatry*, vol. 150, n° 8, p. 1139-1148.

KESSLER, R.C., et coll., 1992, « Social Support, Depressed Mood, and Adjustment to Stress: A Genetic Epidemiologic Investigation », *Journal of Personality and Social Psychology*, vol. 62, n° 2, p. 257-272.

KLERMAN, G.L., et coll., 1984, *Interpersonal Psychotherappy of Depression*, New York, Basic Books.

NIETZEL, M.T., et M.J. HARRIS, 1990, « Relationship of Dependency and Achievement/ Autonomy to Depression », *Clinical Psychology Review*, vol. 10, p. 279-297.

PAYKEL, E.S., PRUSOFF, B.A., et E.H. UHLENHUTH, 1971, « Scaling of Life Events », *Archives of General Psychiatry*, vol. 25, p. 340-347.

PÖSSL, J., et D. VON ZERSSEN, 1990, « A Case History Analysis of the "Manic Type" and the "Melancholic Type" of Premorbid Personality in Affectively Ill Patients », *European Archives of Psychiatry and Neurological Sciences*, vol. 239, n° 6, p. 347-355.

POST, R.M., 1992, « Transduction of Psychosocial Stress into the Neurobiology of Recurrent Affective Disorder », *American Journal of Psychiatry*, vol. 149, n° 8, p. 999-1010.

SELIGMAN, M.E.P., et S.F. MAIER, 1967, « Failure to Escape Traumatic Shock », *Journal of Experimental Psychology*, vol. 74, p. 1-9.

SPITZ, R.A., 1946, « Anaclitic Depression », *Psychoanalytic Study of the Child*, vol. 2, p. 313.

TELLENBACH, H., 1979, *La mélancolie*, Paris, Presses Universitaires de France.

TILLER, J., et A. DEAN, 1994, « Social Support and Psychiatric Illness », *Current Medical Literature — Psychiatry*, vol. 5, n° 4, p. 95-100.

VAN PRAAG, H.M., 1986, « Affective Disorders and Aggression Disorders: Evidence for a Common Biological Mechanism », *Suicide and Life-Threatening Behavior*, vol. 16, n° 2, p. 103-132.

WEISSMAN, M.M., et coll., 1991, « Affective Disorders », dans L.N. ROBINS et D.A. REGIER, *Psychiatric Disorders in America. The Epidemiologic Catchment Area Study*, New York, The Free Press, p. 53-80.

WELLS, K.B., et coll., 1989, « The Functioning and Well-Being of Depressed Patients. Results from the Medical Outcomes Study », *Journal of the American Medical Association*, vol. 262, n° 7, p. 914-919.

WIDLÖCHER, D., 1983, *Les logiques de la dépression*, Paris, Librairie Arthème Fayard.

WOLK, S.I., et M.M. WEISSMAN, 1995, «Women and Depression: An Update», dans J.M. OLDHAM et M.B. RIBA, *Review of Psychiatry*, volume 14, Washington, DC, American Psychiatric Press, p. 227-259.

LECTURE SUGGÉRÉE

JOUVENT, R., et D. WIDLÖCHER, 1994, «Les théories psychologiques, la vulnérabilité et la dépression», *L'Encéphale*, vol. XX, p. 639-643.

CHAPITRE 8

Les traitements biologiques des maladies affectives

Pierre Landry, M.D.*
Jocelyne Cournoyer, M.D.**

Sommaire

*   Psychiatre à l'hôpital Louis-H. Lafontaine, professeur adjoint au Département de psychiatrie de l'Université de Montréal et chercheur au Centre de recherche Fernand-Seguin.

** Psychiatre et chef clinique du Service des soins intensifs à l'hôpital Louis-H. Lafontaine, et professeure adjointe au Département de psychiatrie de l'Université de Montréal.

HISTORIQUE DES TRAITEMENTS EN PSYCHIATRIE

Depuis l'époque où Hippocrate exposa sa théorie des troubles de l'humeur comme étant un déséquilibre des quatre humeurs naturelles, soit le sang, le phlegme, la bile et l'atrabile, le traitement des maladies mentales a souvent pris des formes extravagantes qui se voulaient une tentative de rétablir l'équilibre de ces humeurs. Plus souvent qu'autrement, tout nouveau traitement médical avait de bonnes chances d'être mis à l'essai, peu importe la maladie qu'on voulait traiter. L'empirisme thérapeutique était roi et on parvenait à justifier le plan de traitement par des hypothèses non fondées.

Parmi les traitements les plus populaires, il faut mentionner les saignées, les transfusions de sang animal et l'hydrothérapie. Certains considéraient que la maladie mentale chez la femme était due à un déplacement de l'utérus vers le haut. Pour déplacer l'utérus vers le bas, la femme devait respirer des odeurs fétides ou imprégner son vagin de fumigations d'odeurs aromatiques afin d'attirer l'utérus vers le bas. Vers la fin du XIXe siècle, un célèbre neurologiste du nom de Charcot préconisait l'utilisation d'un compresseur d'ovaires dans le traitement de la femme dite «hystérique».

Par ailleurs, l'idée de changer le comportement ou d'apaiser l'agitation ou la mélancolie en prenant des substances par la bouche n'est pas nouvelle. Le papyrus d'Eber, rédigé à Thèbes vers l'an 1600 avant J.-C., cite l'opium, la jusquiame, le chanvre et la mandragore comme d'excellents sédatifs. Toutefois, c'est à Hippocrate, qui vécut vers l'an 400 avant J.-C., que nous devons les fondements de l'approche scientifique de la pharmacothérapie contemporaine. Au cours des siècles qui suivirent, la végétation fut une source inépuisable d'ingrédients pour la confection de médicaments. Calmants, sédatifs, antispasmodiques, évacuants et purgatifs, tous ces médicaments ont, pour une raison ou une autre et avec un succès mitigé, été utilisés dans le traitement des pathologies dites «de l'esprit». Chacun avait en quelque sorte sa conception personnelle de la maladie mentale et les traitements étaient souvent improvisés. La psychochirurgie, qui consiste à sectionner des fibres nerveuses du cerveau pour traiter une variété de maladies mentales, est un exemple plus récent d'improvisation. Cette technique s'est notamment avérée avantageuse pour quelques patients souffrant d'un trouble obsessionnel-compulsif.

En fait, la psychopharmacologie telle que nous la connaissons aujourd'hui est née dans les années 1950, alors que les premiers **antipsychotiques**, puis les premiers **antidépresseurs** (vers 1958), furent mis au point. L'impact de ces médicaments sur la qualité de vie des patients et sur les coûts sociaux est énorme. Pour plusieurs, la durée d'une dépression majeure est maintenant une question de semaines plutôt que de mois ; d'autres, dont plus particulièrement les malades souffrant d'une psychose chronique, ont pu quitter les hôpitaux psychiatriques et réintégrer la société.

Cette révolution dans le traitement des maladies mentales a obligé médecins et psychiatres à mieux définir les critères d'une pathologie donnée et à concevoir des protocoles de recherche qui aident à prouver l'efficacité des nouveaux médicaments. Ainsi, tous les psychotropes sont à l'heure actuelle soumis à de nombreuses études scientifiques avant d'être approuvés pour usage thérapeutique par les organismes détenteurs d'un pouvoir réglementaire. Une période pouvant varier de 10 à 15 ans et des dépenses représentant plusieurs centaines de millions de dollars sont souvent nécessaires avant qu'un médicament puisse être mis en marché. Plusieurs prétendent que les produits naturels vendus par les naturopathes devraient être soumis aux mêmes exigences que les médicaments afin de protéger le consommateur contre des abus de confiance. Cette question demeurera vraisemblablement controversée mais, entre-temps, il importe de noter qu'aucune étude recourant à une méthodologie scientifique n'a encore réussi à démontrer l'efficacité de quelque produit naturel que ce soit dans le traitement d'une maladie mentale.

INTRODUCTION AUX PSYCHOTROPES

Les psychotropes sont des substances d'origine naturelle ou synthétique qui exercent un effet sur le psychisme. Dans le présent chapitre, nous passerons en revue uniquement les médicaments utilisés en psychiatrie. Quatre grandes classes de psychotropes seront décrites, soit les antidépresseurs, les neuroleptiques ou antipsychotiques, les benzodiazépines et les stabilisateurs de l'humeur qui incluent le lithium et les anticonvulsivants.

Antidépresseurs

Nous reconnaissons actuellement trois classes d'antidépresseurs, toutes aussi efficaces les unes que les autres, mais comportant des profils d'effets indésirables différents. Sauf exception, tous les antidépresseurs augmentent les concentrations de noradrénaline ou de sérotonine au site de la synapse. En plus d'être indiqués dans la dépression majeure, certains antidépresseurs sont également utilisés dans le traitement de la dysthymie, du trouble panique, du trouble obsessionnel-compulsif, de l'anorexie mentale, de la boulimie, du trouble dysphorique prémenstruel, de la douleur chronique et de la névrose post-traumatique.

La première classe est celle des **antidépresseurs cycliques**, qui constituent un ensemble regroupant, en fonction de leur structure chimique, les sous-catégories d'antidépresseurs dits «bicycliques», «tricycliques» et «tétracycliques»[1]. L'imipramine (Tofranil® [C, F]) en est le prototype, car il fut le premier antidépresseur à être reconnu comme tel (Kuhn, 1958). Ces antidépresseurs bloquent la recapture de la sérotonine et/ou de la noradrénaline par les terminaisons nerveuses et induisent une augmentation des concentrations de ces neurotransmetteurs dans la fente synaptique. Les effets indésirables de ces médicaments sont assez nombreux; néanmoins, la vaste expérience pharmacothérapique acquise depuis 40 ans fait en sorte qu'ils sont à l'heure actuelle considérés comme très sécuritaires. Malheureusement, ils peuvent être mortels dans le cas d'intoxication médicamenteuse par surdosage et, pour cette raison, les médecins les prescrivent plutôt pour de courtes durées avec un renouvellement de l'ordonnance sur une base hebdomadaire ou bimensuelle chez les patients qui présentent un risque suicidaire. Leurs effets secondaires les plus fréquents sont la sécheresse de la bouche, la constipation, la sédation, une vision brouillée, un gain de poids, une sudation, une augmentation du rythme cardiaque et une baisse transitoire de la tension artérielle. Plus rarement, certaines personnes présentent une difficulté à maintenir une érection ou à éprouver l'orgasme, des convulsions et une difficulté à uriner, ces phénomènes survenant surtout chez les personnes âgées. Certains antidépresseurs cycliques comme la désipramine (Pertofran® [C, F]) et la nortriptyline (Aventyl® [C, F]) causent moins d'effets indésirables. Heureusement, une même personne ne présente habituellement pas tous ces effets secondaires; en outre, ceux-ci disparaissent fréquemment quelques semaines après le début du traitement. Rarement, les antidépresseurs peuvent entraîner une leucopénie (diminution du nombre des globules blancs dans le sang) ou une inflammation du foie (hépatite) et, pour ces raisons, des analyses sanguines périodiques sont recommandées. Afin de diminuer la sévérité des effets indésirables, les antidépresseurs cycliques sont prescrits à des doses croissantes durant les premières semaines de traitement. Le fait qu'ils peuvent être dosés dans le sang constitue un avantage de ces antidépresseurs, lequel permet d'assurer un meilleur suivi du patient.

Les noms générique et commercial (au Canada et en France) des antidépresseurs cycliques, ainsi que les posologies thérapeutiques correspondantes, apparaissent au tableau 8.1.

---

1. La structure chimique de la majorité des antidépresseurs utilisés en pratique clinique étant du type dit «tricyclique», ce terme et celui de «cyclique» seront employés de manière indistincte dans le présent ouvrage.

TABLEAU 8.1

**Noms générique et commercial (au Canada et en France)
et posologie des antidépresseurs cycliques**

Nom générique	Nom commercial		Posologie (mg/jour)
	Canada	France	
Amineptine		Survector®	100-200
Amitriptyline	Elavil®	Elavil®	75-300
Amoxapine	Asendin®	Moxadil®	100-600
Clomipramine	Anafranil®	Anafranil®	75-300
Déméxiptiline		Déparon®	50-150
Désipramine	Pertofrane®	Pertofran®	75-200
Dibenzépine		Écatril®	240-480
Dosulépine		Prothiaden®	75-300
Doxépine	Sinequan®	Sinequan®	75-300
Imipramine	Tofranil®	Tofranil®	75-300
Maprotiline	Ludiomil®	Ludiomil®	100-225
Métapramine		Timaxel®	150-200
Miansérine		Athymil®	30-90
Nortriptyline	Aventyl®		50-100
Opipramol		Insidon®	150-300
Propizépine		Vagran®	200-300
Protriptyline	Triptil®		15-60
Quinupramine		Kinupril®	7,5-15
Tianeptine		Stablon®	12,5-37,5
Trimipramine	Surmontil®	Surmontil®	75-300

Les **inhibiteurs sélectifs de la recapture de la sérotonine (ISRS)**, en vente depuis quelques années seulement, constituent la deuxième classe d'antidépresseurs. Leur mécanisme d'action au niveau des cellules nerveuses est très similaire à celui des antidépresseurs cycliques; en effet, ils augmentent aussi les concentrations de sérotonine dans la fente synaptique en en bloquant la recapture par les boutons synaptiques. De plus en plus, ils sont préférés aux antidépresseurs cycliques, car ils entraînent un nombre moindre de réactions indésirables, bien qu'ils ne soient pas véritablement plus efficaces pour traiter la dépression. Toutefois, étant donné leur introduction relativement récente, leurs effets indésirables à long terme demeurent inconnus; par ailleurs, leur coût atteint parfois le double de celui des antidépresseurs cycliques. Les effets indésirables immédiats les plus fréquents sont les nausées, la diarrhée, les maux de tête, les tremblements, les étourdissements, la somnolence, et les difficultés d'érection et d'éjaculation chez l'homme. Comme pour les antidépresseurs cycliques, ces effets indésirables sont habituellement tolérables et disparaissent après une à deux semaines de traitement. On trouve au tableau 8.2 les noms générique et commercial (au Canada et en France) des ISRS, ainsi que la posologie thérapeutique recommandée par le fabricant.

Les **inhibiteurs de la monoamine oxydase**, connus sous l'acronyme **IMAO**, constituent la troisième et dernière classe d'antidépresseurs. Leur mode de fonctionnement consiste à inhiber l'action de l'enzyme monoamine oxydase qui dégrade la sérotonine et la noradrénaline. Ainsi, comme avec les deux autres classes d'antidépresseurs, la neurotransmission de la sérotonine et de la noradrénaline est augmentée, mais par un mécanisme différent.

Le profil d'effets indésirables des IMAO est très similaire à celui des antidépresseurs cycliques; cependant, leur administration nécessite qu'on porte une attention particulière à l'alimentation de manière à éviter une crise d'hypertension artérielle. En effet, les IMAO inhibent également l'enzyme monoamine oxydase de l'intestin qui sert à éliminer la tyramine contenue dans les aliments. Lorsqu'elle est consommée en grande quantité, la tyramine s'accumule et peut causer une élévation dangereuse de la tension artérielle. Par conséquent, les aliments contenant de fortes quantités de tyramine tels que les fromages «vieillis», les saucissons, certaines bières et certains vins comme le chianti sont fortement déconseillés lors d'un traitement par un IMAO.

TABLEAU 8.2
**Noms générique et commercial (au Canada et en France)
et posologie des ISRS**

Nom générique	Nom commercial		Posologie (mg/jour)
	Canada	France	
Fluoxétine	Prozac®	Prozac®	10-60
Fluvoxamine	Luvox®	Floxyfral®	50-300
Médifoxamine		Clédial®	50-200
Néfazodone	Serzone®		200-600
Oxaflozane		Conflictan®	15-30
Paroxétine	Paxil®	Deroxat®	20-50
Sertraline	Zoloft®		50-200
Venlafaxine	Effexor®		75-225
Viloxazine		Vivalan®	200-600

Pour cette raison, les IMAO sont moins fréquemment prescrits, bien que, en réalité, le risque de crise hypertensive demeure peu probable lorsque le patient suit une diète restrictive.

Par ailleurs, le moclobémide (Manérix® [C]), un antidépresseur similaire aux IMAO, s'en distingue néanmoins par sa capacité de bloquer de façon réversible l'activité de l'enzyme monoamine oxydase plutôt que d'en inhiber la synthèse. Pour cette raison, l'acronyme **RIMA** (*reversible inhibitor of monoamine oxidase*) est utilisé pour désigner cette sous-catégorie d'antidépresseurs qui serait plus sécuritaire en cas d'ingestion d'une dose importante de tyramine.

En fait, les IMAO représentent une solution de rechange intéressante lorsque les autres antidépresseurs n'ont pas été efficaces. De plus, ils seraient supérieurs aux autres antidépresseurs pour le traitement des dépressions atypiques caractérisées par une augmentation de l'appétit et du sommeil (Quitken et coll., 1993). Le tableau 8.3 permet de prendre connaissance des noms générique et commercial de quelques IMAO et de leur posologie thérapeutique.

Il importe par ailleurs de mentionner la trazodone (Desyrel® [C], Pragmarel® [F]), un antidépresseur atypique dont la structure chimique est unique et diffère de celle des autres classes d'antidépresseurs. À l'heure actuelle, l'efficacité de la trazodone est remise en question par certains cliniciens; d'autres études sont nécessaires pour tirer une conclusion.

Neuroleptiques (ou antipsychotiques)

Les **neuroleptiques** ou **antipsychotiques**, appelés autrefois « tranquillisants majeurs », sont surtout utilisés dans le traitement de la psychose.

TABLEAU 8.3
**Noms générique et commercial (au Canada et en France)
et posologie des IMAO et RIMA**

Nom générique	Nom commercial		Posologie (mg/jour)
	Canada	France	
Iproniazide		Marsilid®	50-150
Isocarboxazide	Marplan®	Marplan®	10-30
Moclobémide	Manérix® (RIMA)		300-600
Nialamide		Niamide®	75-300
Phénelzine	Nardil®		45-75
Toloxatone		Humoryl®	200-800
Tranylcypromine	Parnate®	Tylciprine®	20-40

Les neuroleptiques soulagent les patients qui ont des hallucinations auditives ou visuelles, ou des croyances irréalistes de l'ordre du délire. Les neuroleptiques les plus utilisés sont l'halopéridol (Haldol® [C, F]), la chlorpromazine (Largactil® [C, F]), la fluphénazine (Moditen® [C, F], Modecate® [C, F]), et la perphénazine (Trilafon® [C], Trilifan® [F]). Ces médicaments pouvant produire des tremblements et une rigidité, la procyclidine (Kemadrin® [C]), la benztropine (Cogentin® [C]) ou la tropatépine (Lepticur® [F]) est administrée conjointement au neuroleptique pour atténuer ces effets indésirables. À plus long terme, les neuroleptiques peuvent entraîner une dyskinésie tardive, qui consiste en des mouvements involontaires de la bouche et de la langue. Chez une minorité de personnes, la dyskinésie tardive est irréversible; par conséquent, il faut dans la mesure du possible éviter de prolonger le traitement au-delà de quelques mois, à moins que la situation clinique ne l'exige. Dans le traitement des troubles affectifs, les neuroleptiques sont réservés au patient maniaque en phase aiguë ou à celui souffrant d'une dépression psychotique.

Benzodiazépines

Les **benzodiazépines** sont les psychotropes les plus prescrits tant en Amérique du Nord qu'en France, et sont également convoitées sur le marché noir; l'exemple type de cette classe de médicaments est le Valium® [C, F]. Le tableau 8.4 indique les noms générique et commercial des benzodiazépines les plus prescrites au Canada et en France, ainsi que leur posologie habituelle.

Les indications thérapeutiques principales des benzodiazépines sont l'anxiété et l'insomnie aiguë causées par un agent stresseur d'apparition récente, et non lorsque ces symptômes sont présents depuis longtemps. Les benzodiazépines agissent rapidement et entraînent peu de problèmes à court terme, sauf un peu de somnolence. Des effets paradoxaux sont observés chez certaines personnes, plus particulièrement chez les personnes âgées, qui rapportent surexcitation et irritabilité.

Toutefois, ces psychotropes sont considérés en quelque sorte comme une arme à double tranchant puisque, à moyen terme, ils induisent un phénomène de dépendance et d'abus, surtout chez les alcooliques. En effet, les patients développent une tolérance à la médication, phénomène nécessitant une augmentation de la posologie pour apporter le confort ou la sédation ressenti initialement. D'autre part, l'arrêt brusque de la prise de médicament peut causer des convulsions, et surtout de l'anxiété et de l'insomnie rebond. Ces symptômes sont particulièrement observables dans le cas du triazolam (Halcion® [C, F]). Les personnes qui consomment des benzodiazépines depuis des mois,

TABLEAU 8.4
**Noms générique et commercial (au Canada et en France)
et posologie des benzodiazépines**

Nom générique	Nom commercial		Posologie (mg/jour)
	Canada	France	
Alprazolam	Xanax®	Xanax®	0,25-3
Bromazépam	Lectopam®	Lexomil®	6-18
Chlorazépate		Tranxène®	15-60
Chlordiazépoxide	Librium®	Librium®	10-100
Clobazam		Urbanyl®	20-40
Clonazépam	Rivotril®	Rivotril®	1-10
Diazépam	Valium®	Valium®	10-40
Flunitrazépam		Rohypnol®	1-3
Flurazépam	Dalmane®		15-30
Lorazépam	Ativan®	Temesta®	1-6
Médazépam		Nobrium®	15-30
Nitrazépam	Mogadon®	Mogadon®	2,5-10
Oxazépam	Sérax®	Seresta®	10-120
Prazépam		Lysanxia®	20-40
Témazépam	Restoril®	Normison®	15-30
Tofisopam		Sériel®	100-300
Triazolam	Halcion®	Halcion®	0,25-0,50

voire des années, et qui désirent interrompre le traitement, doivent le faire très graduellement avec l'aide de leur médecin pour éviter ces complications. Ainsi, les benzodiazépines sont très utiles pour pallier des situations de crise qui créent de l'insomnie et de l'anxiété, mais ne devraient pas être utilisées pendant plus de quelques mois à moins que la situation clinique ne l'exige.

Stabilisateurs de l'humeur

Le **lithium** et les **anticonvulsivants** sont considérés comme des stabilisateurs de l'humeur étant donné qu'ils préviennent les fluctuations de l'humeur, surtout chez les personnes atteintes de troubles bipolaires. Le lithium fut introduit en 1970 pour le traitement de la manie aiguë et ce n'est que plus tard que ses propriétés prophylactiques contre la dépression et la manie furent reconnues (Keck et McElroy, 1993). Les anticonvulsivants et plus particulièrement l'acide valproïque (Depakene® [C], Depakine® [F], Epival® [C]) et la carbamazépine (Tégrétol® [C, F]) sont utilisés depuis plusieurs années en neurologie pour le traitement de l'épilepsie, mais ce n'est que récemment que les psychiatres ont décrit et reconnu leurs propriétés antimaniaques.

Environ 10 à 15 % des gens traités par le lithium souffrent d'effets indésirables. En début de traitement, ces effets sont relativement minimes et consistent en des diarrhées, des nausées, de la fatigue, une tendance à boire et à uriner davantage, et en de faibles tremblements. Chez approximativement 7 % des patients qui prennent du lithium pendant plus de six mois, et surtout chez les femmes, on note une diminution de l'activité de la glande thyroïde. En lui-même, ce phénomène ne constitue pas une contre-indication, car il peut facilement être corrigé par l'administration d'extraits thyroïdiens ; par ailleurs, l'hypothyroïdie est réversible lorsqu'on cesse la prise de lithium. Toutefois, il faut se montrer vigilant lorsqu'apparaissent des symptômes de dépression majeure chez un patient prenant du lithium puisque ces symptômes pourraient être attribuables à une hypothyroïdie plutôt qu'à une dépression majeure. Pour cette raison, un bilan de la fonction thyroïdienne est fait régulièrement en guise de prévention et lorsqu'un patient présente des symptômes d'une dépression majeure. Contrairement aux craintes exprimées par certains dans les années 1980, le lithium n'entraîne pas de troubles rénaux (Schou, 1989). Toutefois, également par mesure préventive, la fonction rénale est vérifiée annuellement au moyen de prélèvements sanguins. Enfin, un gain de poids de 10 kg est observé chez 20 à 30 % des gens. Des affections cutanées comme le psoriasis apparaissent occasionnellement.

Le lithium est un médicament sûr lorsque les posologies thérapeutiques sont respectées, mais il peut être très dangereux et causer des séquelles neurologiques et même la mort en cas d'intoxication ou de surdosage. Par conséquent, on procède régulièrement à un dosage du lithium dans le sang ; on le fait également au moment de l'introduction de nouveaux médicaments qui pourraient modifier l'excrétion du lithium, tels que certains diurétiques (thiazide) et des anti-inflammatoires non stéroïdiens.

Lorsque le lithium est inefficace ou provoque trop d'effets indésirables, les anticonvulsivants comme l'acide valproïque (Depakene® [C], Depakine® [F], Epival® [C]) et la carbamazépine (Tégrétol® [C, F]) constituent une solution de rechange intéressante (Gerner et Stanton, 1992). L'efficacité de l'acide valproïque réside dans sa capacité d'augmenter le neurotransmetteur GABA dans le système limbique tandis que la carbamazépine modifie l'entrée du sodium dans les neurones.

Les anticonvulsivants nécessitent une surveillance médicale et des dosages plasmatiques périodiques, mais, en général, ces médicaments sont tout aussi sécuritaires que le lithium. Les interactions médicamenteuses sont nombreuses ; pour cette raison, un dosage plasmatique est recommandé, comme c'est le cas pour le lithium, lorsque le patient commence à prendre un second médicament. Les effets indésirables les plus fréquemment signalés sont les nausées et la sédation. La carbamazépine entraîne davantage de réactions allergiques et des éruptions cutanées ; on signale également, plutôt rarement il est vrai, une érythrocytopénie (diminution du taux des globules rouges dans le sang), une leucopénie (diminution du taux des globules blancs dans le sang) et une baisse du taux de sodium sérique.

TRAITEMENT PHARMACOLOGIQUE DES MALADIES AFFECTIVES

Le traitement biologique, et notamment pharmacologique, des maladies affectives n'exclut pas une approche psychothérapique ; au contraire, l'association de ces deux approches est souvent supérieure à un seul mode de traitement. Or, le traitement pharmacologique repose essentiellement sur une relation médecin-patient solide et constructive. L'**alliance thérapeutique** permet au patient de bien connaître la maladie dont il souffre et les symptômes qu'il éprouve, et de comprendre les indications et les effets indésirables des traitements prescrits, ce qui favorise la fidélité à ces traitements.

Traitement pharmacologique de la dépression majeure

Avant de commencer un traitement pour une maladie mentale, le médecin doit s'assurer que le patient est physiquement en bonne santé. Il demande un électrocardiogramme (ECG), des prélèvements sanguins pour mesurer les électrolytes, faire un décompte des globules rouges et mesurer le taux d'hémoglobine pour exclure une anémie ; il vérifie aussi le fonctionnement de la glande thyroïde, du foie et des reins au moyen des épreuves diagnostiques appropriées. L'étape suivante consiste à arrêter son choix sur l'un des nombreux antidépresseurs offerts sur le marché. Habituellement, une personne pour qui un traitement s'est avéré efficace dans le passé devrait recevoir le même traitement. Parfois, le choix du médecin est basé sur la réponse et la tolérance d'un membre de la famille immédiate du patient lors d'un traitement antérieur avec le médicament en question. Certains médecins prescrivent les mêmes antidépresseurs afin de se familiariser avec les effets indésirables de ceux-ci, alors que d'autres préconisent une participation du patient en lui expliquant les effets indésirables des différents antidépresseurs, le laissant ensuite faire lui-même son choix. Cette approche augmenterait la collaboration du patient durant le traitement. Dans les cas où le patient est anxieux ou souffre d'insomnie, un antidépresseur cyclique peut présenter des avantages en raison de ses effets sédatifs.

Cinq à 15 % des gens ressentent des effets indésirables, quel que soit l'antidépresseur administré, d'où l'intérêt de commencer le traitement avec la plus faible dose possible, augmentant graduellement celle-ci afin de réduire les effets indésirables au minimum et d'atteindre une posologie thérapeutique 10 à 14 jours après le début du traitement; la dose d'attaque (ou initiale) est donc habituellement plus faible que la dose thérapeutique. L'effet antidépresseur de la médication n'est pas immédiat et il faut attendre deux à quatre semaines avant de voir les effets bénéfiques. Durant cette période, le médecin doit apporter un soutien psychothérapique et peut temporairement recourir à une benzodiazépine pour pallier l'insomnie et l'anxiété qui accompagnent souvent la dépression. Si les symptômes dépressifs sont toujours présents après trois à quatre semaines de traitement, une augmentation jusqu'à la posologie maximale est alors indiquée durant les semaines qui suivent. Si cette mesure s'avère insuffisante, le lithium est ajouté pendant une à deux semaines pour potentialiser l'antidépresseur (de Montigny et coll., 1983). Près de la moitié des patients connaissent alors une amélioration; en ce qui concerne les autres, il faut choisir un autre antidépresseur, préférablement d'une autre classe, et reprendre le même scénario. Habituellement, un intervalle de une à trois semaines est suggéré lorsqu'on change de classe d'antidépresseur pour éviter des interactions médicamenteuses néfastes.

L'American Psychiatric Association (1993) recommande un traitement pharmacologique d'au moins quatre à six mois après la disparition complète des symptômes étant donné que cette période de temps coïncide avec la durée d'une dépression majeure. Par après, on diminue graduellement la prise de médicament sur une période de deux à quatre mois, pour finalement la cesser. Chez les patients qui ont souffert de trois dépressions majeures ou plus, la prolongation du traitement pendant encore plusieurs mois, voire pendant des années, doit être envisagée afin de prévenir une récidive.

Lorsque des symptômes psychotiques accompagnent la dépression majeure, un neuroleptique est associé à un antidépresseur au début du traitement. On interrompt l'administration du neuroleptique quelques semaines après la disparition des symptômes psychotiques, alors que le traitement par l'antidépresseur se poursuit selon les modalités décrites plus tôt. Lorsque les symptômes psychotiques et dépressifs persistent, le traitement de choix demeure l'électroconvulsivothérapie (ECT), abordée plus loin dans le présent chapitre.

Traitement pharmacologique des troubles bipolaires

Le traitement des troubles bipolaires comporte plusieurs volets : l'éducation du patient en ce qui a trait à la maladie et à son traitement ainsi que les approches biologiques et psychologiques. Le traitement pharmacologique du trouble bipolaire durant la phase maniaque et la phase dépressive, ainsi que la prophylaxie (soit la prévention des rechutes) feront l'objet de la présente section.

PHASE MANIAQUE

Le lithium, médicament antimaniaque le plus spécifique, demeure le traitement de choix de la manie. Un grand nombre d'études ont montré son efficacité dans les états de manie aiguë, le taux d'amélioration étant de 70 à 80 % dans un intervalle de 10 à 14 jours (Fieve, 1973).

Avant de commencer un traitement au lithium, une fois le diagnostic d'épisode maniaque bien établi, une évaluation médicale complète accompagnée d'analyses de laboratoire ainsi que d'un électroencéphalogramme (EEG) et d'un électrocardiogramme (ECG) doit être effectuée. Il s'agit du bilan pré-lithium par lequel on s'assure que le patient ne souffre pas de problèmes thyroïdien, rénal, cardiovasculaire ou cérébral. Si le patient présente une de ces affections, ou encore qu'un test de grossesse est positif, le lithium doit être employé plus prudemment ou parfois même évité.

Le bilan pré-lithium terminé, on commence alors le traitement. Des prélèvements sanguins mesurant le taux de lithium dans le sang (lithémies) sont effectués régulièrement au cours du traitement; ils permettent de vérifier le maintien de niveaux thérapeutiques (généralement, de 0,8 à 1,2 mEq/L en phase maniaque aiguë) et non toxiques (généralement, supérieurs à 1,2 mEq/L). Les lithémies doivent être pratiquées 12 heures après la prise de la dernière dose de lithium. Au début du traitement, elles sont effectuées de façon hebdomadaire, puis mensuellement.

En raison de l'état souvent très agité des patients maniaques, des symptômes psychotiques parfois associés et du délai d'action du lithium, on doit dans les premiers jours presque toujours administrer une benzodiazépine telle que le clonazépam (Rivotril® [C, F]) ou le lorazépam (Ativan® [C], Temesta® [F]) permettant une sédation, et/ou un neuroleptique tel que l'halopéridol (Haldol® [C, F]) favorisant la sédation et le soulagement des symptômes psychotiques.

Généralement, lorsque le patient est plus stable, les doses de benzodiazépines et de neuroleptiques peuvent être diminuées progressivement et, dans la mesure du possible, l'administration de ces médicaments interrompue afin que le patient puisse ne recevoir qu'un traitement au lithium.

Certains patients tolèrent mal le lithium ou ne s'améliorent pas suffisamment avec ce traitement seul ou en association avec les benzodiazépines et/ou les neuroleptiques. On peut alors ajouter du tryptophane (Tryptan® [C]) ou l'un des anticonvulsivants stabilisateurs de l'humeur tel que la carbamazépine (Tégrétol® [C, F]) ou l'acide valproïque (Depakene® [C], Depakine® [F], Epival® [C]). Cet anticonvulsivant peut être utilisé seul ou en combinaison avec le lithium. Les anticonvulsivants peuvent même être considérés comme traitements de premier choix (avant le lithium) chez les patients souffrant de troubles bipolaires à cycle rapide et possiblement chez les patients souffrant de troubles bipolaires en phase mixte. Chez les patients maniaques particulièrement agités, l'électroconvulsivothérapie (ECT) s'avère un traitement utile.

Une fois l'épisode aigu bien maîtrisé, le traitement au lithium doit être poursuivi à une dose prophylactique. Dans le cas d'un premier épisode, et même d'un second lorsqu'il survient plusieurs années après le premier, le traitement au lithium peut être interrompu après la stabilisation de la maladie, c'est-à-dire huit à 12 mois après la disparition complète des symptômes.

On sait que 7 % des patients ne présentent qu'un seul épisode maniaque dans toute leur vie. S'il y a résurgence des symptômes, il faut cependant maintenir un traitement prophylactique au lithium pendant une période prolongée, voire souvent à vie.

PHASE DÉPRESSIVE

On ne peut retenir un diagnostic de trouble bipolaire chez un patient souffrant d'un épisode dépressif que si au moins un épisode maniaque ou hypomaniaque est survenu auparavant.

Au moment de la première consultation, on s'assure que la fonction thyroïdienne du patient ne présente pas d'anomalies, les symptômes de l'hypothyroïdie pouvant rappeler certains symptômes dépressifs. Un épisode dépressif léger peut parfois être traité efficacement uniquement par un ajustement à la hausse de la posologie du lithium accompagné d'une thérapie de soutien.

Lorsque l'épisode dépressif est plus intense, on ajoute au lithium un antidépresseur cyclique, un inhibiteur sélectif de la recapture de la sérotonine (ISRS) ou un inhibiteur de la monoamine oxydase (IMAO). Il est particulièrement important d'associer le lithium aux antidépresseurs puisqu'un traitement antidépresseur administré seul peut, chez un patient souffrant de troubles bipolaires, précipiter un épisode maniaque. En outre, un traitement antidépresseur peut accélérer la rapidité des cycles de manie et de dépression (Wehr et coll., 1988). Chez les personnes atteintes de troubles bipolaires, on doit donc administrer les antidépresseurs pour la période de temps la plus courte possible. Une fois les symptômes dépressifs soulagés, on cesse l'administration d'antidépresseurs pour ne poursuivre que le traitement au lithium.

Il arrive qu'un neuroleptique soit ajouté au lithium et aux antidépresseurs lorsque la dépression est accompagnée de symptômes psychotiques. En outre, lorsque la dépression est très grave ou qu'elle résiste aux traitements, l'électroconvulsivothérapie (ECT) constitue un traitement indiqué et particulièrement efficace.

PROPHYLAXIE DES TROUBLES BIPOLAIRES

L'évolution naturelle des troubles bipolaires occasionne plusieurs épisodes nécessitant souvent une hospitalisation, sans compter les conséquences néfastes tant psychologiques que sociales qui en découlent. Le lithium, reconnu pour son efficacité comme traitement prophylactique, espace les rechutes et en diminue l'intensité (Fieve, 1973). Généralement, le traitement de maintien au lithium est proposé après deux rechutes à moins que celles-ci ne soient espacées de plusieurs années.

Le patient souffrant de troubles bipolaires doit être bien informé des symptômes de sa maladie (voir, dans le chapitre 5, la section intitulée «Spectre de la maladie bipolaire») ainsi que des bénéfices et effets secondaires du traitement au lithium (voir plus tôt dans le présent chapitre). Il doit être avisé de maintenir une ingestion stable de sel de table (chlorure de sodium) et une bonne hydratation et d'avertir son médecin lorsque l'équilibre hydrosodique (eau et sel) est modifié, par exemple lors de sudation importante, de vomissement et de diarrhée. Le patient doit également informer son médecin lorsque d'autres médicaments lui sont prescrits, notamment les diurétiques (utilisés dans le traitement de l'hypertension artérielle) et les anti-inflammatoires (utilisés pour le soulagement de l'inflammation et de la douleur). En fait, certains médicaments de même que des modifications de l'équilibre hydrosodique peuvent altérer les niveaux sanguins de lithium, raison pour laquelle le patient doit être prudent.

Une patiente recevant du lithium doit également discuter avec son médecin dans l'éventualité où elle prévoit une grossesse, ou si elle apprend qu'elle est enceinte, puisque le lithium est à éviter durant cette période, particulièrement lors du premier trimestre (voir, dans le chapitre 14, la section intitulée «Traitement pharmacologique et grossesse»).

La concentration sanguine de lithium habituellement efficace à dose prophylactique peut être légèrement inférieure ou équivalente à celle recherchée lors des épisodes. La fréquence des lithémies est d'environ une fois par mois au début du traitement prophylactique, puis d'une fois tous les deux ou trois mois lorsque le traitement est bien instauré et l'état du patient stabilisé. Une lithémie est effectuée plus fréquemment si le dosage du lithium est augmenté au cours du traitement. Un bilan médical accompagné d'analyses de laboratoire permettant de vérifier les fonctions rénale, cardiovasculaire et thyroï-dienne est effectué annuellement afin de s'assurer que le patient ne souffre pas d'effets secondaires et que son état de santé ne présente pas d'anomalies.

Le lithium est l'agent thérapeutique et prophylactique de choix dans le traitement des maladies affectives bipolaires. Il est efficace dans les états de manie aiguë et utile dans la prévention des épisodes maniaques et dépressifs, ce qui permet une meilleure stabilité de l'humeur. L'intensité et la fréquence des épisodes sont diminuées, le taux de rechutes chez les patients traités au lithium étant nettement inférieur à celui observé chez ceux traités au placebo.

Dépression et risque suicidaire liés à la fluoxétine (Prozac® [C, F])

Des chercheurs ont rapporté récemment chez certains patients la sur-venue d'idées suicidaires violentes et intenses après l'instauration d'un traitement à la fluoxétine (Prozac® [C, F]) (Teicher et coll., 1990). Ces observations, grandement amplifiées et médiatisées, ont donné lieu à de nombreuses études dont il ressort que l'incidence d'idées sui-cidaires et/ou de tentatives de suicide n'est pas plus élevée chez les patients déprimés recevant de la fluoxétine que chez ceux recevant un autre traitement antidépresseur ou un placebo (Beasley et coll., 1991).

Cependant, il semble que quelques patients recevant de la fluoxé-tine aient développé une akathisie («bougeotte») grave créant chez eux un inconfort important au point de précipiter l'émergence d'idées sui-cidaires (Hamilton et Opler, 1992). Il importe donc de demeurer vigi-lant afin de reconnaître, le cas échéant, l'apparition de l'akathisie et de prévenir une telle évolution. Certains patients mentionnent aussi un état de fébrilité et de nervosité au début du traitement par la fluoxétine ou d'autres antidépresseurs.

ÉLECTROCONVULSIVOTHÉRAPIE (ECT)

L'électroconvulsivothérapie (ECT) est l'un des traitements les plus effi-caces en psychiatrie. À l'instar d'autres interventions médicales impor-tantes, l'électrochoc (appelé aussi «sismothérapie») est une approche thérapeutique dont les indications sont clairement déterminées, l'efficacité et l'innocuité établies, les effets secondaires bien connus et les normes d'application optimales fixées.

L'ECT est définie comme une intervention médicale visant à déclencher une convulsion cérébrale au moyen d'une brève stimulation électrique, dans des conditions contrôlées, l'intervention ayant pour objectif de traiter certains troubles mentaux. Initialement mis au point pour soigner la schizophrénie, l'électrochoc s'est très vite avéré d'une efficacité encore plus marquée dans le traitement des troubles graves de l'humeur. Malgré une technique beaucoup plus perfectionnée que lors de son introduction, l'ECT a connu un certain discrédit à la suite de la mise au point de traitements pharmacologiques efficaces, et surtout des pressions de certains groupes très actifs et hostiles à son utilisation en psychiatrie. Il n'en demeure pas moins que, tant en ce qui concerne ce traitement que d'ailleurs toutes les autres interventions médico-chirurgicales, il vaut mieux tenir compte des données scientifiques et peser les avantages et les risques en regard de l'efficacité à soulager la souffrance plutôt que de porter un jugement à la lumière de débats idéologiques.

Mode d'action

Si on sait que l'induction d'une convulsion généralisée est nécessaire à l'obtention de l'effet thérapeutique de l'ECT, les théories neurochimiques, neuroendocriniennes, électrophysiologiques et neuropsychologiques proposées n'ont cependant pas encore permis d'élucider complètement le mécanisme d'action de l'électroconvulsivothérapie. Dans ce contexte, l'ECT demeure un traitement empirique, ce qui ne diminue néanmoins aucunement ses mérites.

Indications et contre-indications

L'indication la plus fréquente de l'ECT est la dépression majeure, qu'il s'agisse du trouble dépressif ou du trouble bipolaire. Le taux de réponse à l'ECT chez les patients souffrant de dépression majeure est de 80 à 90 %, taux plus élevé que celui de la réponse aux antidépresseurs. Les dépressions psychotiques et les dépressions majeures graves répondent particulièrement bien à cette modalité thérapeutique. Contrairement aux antidépresseurs utilisés dans le traitement des troubles bipolaires en phase dépressive, l'ECT présente un risque moindre de précipiter un épisode maniaque et de raccourcir les cycles de rechute.

Il y a également indication d'électroconvulsivothérapie dans les phases maniaques ou mixtes de troubles bipolaires. En effet, l'ECT constitue un traitement efficace de la manie aiguë. Cette intervention thérapeutique peut même soulager certains patients souffrant de schizophrénie, particulièrement ceux en phase catatonique, ou encore ceux présentant des symptômes affectifs, notamment schizo-affectifs. L'ECT a aussi donné de bons résultats dans le traitement de quelques maladies organiques telles que la maladie de Parkinson.

La décision de recourir à l'ECT doit se fonder sur le diagnostic, sur la réponse antérieure et actuelle aux traitements médicamenteux (p. ex., dans le cas de patients réfractaires à la pharmacothérapie), sur la gravité du trouble et sur le caractère impératif du besoin d'une réponse relativement rapide, notamment chez les patients très suicidaires, ceux qui ne s'alimentent plus ou qui sont très agités.

Grâce au raffinement de la technique de l'ECT, il n'existe actuellement aucune contre-indication absolue, mais uniquement des contre-indications relatives, soit des troubles augmentant les risques du traitement. Ces troubles comprennent les lésions intracrâniennes volumineuses (p. ex., tumeur cérébrale) et toute anomalie à l'origine d'une élévation de la pression intracrânienne, notamment l'infarctus du myocarde récent, l'hypertension artérielle grave, les accidents vasculaires cérébraux évolutifs (hémorragie cérébrale), le décollement rétinien ou encore un risque anesthésique important. La grossesse même n'est pas une contre-indication de l'ECT; au contraire, l'ECT constituerait un traitement de la dépression peu risqué et très efficace à n'importe quel stade de la grossesse.

Il importe donc d'évaluer soigneusement l'état de santé d'un patient avant d'entreprendre une ECT et d'en soupeser les risques et les avantages si on identifie une contre-indication relative.

Effets indésirables

Autrefois, lors des premières administrations de l'ECT, jusqu'à 40 % des patients manifestaient des complications diverses, le plus souvent des fractures de vertèbres. L'électrochoc tel qu'il se pratique à l'heure actuelle est caractérisé par un très faible taux de morbidité et de mortalité comparativement à celui signalé, par exemple, en ce qui concerne l'anesthésie générale de courte durée en cas de chirurgie mineure. Les progrès techniques ont permis d'éliminer pratiquement toutes les complications médicales les plus graves de l'électroconvulsivothérapie. Les nausées, céphalées et douleurs musculaires dont se plaignent certains patients à la suite d'une ECT peuvent être rapidement soulagées par un traitement symptomatique.

Le principal effet indésirable de l'ECT demeure l'altération de la mémoire. Immédiatement après l'ECT, on observe une période de confusion se dissipant assez rapidement. Par la suite, certains patients peuvent éprouver une amnésie rétrograde (oubli des événements précédant le traitement) et/ou antérograde (oubli des événements suivant l'ECT). Ces amnésies disparaissent au plus tard un à six mois après l'électroconvulsivothérapie (Enns et Reiss, 1992). On ne rapporte aucune altération persistante de l'acquisition et de la rétention de nouveaux souvenirs, ni de la mémoire à plus long terme. L'ECT ne cause aucun symptôme décelable de lésions cérébrales structurelles irréversibles.

Évaluation pré-ECT

Avant toute ECT, le patient doit subir des examens psychiatrique et médical approfondis et une évaluation des fonctions cognitives, notamment de la mémoire. Diverses ponctions veineuses et une collecte des urines sont nécessaires afin d'évaluer les fonctions sanguine et rénale. On exclut toute possibilité de trouble cardiaque ou cérébral en pratiquant un électrocardiogramme (ECG) et un électro-encéphalogramme (EEG). Le bilan se termine par des radiographies du crâne, de la colonne vertébrale et des poumons. Des analyses supplémentaires peuvent être nécessaires chez certains patients. Les résultats de tous ces examens sont inscrits au dossier médical afin de permettre aux divers professionnels de la santé d'en prendre connaissance. En effet, le patient doit rencontrer un anesthésiste, un interniste et, généralement, un second psychiatre autre que son médecin traitant, qui évaluent si l'électroconvulsivothérapie est effectivement indiquée et sans risque. Finalement, le formulaire de consentement à l'ECT signé par le patient est déposé au dossier après que celui-ci et sa famille ont été informés du traitement, soit de son efficacité, de ses éventuels effets indésirables et de la technique utilisée pour le pratiquer.

Par la suite, on s'assure que les médicaments prescrits n'interagissent pas avec le traitement. Ainsi, on doit cesser l'administration du lithium qui augmente le risque de confusion et de troubles de la mémoire et celle des benzodiazépines et des anticonvulsivants qui sont tous deux dotés de propriétés anticonvulsivantes venant en quelque sorte «contrecarrer» la convulsion qu'on souhaite induire.

Une fois les bilans médical, psychiatrique et de laboratoire complétés, la médication ajustée et l'autorisation du patient accordée, l'électroconvulsivothérapie peut être pratiquée.

Technique d'administration

Le traitement débute par l'administration intramusculaire (injection) d'un médicament qui diminue les sécrétions et prévient les modifications du rythme cardiaque, administration qui a lieu à la chambre du patient, 30 minutes avant le traitement généralement prévu le matin alors que le patient est à jeun depuis la veille. Le patient, accompagné d'un membre du personnel, est ensuite amené à la salle d'ECT où un psychiatre, un anesthésiste et une infirmière l'accueillent. On lui demande de s'étendre, après quoi un anesthésique léger et de courte durée est administré, suivi d'un relaxant musculaire. Une fois anesthésié, le patient est bien oxygéné à l'aide d'un appareil.

Afin de déclencher la convulsion cérébrale, on place deux électrodes de chaque côté de la tête (pose bilatérale) ou du même côté (pose unilatérale). Les traitements bilatéraux causent une plus grande perte de mémoire mais sont apparemment plus efficaces. Le choix de l'emplacement des électrodes varie en fonction de chaque patient et peut même parfois être modifié au cours du traitement. Une brève stimulation électrique permet de générer une convulsion d'une durée d'environ 40 secondes, convulsion enregistrée à l'aide d'un électroencéphalogramme (EEG) mais à peine perceptible à l'observation. L'ECT est alors administrée ; le patient repose ensuite quelques minutes, le temps de s'éveiller, puis retourne à son unité de soins.

Efficacité

Tel que mentionné précédemment, l'ECT est particulièrement efficace dans le traitement des troubles de l'humeur et, de façon moins marquée, chez certains patients schizophrènes.

Le nombre de traitements nécessaires pour qu'une cure par l'ECT soit efficace varie considérablement d'une personne à une autre. Habituellement, les patients souffrant de dépression requièrent 6 à 12 traitements ; pour les patients souffrant de manie ou de schizophrénie, le nombre est occasionnellement plus élevé. On note parfois des améliorations spectaculaires après seulement quelques séances. On administre habituellement l'ECT trois fois par semaine, mais il peut arriver qu'un double électrochoc (deux convulsions par séance) ou un traitement quotidien soit offert pour accélérer la guérison d'un patient dont l'état est grave.

On cesse l'électroconvulsivothérapie une fois la rémission complète. La décision relative au nombre de séances d'ECT repose donc sur l'évolution de l'état de santé du patient. Pour prévenir les rechutes, il convient d'instaurer un traitement de soutien, habituellement pharmacologique, après l'électroconvulsivothérapie. Bien que l'ECT de soutien (séance mensuelle ou bimensuelle) ne constitue pas une pratique courante, elle peut s'avérer utile chez certains patients ne tolérant pas la pharmacothérapie ou rechutant malgré l'administration de médicaments appropriés.

L'ECT constitue un élément important de l'arsenal thérapeutique de la psychiatrie contemporaine. Il s'agit d'un traitement entraînant peu d'effets indésirables, efficace et indiqué chez certains patients. L'introduction de cette modalité thérapeutique repose sur une relation médecin-patient bien établie; le patient et ses proches discutent, après avoir reçu les informations médicales appropriées, des effets indésirables et des bénéfices d'un tel traitement. Cette alliance thérapeutique permet de mettre en place des conditions favorables au traitement.

∽

L'approche biologique s'avère un outil complémentaire à l'approche psychothérapique dans le traitement des maladies affectives. Trois classes d'antidépresseurs, toutes aussi efficaces les unes que les autres, se distinguent par leur profil d'effets indésirables. Ces médicaments sont utilisés dans le traitement aigu et prophylactique de la dépression majeure et dans la phase dépressive du trouble bipolaire. Les stabilisateurs de l'humeur tels que le lithium et les anticonvulsivants sont employés dans le traitement aigu et prophylactique du trouble bipolaire, tant dans sa phase maniaque que dans sa phase dépressive.

Les neuroleptiques sont habituellement réservés aux personnes présentant des symptômes psychotiques ou très agitées. Exceptionnellement, l'électroconvulsivothérapie sera offerte aux patients très déprimés ou en phase maniaque dont la réponse au traitement pharmacologique est insuffisante, ou lorsque le médecin juge qu'il y a urgence médicale. En fait, comme pour tout autre traitement médical, le succès d'un traitement biologique de la maladie mentale repose d'abord sur l'alliance thérapeutique entre le médecin et le patient, et sur la connaissance par le patient de la maladie dont il souffre et du traitement qu'on lui administre.

BIBLIOGRAPHIE

AMERICAN PSYCHIATRIC ASSOCIATION, 1993, «Practice Guideline for Major Depressive Disorder in Adults», *American Journal of Psychiatry*, vol. 150, n° 4 (suppl.), p. 1-26.

BEASLEY, C.M. JR., et coll., 1991, «Fluoxetine and Suicide: A Meta-Analysis of Controlled Trials of Treatment for Depression», *British Journal of Psychiatry*, vol. 303, n° 6804, p. 685-692.

DE MONTIGNY, C., et coll., 1983, «Lithium Carbonate Addition in Tricyclic Antidepressant-Resistant Unipolar Depression», *Archives of General Psychiatry*, vol. 40, n° 12, p. 1327-1334.

ENNS, M.W., et I.P. REISS, 1992, «Énoncé de principe. L'électrochoc», *La Revue canadienne de psychiatrie*, vol. 37, n° 10, p. 679-686.

FIEVE, R.R., 1973, «Overview of Therapeutic and Prophylactic Trials with Lithium in Psychiatric Patients», dans S. GERSHON et B. SHOPSIN, *Lithium. Its Role in Psychiatric Research and Treatment*, New York, Plenum Press, p. 336.

GERNER, R.H., et A. STANTON, 1992, «Algorithm for Patient Management of Acute Manic States: Lithium, Valproate or Carbamazepine?», *Journal of Clinical Psychopharmacology*, vol. 12, n° 1 (suppl.), p. 57-63.

HAMILTON, M.S., et L.A. OPLER, 1992, «Akathisia, Suicidality and Fluoxetine», *Journal of Clinical Psychiatry*, vol. 53, n° 11, p. 401-406.

KECK, P.E., et S.L. MCELROY, 1993, «Current Perspectives on Treatment of Bipolar Disorder with Lithium», *Psychiatric Annals*, vol. 23, n° 2, p. 64-69.

KUHN, R., 1958, «The Treatment of Depressive States with G-22355 (Imipramine Hydrochloride)», *American Journal of Psychiatry*, vol. 115, novembre, p. 459-464.

QUITKEN, F.M., et coll., 1993, «Columbia Atypical Depression. A Subgroup of Depressives with Better Response to MAOI than to Tricyclic Antidepressants or Placebo», *British Journal of Psychiatry*, vol. 163, suppl. 21, p. 30-34.

SCHOU, M., 1989, «Lithium Prophylaxis: Myths and Realities», *American Journal of Psychiatry*, vol. 146, n° 5, p. 573-576.

TEICHER, M.H., GLOD, C., et J.O. COLE, 1990, «Emergence of Intense Suicidal Preoccupation during Fluoxetine Treatment», *American Journal of Psychiatry*, vol. 147, n° 2, p. 207-210.

WEHR, T.A., et coll., 1988, «Rapid Cycling Affective Disorder: Contributing Factors and Treatment Responses in 51 Patients», *American Journal of Psychiatry*, vol. 145, n° 2, p. 179-184.

LECTURES SUGGÉRÉES

FAVA, M., et J.F. ROSENBAUM, 1991, «Suicidality and Fluoxetine: Is There a Relationship?», *Journal of Clinical Psychiatry*, vol. 52, n° 3, p. 108-111.

GOODWIN, F.K., et K.R. JAMISON, 1990, *Manic-Depressive Illness*, New York, Oxford University Press, chapitres 21, 22 et 23.

JICK, H., ULCIKAS, M., et A. DEAN, 1992, «Comparison of Frequencies of Suicidal Tendencies among Patients Receiving Fluoxetine, Lofepramine, Mianserin or Trazodone», *Pharmacotherapy*, vol. 12, n° 6, p. 451-454.

KAPLAN, H.I., et B.J. SADOCK, 1989, *Comprehensive Textbook of Psychiatry*, 5ᵉ édition, Baltimore, Williams and Wilkins, chapitre 31.

LALONDE, P., GRUNBERG, F., et coll., 1988, *Psychiatrie clinique: approche bio-psycho-sociale*, Boucherville, Gaëtan Morin Éditeur, chapitres 15, 37 et 38.

PAYKEL, E.S., 1992, *Handbook of Affective Disorders*, 2ᵉ édition, New York, The Guilford Press, partie 3.

QUETEL, C., et P. MOREL, 1979, *Les fous et leurs médecines: De la Renaissance au xxᵉ siècle*, Paris, Hachette.

ROTHSCHILD, A.J., et C.A. LOCKE, 1991, «Reexposure to Fluoxetine after Serious Suicide Attempts by Three Patients: The Role of Akathisia», *Journal of Clinical Psychiatry*, vol. 52, n° 12, p. 491-493.

CHAPITRE 9

Les traitements psychologiques des maladies affectives

Jean Leblanc, M.D.*
Daniel Dumont, M.D.**

Sommaire

* Psychiatre et psychanalyste, directeur du Programme des maladies affectives au Pavillon Albert-Prévost de l'hôpital du Sacré-Cœur de Montréal, et professeur agrégé de clinique au Département de psychiatrie de l'Université de Montréal.

** Psychiatre au Pavillon Albert-Prévost de l'hôpital du Sacré-Cœur de Montréal et chargé de formation clinique au Département de psychiatrie de l'Université de Montréal.

La survenue d'une dépression chez un individu est habituellement vécue comme une crise grave dans la vie de cette personne. La maladie entraîne des bouleversements importants dans les rapports de l'individu à lui-même et dans ses relations aux autres. La personne atteinte peut présenter des changements d'attitudes, de comportement, de pensée ou d'expression émotive susceptibles d'avoir des conséquences importantes à court et moyen terme. Le degré de souffrance ressentie est souvent élevé, en raison des distorsions de la perception de soi, du sentiment de désespoir occasionné par la maladie et des idées noires régulièrement présentes. Il persiste souvent, même après la guérison d'un épisode de dépression, des indices que le psychisme porte des cicatrices laissées par cette crise: anxiété résiduelle, sentiment d'insécurité, etc. L'entourage a souvent été étroitement mêlé au déroulement des événements, de façon positive ou négative, et la reprise des liens avec le conjoint, la famille et le milieu de travail peut susciter des problèmes.

La question d'une thérapie psychologique est alors posée, soit par la personne atteinte, soit par l'entourage, parce que l'épisode dépressif est implicitement ou explicitement lié, à leurs yeux, à un facteur psychologique: vulnérabilité du sujet; répercussion d'un événement déclencheur récent (p. ex., perte d'un emploi); stresseur chronique (p. ex., relation conjugale difficile); ou traumatismes survenus dans l'enfance (p. ex., perte précoce d'un parent). La personne déprimée se fait donc parfois conseiller d'entreprendre une psychothérapie, ou décide d'elle-même de rechercher une telle forme de traitement.

Le domaine des psychothérapies est cependant vaste, et il n'est pas toujours facile de s'y reconnaître; on a déjà écrit qu'il existe autant de formes de psychothérapies qu'il y a de jours dans l'année! Il apparaît donc crucial de savoir s'y retrouver et d'arriver à déterminer:

— si les psychothérapies sont véritablement utiles dans le traitement des troubles de l'humeur;

— le type de psychothérapie qui convient et les critères qui permettent d'en juger.

UTILITÉ ET EFFICACITÉ DES PSYCHOTHÉRAPIES

On peut se demander quelle place tient la psychothérapie dans le champ des troubles de l'humeur. En effet, le traitement pharmacologique est solidement implanté comme traitement efficace de ces troubles. Des auteurs ont mis en doute l'efficacité des psychothérapies dans ce domaine; on a pu penser que ces troubles, considérés comme étant d'origine biologique, étaient peu susceptibles de subir les effets bénéfiques d'une approche de type psychosociale; enfin, plusieurs sont d'avis que les patients, une fois la phase aiguë maîtrisée, tentent plutôt de prendre leurs distances par rapport à leur symptomatologie et à sa signification. Or, la recherche contemporaine a plutôt confirmé la nécessité et l'importance des approches de type psychothérapique dans le traitement des troubles de l'humeur, notamment vis-à-vis de la dépression (Beckham et Leber, 1985).

Un nombre impressionnant d'études ont été effectuées pour tenter de déterminer l'efficacité des diverses approches du traitement psychologique des maladies affectives. Les protocoles de recherche portant sur les psychothérapies élaborées spécifiquement pour le traitement de la dépression ont été particulièrement nombreux, malgré les difficultés méthodologiques de taille rencontrées par les équipes de chercheurs.

Raison d'être de la psychothérapie dans le traitement d'une maladie dite «biologique»

La dépression est une entité hétérogène. Elle peut être chronique ou aiguë, d'apparition spontanée ou survenir en réponse à un événement de vie, survenir à l'état pur ou se greffer sur une autre pathologie (p. ex., trouble de la personnalité, abus d'une substance psychoactive), s'apparenter ou non au type de la dépression mélancolique (voir, dans le chapitre 2, la section intitulée «Dépression majeure de type mélancolique»); elle peut être bénigne ou sévère, d'intensité psychotique ou non, apparaître comme primaire ou secondaire à un trouble somatique ou psychiatrique; elle peut évoluer d'une façon régulière et stable ou au contraire fluctuer de jour en jour; le contenu de l'affect dépressif peut se caractériser principalement par la tristesse, un sentiment de vide ou l'anxiété.

Cette hétérogénéité marquée de la dépression donne à penser qu'il existe plusieurs catégories de facteurs, autres que biologiques, qui sont à l'origine du développement de cette maladie affective. Les facteurs les plus souvent étudiés et décrits sont les suivants (voir le chapitre 7):

— les événements de vie (*life events*);

— la qualité du soutien social;

— des déviations des schèmes de pensée (appelées «erreurs cognitives»);

— l'absence ou le nombre insuffisant de renforcements positifs dans l'environnement;

— des déficits sur le plan des habiletés sociales;

— et des facteurs développementaux associés à des modifications intrapsychiques.

Les résultats de ces études ont conduit à mettre au point des thérapies individuelles de divers types, ainsi que des thérapies de groupe, de couple et familiales, orientées spécifiquement vers le traitement de divers aspects de la dépression. L'objectif visé est d'arriver à offrir à un patient donné un traitement global (biologique et psychosocial) correspondant le plus précisément possible au type particulier de dépression qu'il présente (Bellack, 1985).

TYPES DE PSYCHOTHÉRAPIES : UNE DESCRIPTION

Les types de psychothérapies les plus connus et les mieux documentés dans le traitement des troubles dépressifs peuvent être regroupés selon les catégories suivantes:
- Thérapies cognitivo-comportementales;
- Psychothérapie interpersonnelle brève;
- Psychothérapies psychanalytiques:
  - brève (Sifneos, 1972; Davanloo, 1978; Mann, 1973; Gilliéron, 1983);
  - à long terme.

Thérapies cognitivo-comportementales

L'approche cognitivo-comportementale connaît depuis quelques années une popularité considérable, principalement attribuable à son efficacité de plus en plus reconnue dans le traitement des maladies affectives.

ASPECTS THÉORIQUES

L'approche psychothérapique de type cognitivo-comportemental se caractérise par certains concepts et techniques utilisés en association bien qu'issus de réflexions théoriques distinctes (Meichenbaum, 1977). En fait, un principe selon lequel l'association de ces concepts et techniques est plus efficace que leur utilisation dissociée sous-tend cette approche.

L'approche est donc axée sur deux pôles complémentaires: le pôle cognitif et le pôle comportemental. Le **pôle cognitif** se définit comme la composante de la thérapie qui vise à permettre à la personne déprimée de procéder à une modification corrective de ses pensées et de ses cognitions, soit ses connaissances, croyances et valeurs, susceptibles de favoriser et d'entretenir son état dépressif. Selon le postulat central de cette approche qui énonce que la dépression résulte des perceptions qu'une personne se fait des événements plutôt que des événements eux-mêmes, l'objectif de la thérapie cognitive est avant tout une restructuration des processus cognitifs aptes à susciter un état de bien-être affectif optimal chez la personne déprimée.

Le **pôle comportemental** se définit quant à lui comme la seconde composante de la psychothérapie qui vise à permettre à la personne déprimée d'acquérir un certain nombre d'habiletés susceptibles de supporter et d'optimiser les changements cognitifs dont la nécessité a précédemment été établie lors de l'évaluation.

Historiquement, l'approche cognitivo-comportementale constitue un développement relativement récent dans le champ de la recherche portant sur la psychothérapie des maladies affectives. L'un des chercheurs à l'origine de ce développement est Beck, dont les travaux entrepris au cours des années 1960 coïncident avec l'élaboration par Ellis de l'approche rationnelle-émotive des troubles affectifs (Beck, 1967). La décennie suivante permet à Bandura (1969) et surtout à Meichenbaum (1977) d'apporter à leur tour des contributions significatives sur le plan des concepts et techniques utilisés dans le traitement psychologique de troubles et de maladies affectives d'une grande diversité.

Quelques concepts fondamentaux méritent une attention particulière; ce sont, entre autres, les concepts de cognitions, de distorsions cognitives et de restructuration cognitive.

Il importe en premier lieu de définir le terme «cognitions» qui désigne l'ensemble des pensées et des connaissances que le sujet entretient sur lui-même et sur le monde environnant. On considère ces dernières comme déterminantes en ce qui concerne la qualité de la vie émotionnelle du sujet; or, elles peuvent plus ou moins adéquatement correspondre à la réalité.

Lorsque ces pensées et connaissances correspondent justement moins adéquatement à la réalité, on parle de «distorsions cognitives», soit, autrement dit, de perturbations et de perceptions erronées des processus de pensée ou des cognitions; ces distorsions favorisent l'apparition d'émotions négatives telles l'anxiété et la dépression. Parmi les distorsions cognitives les plus courantes, on signale:

— les pensées automatiques (p. ex., croire que tout différend est un conflit);

— les erreurs d'attribution causale (p. ex., attribuer toute expérience d'échec à un déficit personnel);

— les corrélations illusoires (p. ex., voir une responsabilité personnelle dans une situation échappant à tout contrôle);

— les inférences arbitraires (p. ex., établir un lien direct entre deux situations qui n'en ont pas de manière certaine);

- les processus erronés de généralisation (p. ex., croire à une incapacité fondamentale de réussir à partir d'une expérience limitée d'échec partiel);

- la personnalisation excessive (p. ex., interpréter comme un reproche virulent une constatation objective faite par un observateur bienveillant);

- l'attention sélective (p. ex., ne noter que les signes de défaillance dans l'analyse d'une relation interpersonnelle);

- l'amplification des erreurs (p. ex., dramatiser à outrance une dysfonction temporaire).

Enfin, le terme «restructuration cognitive» désigne la modification, par les techniques thérapeutiques, des distorsions précédemment identifiées et le remplacement des cognitions erronées par des pensées mieux adaptées à la réalité.

L'approche cognitivo-comportementale apparaît de plus en plus indiquée dans le traitement des troubles dépressifs ou anxieux (phobies, obsessions, etc.) dont l'intensité varie de légère à modérée. Des travaux récents suggèrent en outre qu'elle pourrait connaître des applications utiles dans le traitement d'autres conditions psychologiques telles que les troubles de l'attention et de la conduite chez les enfants et les adolescents, les troubles de l'alimentation, les problèmes de toxicomanie et de violence conjugale, les douleurs chroniques et les problèmes liés à la non-observance du traitement (Cottraux et coll., 1993).

ASPECTS PRATIQUES

L'objectif ultime du traitement cognitivo-comportemental des maladies affectives réside dans l'atteinte d'un état de bien-être psychologique et émotionnel optimal.

En ce qui concerne les techniques utilisées dans cette forme de psychothérapie et le processus thérapeutique lui-même, les repères proposés comprennent l'évaluation clinique de l'état affectif et des cognitions individuelles, l'association d'interventions cognitives et comportementales et l'évaluation continue des résultats obtenus par le traitement.

L'approche est structurée — c.-à-d. que le traitement global ainsi que chacune des rencontres sont organisés en fonction d'objectifs précis —, de même qu'axée sur la collaboration et la participation active de la personne qui s'engage dans la thérapie. L'approche est également éducative dans la mesure où le thérapeute se préoccupe d'enseigner une méthodologie centrée sur la résolution par la personne des problèmes rencontrés et de proposer des exercices qui sont effectués à domicile et discutés par la suite au cours des rencontres subséquentes.

Enfin, l'approche est séquentielle dans la mesure où les interventions pratiquées en cours de traitement varient selon les stades du processus thérapeutique.

On compte au nombre des interventions de type cognitif utilisées en cours de traitement:

- l'identification des perturbations et des erreurs systématiques des processus de la pensée;
- la restructuration cognitive permettant de reformuler en termes plus réalistes les cognitions erronées;
- la modification du discours intérieur de la personne atteinte de dépression.

Ces techniques cognitives sont habituellement appariées à des techniques comportementales telles que la prescription, d'une part, de séquences d'activités à faire à la maison, lesquelles visent à développer la capacité de vivre et d'intégrer des expériences caractérisées par la maîtrise des événements et la sensation de plaisir qui en résulte et, d'autre part, d'exercices permettant d'enregistrer et de corriger quotidiennement les cognitions négatives et leurs effets néfastes sur la vie émotionnelle. La discussion systématique des résultats obtenus par ces exercices permet l'acquisition graduelle d'une méthode individualisée de restructuration cognitive par la personne déprimée, qui peut ensuite elle-même la pratiquer de façon autonome.

L'approche cognitivo-comportementale peut connaître des applications variées selon les contextes. Elle peut être proposée sur une base individuelle, ou encore collective dans le cas d'un groupe de personnes présentant des difficultés psychologiques semblables. Elle peut également être proposée dans le cadre d'un traitement qui se déroulera en clinique externe ou à l'occasion d'une hospitalisation. Enfin, bien qu'elle soit d'une durée généralement brève (en moyenne 12 à 15 semaines), certaines formes de maladies affectives peuvent nécessiter qu'elle soit prolongée.

Il faut ajouter que ce type d'approche du traitement des troubles affectifs doit souvent s'associer en complémentarité aux approches biologiques (particulièrement pharmacologiques) et sociales. La nature et la gravité de la maladie affective dictent habituellement les décisions à cet égard.

Pour conclure, soulignons que certaines recherches récentes donnent à penser que l'approche cognitivo-comportementale est particulièrement efficace dans les cas de dépression légère ou modérée ne présentant pas de caractéristiques psychotiques. Enfin, certains cas caractérisés par une rechute de la maladie affective se produisant après une psychothérapie active, des études récentes semblent indiquer la nécessité d'élaborer un modèle de thérapie qui se prolongerait sur une période plus étendue, particulièrement en présence d'une persistance de symptômes résiduels après le traitement de la phase aiguë de la maladie.

Psychothérapie interpersonnelle brève

Deux formes de psychothérapie interpersonnelle ont été mises au point pour le traitement de la dépression. Arieti et Bemporad (1978) ont élaboré un type de psychothérapie à long terme, dérivé de l'approche psychanalytique mais modifié de façon à y introduire une approche interpersonnelle et culturaliste (voir plus loin dans ce chapitre, page 143). Klerman (1984), de son côté, a décrit une approche de psychothérapie interpersonnelle brève.

Les fondements théoriques de ces types de psychothérapie reposent sur les travaux de Meyer (1957), en ce qui concerne l'approche psychobiologique, et de Sullivan (1953), en ce qui concerne l'approche culturaliste, et mettent l'accent sur le fait que la dépression survient dans un contexte donné, dit « interpersonnel », dans lequel plusieurs éléments ressortent :

– les événements perturbants de la vie ;
– le rôle protecteur (contre la dépression) de l'intimité et du soutien social ;
– l'impact des stress chroniques et sociaux (p. ex., conjugaux) ;
– l'importance des liens affectifs et les effets négatifs des ruptures de liens sociaux.

Klerman distingue quatre facteurs relationnels ayant spécifiquement à voir avec le développement de la dépression :

– les deuils pathologiques ;
– les dissensions avec des personnes dans l'entourage du sujet jouant un rôle significatif dans sa vie, relativement aux divers rôles : sociaux, sexuels, etc. ;
– les transitions difficiles dans les étapes de vie, les changements importants de vie et de carrière ;
– les déficits interpersonnels, les inaptitudes sociales et l'isolement.

Il importe de noter que ces différents facteurs ne sont pas définis comme étant des causes de la dépression, mais plutôt des éléments possédant des liens étroits avec elle. La thérapie vise l'amélioration des liens interpersonnels et la résolution des situations problématiques compromettant l'existence de tels liens. Elle tente d'amener le patient à mieux comprendre son environnement et à le maîtriser. Les séances sont habituellement hebdomadaires, et la durée de la thérapie est limitée dans le temps, ne dépassant pas trois à quatre mois.

Comme pour les thérapies brèves en général, un point focal est choisi : on porte attention aux circonstances actuelles du patient et aux symptômes dépressifs qu'il manifeste, envisagés sous un angle interpersonnel et non intrapsychique. Si la relation patient-thérapeute est considérée, c'est dans sa réalité objective et non dans ses aspects psychodynamiques inconscients (transfert). Le rôle du thérapeute est décrit comme relativement actif, avec des attitudes tantôt de soutien et rassurantes, tantôt directives et incitatives.

À l'heure actuelle, la littérature scientifique confère à la psychothérapie interpersonnelle brève une utilité considérable. De nombreux articles faisant état de résultats intéressants lui sont consacrés. Une crédibilité importante a été assurée à cette forme de thérapie lorsque, aux États-Unis, le NIMH (National Institute of Mental Health) a choisi de l'inclure dans son important protocole de recherche sur la dépression, consistant en une comparaison entre la thérapie cognitivo-comportementale, la thérapie interpersonnelle, l'administration d'imipramine et celle d'un placebo (Sotsky, 1991).

EFFICACITÉ DE LA PSYCHOTHÉRAPIE INTERPERSONNELLE BRÈVE

Les études sur l'efficacité de la psychothérapie dans la dépression ont porté en général sur des groupes de patients déprimés en consultation externe, et présentant des pathologies névrotiques, non endogènes, non bipolaires et non psychotiques. Dans la majorité des études comparant la pharmacothérapie et l'une des psychothérapies applicables plus particulièrement dans le traitement de la dépression, la psychothérapie s'est avérée d'efficacité égale ou supérieure à la médication (Beckham et Leber, 1985 ; DiMascio et coll., 1979).

L'évolution de l'amélioration des symptômes dépressifs est cependant différente selon le type de traitement. Dans une étude comparant les résultats obtenus dans le traitement de la dépression par un antidépresseur, l'amitriptyline (Elavil® [C, F]), et par la psychothérapie interpersonnelle brève, on a trouvé que les symptômes neurovégétatifs (troubles du sommeil, perte d'appétit, plaintes somatiques) s'amélioraient plus rapidement lorsqu'il y avait administration de médicament, alors que les symptômes cognitifs (humeur dépressive, idées suicidaires, perte de l'intérêt pour des activités habituelles, sentiment de culpabilité) étaient favorablement influencés par la psychothérapie. L'amélioration globale était plus rapide avec la pharmacothérapie, mais après 16 semaines l'état des patients des deux groupes ne présentait pas de différence significative (DiMascio, 1979). Les effets positifs à plus long terme de la psychothérapie se font surtout sentir sur le plan de l'adaptation sociale, alors que les antidépresseurs tricycliques permettent une meilleure prévention des rechutes.

Psychothérapies psychanalytiques

Si les psychothérapies cognitives et interpersonnelles brèves cherchent à apporter une solution immédiate au problème de la dépression, les psychothérapies psychanalytiques tentent plutôt de trouver un sens à la maladie affective. Elles se démarquent notablement des formes de psychothérapie précitées par bien des caractéristiques, notamment par leur conception de l'origine et de la signification des troubles dépressifs.

PSYCHANALYSE ET THÉORIES DE LA DÉPRESSION

Les théories psychanalytiques de la dépression relèvent d'un large éventail de conceptions et un grand nombre d'auteurs y ont contribué (Robertson, 1979).

Les auteurs français (Pasche, 1969; Rosenberg, 1986) se situent pour la plupart dans le prolongement de la théorie explicitée par Freud (1917 [1915]) dans son ouvrage *Deuil et mélancolie*. Selon cette conception, la dépression serait la conséquence de la perte d'un être cher, ou d'un équivalent symbolique de cette personne. Si la relation de la personne déprimée à cet être cher était étroite et intime, mais aussi ambivalente (c.-à-d. qu'elle était faite en même temps d'amour et d'agressivité retenue), la douleur engendrée par la perte déclenche un vide intense dans le Moi, en même temps qu'une colère refoulée dirigée vers cet être qui, en se retirant (rupture, décès, etc.), suscite une telle douleur chez la personne délaissée. Cette colère voudrait s'exprimer par un tollé de reproches adressés à l'être aimé, mais une partie du Moi s'y oppose: on n'attaque pas un être dont on est si proche. La colère et les reproches se retournent donc contre la personne déprimée, qui n'en finit plus de s'accabler de reproches et d'accusations, tout à fait inappropriées aux yeux de l'entourage. Selon cette conception classique de la dépression, cette pathologie serait la conséquence d'un conflit à l'intérieur du Moi et d'une régression du Moi.

D'autres approches psychanalytiques ont permis de diversifier la compréhension de la dépression, notamment la notion d'«attachement» de Bowlby (1978). D'origine britannique, ce psychanalyste d'enfants a montré comment l'être humain est marqué par le lien aux personnes dont il a longtemps dépendu au cours des premières périodes de son développement. Divers aspects de sa vie émotionnelle future y sont liés, et les tensions dans les relations humaines chez l'adulte peuvent avoir la même signification qu'une rupture de ces liens essentiels, entraînant alors le phénomène de la dépression.

Par ailleurs, si peu d'auteurs contemporains ont en fait décrit une approche psychanalytique spécifique de la dépression, de notables exceptions peuvent cependant être mentionnées. Ainsi, Jacobson (1971) a décrit, à partir d'une vaste expérience clinique, sa compréhension de la dépression et de l'affect dépressif dans des contextes de normalité, de troubles névrotiques et de troubles psychotiques. Elle a mis l'accent sur l'importance de la perte de l'estime de soi dans le développement de la dépression; en outre, selon elle, la dépendance notée chez la personne souffrant de troubles dépressifs relève d'un déficit (soit une fragilité, une faiblesse) particulier du Moi.

Pour leur part, Arieti et Bemporad (1978) ont élaboré une conception de la dépression et une approche thérapeutique fondée sur les résultats obtenus par le traitement psychanalytique poussé de personnes dépressives de diverses catégories (enfants, adolescents, adultes; période post-partum; dépression légère, modérée, sévère). Selon ces auteurs, la dépression est entraînée par un conflit intrapsychique; l'histoire du développement de la personne déprimée est déterminante en ce qui concerne les relations objectales (c.-à-d. relation du sujet aux personnes proches, qu'il a intériorisées) présentes, notamment la dépendance cruciale de cette personne par rapport aux sources externes de gratifications nécessaires pour maintenir un sentiment d'estime de soi.

À la lumière de ces principes, les auteurs ont décrit deux types de dépression, variant selon le type d'organisation intrapsychique:

- celle fondée sur ce qu'ils ont appelé le «*dominant other*» (type «accolé à autrui»): la personne présente une personnalité idéaliste qui la pousse constamment à agir d'une façon parfaite, comme si elle devait obligatoirement et continuellement plaire à un personnage de type parental, et être appréciée par lui;

- celle fondée sur ce qu'ils ont appelé le «*dominant goal*» (type «relié à un idéal»): la source externe de gratification et de satisfaction est représentée par la recherche incessante de l'atteinte d'un objectif idéalisé.

PSYCHOTHÉRAPIES PSYCHODYNAMIQUES BRÈVES

Diverses formes de psychothérapies psychanalytiques brèves ont été décrites par différents auteurs: Sifneos, Davanloo, Mann, Gilliéron, etc. Leur application à la dépression a été étudiée de façon moins systématique, ce qui ne saurait surprendre puisqu'elles n'ont pas été structurées spécifiquement en fonction de ce champ psychopathologique. Leur déroulement suit le modèle des thérapies brèves, à savoir qu'elles s'adressent à des pathologies circonscrites et qui ne présentent pas de régression trop marquée; le thérapeute joue un rôle relativement actif, en ce sens qu'il aide à délimiter l'aspect sur lequel portera la thérapie (*focus*), et qu'il contribue à maintenir le déroulement de la thérapie à l'intérieur du champ défini ainsi que des limites de temps déterminées en début de traitement. Les dimensions intrapsychiques, soit l'inconscient, sont prises en compte, et le transfert est, sinon analysé, du moins considéré.

PSYCHOTHÉRAPIES PSYCHANALYTIQUES À LONG TERME

Les thérapies psychanalytiques à long terme jouent un rôle distinct dans le traitement de la dépression et des autres maladies affectives. En effet, elles visent non pas directement le soulagement des symptômes, mais plutôt un certain réaménagement de l'économie intrapsychique et une meilleure prise de contact de l'individu avec son univers intérieur. L'objectif poursuivi est global et s'exprime davantage en termes d'amélioration du vécu du patient que d'un soulagement symptomatique.

Dans cette optique, la personne souffrant de troubles dépressifs recherche un traitement fondé sur l'approche psychanalytique en raison d'un questionnement sur son monde intérieur ou relationnel suscité par le malaise associé au vécu de la dépression: impression d'incapacité à accéder à une partie de son univers intérieur, ou sentiment d'inhibition par rapport à des ressources dont il se sait muni mais qu'il n'arrive pas à intégrer harmonieusement dans ses relations aux autres.

Les thérapies psychanalytiques demeurent les thérapies les plus utilisées et les plus connues (Karasu, 1990). Elles se distinguent clairement des thérapies destinées spécifiquement au traitement de la dépression, étant donné qu'elles ne visent pas le traitement de la dépression envisagée comme catégorie diagnostique, mais plutôt la dimension de la dépression (ce que l'on appelle la « dépressivité ») survenant chez un individu. On peut penser que le patient souffrant de dépression majeure (selon les critères diagnostiques du DSM-IV) sera moins enclin à rechercher une thérapie psychanalytique que le patient dysthymique, la personne déprimée porteuse d'un trouble de la personnalité ou celle chez qui la dépression se greffe à une problématique névrotique autre. Dans ces situations (et dans plusieurs autres), la psychothérapie psychanalytique demeure un outil thérapeutique essentiel au traitement de la dépression (Gabbard, 1990).

EFFICACITÉ DES PSYCHOTHÉRAPIES PSYCHANALYTIQUES

Les psychothérapies psychanalytiques ne se prêtent pas facilement à des études permettant de comparer les divers types de thérapies pour la dépression. La durée du traitement est d'emblée différente de celle des thérapies brèves ou des autres modes de traitement, dont la pharmacothérapie, auxquels on pourrait la comparer. Par ailleurs, dans une étude, les échantillons (sujets faisant l'objet de l'étude) doivent être comparables, ce qui est ici difficile à réaliser étant donné que, comme nous l'avons souligné plus haut, la thérapie psychanalytique s'adresse à la dimension dépressive plutôt qu'à une catégorie diagnostique. On conçoit difficilement que, dans une étude, on puisse aléatoirement diriger un patient vers un groupe traité par la psychothérapie psychanalytique ou vers un groupe traité par la pharmacothérapie (ceci constitue d'ailleurs une difficulté d'ordre méthodologique majeure pour toute étude comparant pharmacothérapie et psychothérapie). Les études en double aveugle, qui permettent une plus grande objectivité dans la conduite de la recherche, ne sont évidemment pas possibles; en effet, dans ce genre d'étude, ni le sujet ni le chercheur ne savent auquel des traitements étudiés le sujet est soumis. Enfin, le pronostic risque d'être différent chez le patient recherchant une thérapie psychanalytique à long terme par rapport au patient à qui on recommande une thérapie cognitivo-comportementale ou interpersonnelle brève, la pathologie de départ étant susceptible d'être elle aussi différente (p. ex., plus complexe ou plus lourde chez le patient recherchant la psychothérapie analytique).

TRAITEMENTS EN ASSOCIATION: PHARMACOTHÉRAPIE ET PSYCHOTHÉRAPIE

Certains ont émis des réserves quant à l'association de la psychothérapie à la pharmacothérapie (Gabbard, 1990). On peut regrouper comme suit les objections soulevées:

- La relation entre le thérapeute et le patient se trouve modifiée par l'ajout d'un aspect «médical» au rôle joué par le thérapeute, qui prescrit dans ce cas une médication.
- La réduction des symptômes par le médicament diminuerait la motivation du patient à se prêter à la psychothérapie.
- La médication n'aurait qu'un effet symptomatique, et ne modifierait pas le problème psychologique sous-jacent.
- L'emploi d'un médicament diminuerait aux yeux du patient l'importance de la psychothérapie.
- Inversement, l'accent mis sur l'intrapsychique pourrait nuire à l'effet pharmacologique.

Ces objections ont été mises à l'épreuve par Rounsaville et ses collaborateurs (1981) dans une étude portant sur des traitements en association. Leurs résultats n'ont pas établi que les psychothérapeutes étaient plus directifs s'ils prescrivaient aussi une médication, ni qu'ils faisaient alors moins appel à des techniques exploratoires. Le temps consacré aux aspects interpersonnels pendant la séance ne différait pas, qu'il s'agisse de traitement en association ou de psychothérapie seule. Puisque les symptômes diminuaient plus rapidement avec le traitement en association, on aurait pu s'attendre à une plus forte motivation dans le groupe traité par la psychothérapie, si on tient compte de ce que la présence de symptômes, donc d'une souffrance, entraîne habituellement une motivation plus forte; au contraire, le taux d'abandon y était plus élevé. Le traitement des deux groupes de patients (psychothérapie seule et traitement en association) a requis un même nombre de séances; et on n'a pas par ailleurs noté de substitution ou de récurrence de symptômes comme cela aurait été le cas si l'emploi d'un médicament avait occasionné chez le groupe traité par la pharmacothérapie une diminution de l'intérêt porté aux conflits sous-jacents. Rien non plus ne permettait de conclure que l'emploi de médication dévaluait la psychothérapie aux yeux des patients: on n'a observé aucune différence entre les deux groupes en ce qui concerne l'intensité de la recherche de traitement psychothérapique après la fin du projet de recherche. Enfin, l'adjonction de la psychothérapie à la pharmacothérapie n'a pas nui à l'effet pharmacologique, puisque l'association des deux formes de traitement a produit un effet supérieur à celui des deux traitements prescrits isolément.

En définitive, pour le traitement de la dépression majeure, toutes les études mettent en lumière la supériorité des approches en association (pharmacothérapie + psychothérapie), dont l'efficacité est plus grande pour réduire l'intensité de la dépression que l'une ou l'autre forme de traitement utilisée seule.

~

Des approches psychologiques du traitement des maladies affectives ont surtout été élaborées pour les différentes formes de dépression. En effet, en raison de l'intensité de sa symptomatologie, l'épisode maniaque se prête assez peu à des techniques psychothérapiques autres que le soutien et un abord du patient visant à contenir les symptômes et à établir un lien qui permettra, plus tard, lorsque la crise se sera atténuée, de prendre en compte les difficultés relationnelles du patient.

Des progrès importants ont été réalisés dans le traitement psychothérapique de la dépression. Certaines formes de psychothérapies visent spécifiquement à réduire la pathologie dépressive, alors que d'autres s'adressent aux difficultés psychologiques de la personne déprimée. On connaît mieux aujourd'hui leurs indications spécifiques et leur efficacité.

Il existe également une moindre polarisation entre les tenants des approches biologiques et ceux qui préconisent une approche psychologique. Les traitements en association sont davantage la règle que l'exception, et sont considérés comme plus efficaces que l'une ou l'autre des modalités utilisée seule.

Étant donné l'hétérogénéité de la dépression, les recherches actuelles visent à poursuivre la mise au point d'approches psychothérapiques orientées le plus spécifiquement possible vers le type précis de pathologie dépressive rencontré chez une personne donnée.

BIBLIOGRAPHIE

ARIETI, S., et J. BEMPORAD, 1978, *Severe and Mild Depression. The Psychotherapeutic Approach*, New York, Basic Books.

BANDURA, A., 1969, *Principles of Behavior Modification*, New York, Holt, Rinehart & Winston.

BECK, A.T., 1967, *Depression*, New York, Harper and Row.

BECKHAM, E.E., et W.R. LEBER, 1985, « The Comparative Efficacy of Psychotherapy and Pharmacotherapy for Depression », dans E.E. BECKHAM et W.R. LEBER (dir.), *Handbook of Depression Treatment, Assessment and Research*, Homewood, IL, Dorsey Press, p. 316-340.

BELLACK, A.S., 1985, « Psychotherapy Research in Depression: An Overview », dans E.E. BECKHAM et W.R. LEBER (dir.), *Handbook of Depression Treatment, Assessment and Research*, Homewood, IL, Dorsey Press, p. 204-219.

BOWLBY, J., 1978, *Attachement et perte*, Paris, Presses Universitaires de France.

COTTRAUX, J., FONTAINE, O., et R. LADOUCEUR (1993), *Abrégé de thérapie comportementale et cognitive*, Paris, Masson.

DAVANLOO, H., 1978, *Basic Principles and Technique of Short Term Dynamic Psychotherapy*, New York, Spectrum.

DIMASCIO, A., et coll., 1979, « Differential Symptom Reduction by Drugs and Psychotherapy in Acute Depression », *Archives of General Psychiatry*, vol. 36, p. 1450-1456.

FREUD, S., 1917 [1915], « Deuil et mélancolie », *Œuvres complètes, Psychanalyse* (1988), vol. XIII, Paris, Presses Universitaires de France.

GABBARD, G.O., 1990, *Psychodynamic Psychiatry in Clinical Practice*, Washington, DC, American Psychiatric Press.

GILLIÉRON, E., 1983, *Les psychothérapies brèves*, Paris, Presses Universitaires de France et Payot.

JACOBSON, E., 1971, *Depression. Comparative Studies of Normal, Neurotic, and Psychotic Conditions*, New York, International University Press Inc.

KARASU, T.B., 1990, *Psychotherapy for Depression*, Northvale, NJ, Jason Aronson Inc.

KLERMAN, G.L., et coll., 1984, *Interpersonal Psychotherapy of Depression*, New York, Basic Books.

MANN, J., 1973, *Time Limited Psychotherapy*, Cambridge, Harvard University Press.

MEICHENBAUM, D., 1977, *Cognitive-Behavior Modification: An Integrative Approach*, New York, Plenum Press.

MEYER, S., 1957, *Psychobiology: A Science of Man*, Springfield, IL, Charles C. Thomas.

PASCHE, F., 1969, « De la dépression », dans *À partir de Freud*, Paris, Payot, p. 181-199.

ROBERTSON, B.M., 1979, « The Psychoanalytic Theory of Depression : Part I — The Major Contributors », *Canadian Journal of Psychiatry*, vol. 24, n° 4, p. 341-352.

ROBERTSON, B.M., 1979, « The Psychoanalytic Theory of Depression : Part II — The Major Themes », *Canadian Journal of Psychiatry*, vol. 24, n° 6, p. 557-574.

ROSENBERG, B., 1986, « Le travail de la mélancolie ou la fonction élaborative de l'identification ou le rôle du masochisme dans la résolution de l'accès mélancolique », *Revue française de psychanalyse*, vol. 50, n° 6, p. 1523-1543.

ROUNSAVILLE, B.J., KLERMANN, G.L., et M.M. WEISSMANN, 1981, « Do Psychotherapy and Pharmacotherapy for Depression Conflict? Empirical Evidence from a Clinical Trial », *Archives of General Psychiatry*, vol. 38, p. 24-29.

SIFNEOS, P.E., 1972, *Short-Term Psychotherapy and Emotional Crisis*, Cambridge, Harvard University Press.

SOTSKY, S.M., 1991, « Patient Predictors of Response to Psychotherapy and Pharmacotherapy : Findings in the NIMH Treatment of Depression Collaborative Research Program », *American Journal of Psychiatry*, vol. 148, n° 8, p. 997-1008.

SULLIVAN, H.S., 1953, *The Interpersonal Theory of Psychiatry*, New York, W.W. Norton.

LECTURES SUGGÉRÉES

AUGER, L., 1974, *S'aider soi-même*, Montréal, Éditions de l'homme.

BECK, A.T., et coll., 1979, *Cognitive Therapy of Depression : A Treatment Manual*, New York, The Guilford Press.

COTTRAUX, J., 1990, *Les thérapies comportementales et cognitives*, Paris, Masson.

INGRAM, R.E., 1990, *Psychological Aspects of Depression*, New York, Plenum Press.

THASE, M.E., et J.H. WRIGHT, 1991, « Cognitive Behavior Therapy Manual for Depressed Inpatients : A Treatment Protocol Outline », *Behavior Therapy*, vol. 22, n° 4, p. 579-595.

VERREAULT, R., et coll., 1986, *L'industrie des psychothérapies*, Montréal, Éditions La Presse.

CHAPITRE 10

Les maladies affectives et la comorbidité

Johanne Martial, M.D.[*]

Sommaire

---

[*] Psychiatre et directrice des cliniques des troubles affectifs de l'hôpital Douglas, et professeure adjointe au Département de psychiatrie de l'Université McGill.

Comme on a pu le constater dans les chapitres précédents, la maladie affective est un état hétérogène dont les caractéristiques et l'évolution sont variables. Plusieurs facteurs, dont certains feront plus particulièrement l'objet du présent chapitre, peuvent contribuer à l'existence d'une telle diversité. Ainsi, certains troubles ou syndromes peuvent coexister avec la maladie affective et par conséquent influencer son développement, son évolution et son degré de résolution.

Avant de décrire ces différents troubles ou syndromes, il importe toutefois de définir deux concepts qui permettent de mieux situer la problématique. Le premier concept concerne les notions de **maladie affective primaire** ou **secondaire**. Par définition, la maladie affective dite «primaire» n'est pas causée par une autre maladie mentale ou physique chronique préexistante, alors que c'est le cas de la maladie affective dite «secondaire», qui peut également faire suite à un problème de santé tel que l'abus d'alcool ou de drogues.

Le second concept fait référence à la **durée** de l'épisode affectif et à **l'absence de réponse au traitement** institué. Ainsi, on parle de «dépression chronique» lorsque l'épisode dépressif se prolonge pendant plus de deux ans, et ce, avec ou sans traitement. On réserve toutefois le vocable «dépression résistante» à un épisode dépressif qui ne répond pas favorablement à une succession de traitements antidépresseurs adéquats, dont les électrochocs; à noter que la durée minimale de manifestation de la dépression n'entre alors pas en compte.

COEXISTENCE DE TROUBLES MENTAUX ET DE MALADIES AFFECTIVES

Les troubles mentaux pouvant coexister avec les maladies affectives sont, tantôt des syndromes cliniques proprement dits, tantôt des pathologies de la personnalité variées. Une pathologie ou trouble de la personnalité se définit comme la présence de traits de personnalité prédominants et rigides qui perturbent les relations d'un individu avec autrui ainsi que son adaptation à son milieu environnant. Enfin, il importe de mentionner l'existence de certains états d'âme souvent associés à tort à une maladie affective proprement dite.

SYNDROMES CLINIQUES PROPREMENT DITS

Trouble dysthymique et dépression double

Le trouble dysthymique se caractérise par la présence d'un épisode dépressif chronique d'une durée supérieure à deux ans et d'intensité

modérée. L'humeur est triste, morose ou irritable et on note une diminution du plaisir ou de l'intérêt pour les activités habituelles. On peut
également trouver des perturbations de l'appétit, du sommeil, de la
concentration et du niveau d'énergie de même qu'une diminution de
l'estime de soi et des sentiments de désespoir. Ces divers symptômes
peuvent être présents de façon continue ou intermittente. Ce trouble se
rencontre chez environ 3 % de la population générale. Il arrive par
ailleurs assez souvent qu'un épisode dépressif majeur franc (voir, dans
le chapitre 2, la section intitulée «Épisode de dépression majeure») se
surimpose à un trouble dysthymique. On parle alors de «dépression
double».

Keller et Shapiro (1982) ont été les premiers à proposer cette terminologie et à stimuler la recherche sur ce syndrome particulier. On sait
maintenant que le diagnostic de double dépression peut être posé chez
25 à 40 % des individus qui consultent en raison de symptômes
dépressifs. Plusieurs hypothèses, entrant parfois en conflit les unes
avec les autres, ont été formulées pour expliquer la coexistence de ces
deux maladies, donnant lieu à la naissance de diverses écoles de
pensée. Ainsi, certains auteurs expliquent la dépression double par
une prédisposition biologique héréditaire, d'autres par des traumatismes infantiles non résolus, certains par des facteurs situationnels
persistants et d'autres, enfin, par une mésadaptation secondaire à un
trouble de la personnalité. Il est possible qu'il existe diverses formes
de dépression double qui puissent trouver leur explication dans l'une
ou l'autre des hypothèses précédentes, mais cela demeure à l'heure
actuelle difficile à confirmer. Quoi qu'il en soit, il importe de savoir
que la présence des deux syndromes dépressifs diminue généralement
la réponse au traitement et que l'épisode dépressif est alors souvent
chronique et caractérisé par une diminution plus marquée du fonctionnement général (Klein, 1988). L'aspect psychothérapique revêt ici
une importance accrue dans le traitement de ce syndrome particulier.

Troubles anxieux

Les maladies affectives unipolaires ou bipolaires sont souvent accompagnées, au cours de leur évolution, par des symptômes d'anxiété qui
sont parfois suffisamment marqués pour correspondre à un diagnostic
concomitant de trouble anxieux. Parmi les troubles anxieux fréquemment rencontrés, on note le trouble panique avec ou sans agoraphobie,
le trouble d'anxiété généralisée ainsi que le trouble obsessionnel-
compulsif, brièvement décrits ci-après. La fréquence de l'association
d'un trouble anxieux avec une maladie affective signalée dans les
études dont elle fait l'objet varie mais elle pourrait atteindre une

proportion de un sur deux. La coexistence d'un trouble anxieux peut compliquer le traitement et retarder la résolution de l'épisode dépressif.

Les troubles anxieux sont habituellement traités à l'aide de la thérapie cognitivo-comportementale par des techniques de relaxation, de désensibilisation, d'arrêt de la pensée et de restructuration cognitive. Il arrive toutefois qu'il soit nécessaire d'y adjoindre un traitement médicamenteux à base de tranquillisants mineurs ou d'antidépresseurs.

Trouble panique avec ou sans agoraphobie   Le trouble panique se caractérise par la survenue fréquente d'attaques d'anxiété imprévisibles pendant lesquelles l'individu vit une crainte intense souvent associée à des difficultés respiratoires, des palpitations cardiaques, des malaises au niveau de la poitrine, des étourdissements, des bouffées de chaleur ainsi que des sentiments d'irréalité. Si ces attaques ne durent généralement que 20 à 30 minutes, elles demeurent néanmoins très incapacitantes. Ce trouble se complique fréquemment d'une crainte de mourir ou de perdre la maîtrise de soi lors d'une attaque, si bien que l'individu hésite à se trouver seul ou dans des endroits publics. Lorsque cette crainte contraint le sujet à éviter de façon importante certaines situations telles que les foules, les lieux publics, les transports en commun ou les endroits clos, on parle alors d'«agoraphobie» associée au trouble panique.

Trouble d'anxiété généralisée   Comme son nom l'indique, le trouble d'anxiété généralisée se caractérise quant à lui par une anxiété généralisée, persistante et prolongée. Cette anxiété se traduit fréquemment par une tension motrice importante, avec douleurs musculaires, incapacité à se détendre, ainsi que tics et soupirs, par des troubles physiques tels que transpiration, palpitations, mains moites, étourdissements et diarrhée, par une anticipation exagérée de malheurs pouvant survenir de même que par une exploration trop vigilante de l'environnement.

Trouble obsessionnel-compulsif   Enfin, le trouble obsessionnel-compulsif peut se présenter de diverses façons. Le sujet peut se plaindre d'idées ou d'impulsions récurrentes et intrusives, qu'il perçoit comme absurdes ou répugnantes et qu'il tente de supprimer ou d'ignorer. Il s'agit alors d'obsessions; les plus fréquentes consistent en des pensées de violence, de contamination ou de doute. Dans d'autres cas, l'individu sent la nécessité de s'adonner de façon répétitive et excessive à des activités qui se déroulent selon des règles strictes. Ce comportement apparemment intentionnel ne correspond pas de façon réaliste au but poursuivi, qui peut être de produire ou de prévenir une situation future. Le sujet reconnaît généralement que son comportement est exagéré mais ne peut s'empêcher de s'y livrer sans augmentation importante de son niveau d'anxiété. Ces comportements qualifiés de «compulsions» sont, le plus souvent:

- lavage des mains ;
- calcul de chiffres ;
- vérification excessive ;
- besoin de toucher.

Troubles somatoformes

Ce groupe de troubles est caractérisé par la présence de symptômes physiques sans qu'il soit possible d'établir la présence d'une anomalie organique pouvant les expliquer.

Dépression dite « masquée »   Il arrive parfois que ces troubles accompagnent une maladie affective et, dans certains cas, les symptômes physiques rapportés peuvent être l'unique manifestation de l'épisode dépressif. On parle alors de dépression dite « masquée ». Comme on peut s'en douter, ce problème de santé est difficile à diagnostiquer correctement. La dépression sous-jacente passe donc fréquemment inaperçue et l'institution d'un traitement antidépresseur approprié est en conséquence indûment retardée.

Par ailleurs, la présence concomitante d'un trouble somatoforme complique généralement le traitement de l'état dépressif, car ces troubles répondent peu au traitement médicamenteux ou à la psychothérapie.

Trouble de somatisation   Le trouble de somatisation est l'une des formes de trouble somatoforme qu'on trouve à l'occasion en association avec les maladies affectives. Les caractéristiques essentielles du trouble de somatisation sont des malaises physiques multiples, signalés de façon répétitive mais dont la présence ne peut être établie concrètement par l'exploration diagnostique. Ce trouble débute avant la trentaine et a une évolution chronique et fluctuante. Les malaises rapportés sont généralement de caractère nerveux, digestif, cardio-respiratoire, psychosexuel et gynécologique. L'individu aux prises avec ce trouble consulte abondamment divers thérapeutes et sa vie personnelle est souvent aussi chaotique et compliquée que ses antédécents médicaux.

Hypocondrie   L'hypocondrie se caractérise quant à elle par une interprétation erronée de certaines sensations ou signes physiques que le sujet attribue à tort à une maladie grave précise. Malgré des investigations exhaustives et des propos rassurants de la part de son médecin, l'individu demeure convaincu de la présence de la maladie et continue à être grandement préoccupé par les conséquences de cette maladie présumée.

Abus de substances psychoactives diverses ou toxicomanie

Les études qui ont porté sur l'abus secondaire d'alcool ou de drogues par les individus souffrant de maladies affectives primaires rapportent une fréquence variant de 10 à 45 %. L'alcool est sans contredit la substance d'abus de choix mais les tranquillisants mineurs et les stimulants sont également très populaires.

Lorsqu'une maladie affective se complique de l'abus d'alcool ou de drogues, il est essentiel que leur consommation cesse afin de préciser le diagnostic et d'optimaliser la réponse au traitement. Les psychiatres et autres thérapeutes exigent généralement que le patient fasse preuve de sobriété pendant une certaine période avant d'amorcer le traitement de la maladie affective associée. Il arrive toutefois que l'état du patient nécessite une intervention immédiate, comme dans les cas de psychose (c.-à-d. de perte de contact avec la réalité), de sevrage — qu'il s'agisse de drogues ou de médicaments — et de risque suicidaire sérieux. Que la prise en charge soit immédiate ou non, un suivi conjoint faisant appel à des ressources spécialisées dans le traitement de la toxicomanie est souhaitable, et en fait généralement exigé par les intervenants en psychiatrie.

Autotraitement   Il arrive souvent que l'individu fasse une consommation excessive de ces diverses substances psychoactives dans un but d'autotraitement de symptômes affectifs. Ainsi, afin de secouer sa torpeur, le patient déprimé aura recours à des stimulants tels que la cocaïne, les amphétamines et les médicaments suppresseurs de l'appétit. Il pourra également abuser de l'alcool ou de tranquillisants mineurs tels que les anxiolytiques ou les sédatifs, dans le but de juguler anxiété ou insomnie. Le sujet qui souffre d'un trouble bipolaire en phase maniaque ou hypomaniaque sera quant à lui enclin à l'utilisation abusive de l'alcool ou de tranquillisants mineurs afin de normaliser son humeur et son état d'excitation.

Précipitation de syndromes psychiatriques   D'autre part, l'abus de substances psychoactives diverses entraîne parfois un trouble affectif dit « secondaire ». En effet, l'abus continu d'alcool ou de drogues peut induire des perturbations affectives passagères ou prolongées. Il n'est toutefois généralement pas nécessaire de recourir à l'utilisation d'antidépresseurs ou de tranquillisants dans le traitement de ces perturbations, bien que cela soit occasionnellement requis, notamment en présence d'une consommation abusive de stimulants. L'intoxication aiguë par les stimulants peut en effet causer un état d'excitation très marqué qui se complique parfois d'une perte de contact avec la réalité; ainsi, cet état peut mimer une phase maniaque sévère et conduire à un diagnostic erroné.

Par ailleurs, un sevrage faisant suite à une consommation importante et prolongée de stimulants, peut entraîner la survenue d'un épisode dépressif majeur en tout point comparable à un épisode dépressif primaire et qui nécessite l'administration d'antidépresseurs. Finalement, rappelons aussi que, en cas d'utilisation abusive, l'alcool et les tranquillisants mineurs peuvent avoir un effet dépressogène, c'est-à-dire induire un état dépressif modéré ou sévère.

Spectre affectif et spectre de caractère　Certaines études ont émis l'hypothèse qu'il existait peut-être un lien biologique entre les maladies affectives et la propension à l'abus d'alcool et de drogues. Ainsi, Winokur (1979) a parlé de «spectre affectif» dans l'alcoolisme après avoir constaté qu'une forte proportion de filles dont les pères souffraient d'alcoolisme présentaient un trouble affectif unipolaire. Par contre, d'autres chercheurs, dont Akiskal (1983), s'opposent à cette conception et proposent plutôt la notion de spectre de caractère, attribuant la survenue concomitante de troubles dépressifs et d'abus de substances psychoactives à des facteurs environnementaux et à des carences sur le plan du développement de la personnalité.

Troubles affectifs organiques

Cette catégorie diagnostique désigne les épisodes dépressifs majeurs ou les épisodes maniaques précipités par un facteur organique ou biologique associé (voir, dans le chapitre 2, la section intitulée «Troubles de l'humeur liés à la présence d'une maladie ou d'un problème de santé (dépression induite ou secondaire»). Outre les perturbations affectives induites par les drogues, l'alcool et certains médicaments, des troubles dépressifs ou maniaques peuvent être causés par certaines maladies, dont les maladies endocriniennes telles que les déséquilibres de la glande thyroïde ou des glandes surrénales. Ainsi, un fonctionnement accru de la thyroïde (ou hyperthyroïdie) peut s'apparenter à un épisode maniaque alors qu'un ralentissement de la fonction thyroïdienne (ou hypothyroïdie) peut être confondu avec un trouble dépressif. D'autre part, une production excessive de stéroïdes par les glandes surrénales dans le syndrome de Cushing entraîne souvent une dépression secondaire; quant à l'administration de médicaments stéroïdiens, elle peut parfois conduire au développement d'un état de manie. De plus, certaines tumeurs dont celles en cause dans le cancer du pancréas sont susceptibles de provoquer un syndrome dépressif; c'est le cas également de certaines affections virales. Il importe donc d'exclure soigneusement ces diagnostics avant de conclure à la nature primaire de la perturbation affective.

Troubles de l'alimentation

Parmi les troubles de l'alimentation, deux états coexistent parfois avec une maladie affective, à savoir l'anorexie mentale (appelée aussi «anorexie nerveuse») et la boulimie.

Ces troubles alimentaires se traitent surtout par une approche psychothérapique. Néanmoins, ils nécessitent parfois une hospitalisation et un contrôle strict de la nourriture ingérée. Par ailleurs, les antidépresseurs sont occasionnellement utilisés, mais avec un succès mitigé.

Anorexie mentale L'anorexie mentale, qui survient le plus souvent à l'adolescence, se caractérise par une peur extrême de devenir obèse ainsi que par une perte importante du poids corporel. Malgré une minceur exagérée, le sujet considère qu'il souffre d'obésité et refuse de s'alimenter convenablement. Certaines conduites visant à accélérer la perte de poids peuvent également être présentes, notamment les vomissements provoqués, l'abus de laxatifs ou de diurétiques ainsi que la pratique d'exercices physiques excessifs. Les conséquences de la réduction sévère de poids peuvent être fatales dans certains cas. Il arrive par ailleurs que les sujets présentant ce trouble de l'alimentation vivent des périodes dépressives plus ou moins marquées selon les circonstances.

Boulimie La boulimie est quant à elle caractérisée par des crises de «frénésie alimentaire» pendant lesquelles le sujet perd la maîtrise de lui-même bien qu'il soit conscient du caractère anormal de ces excès. L'individu absorbe des quantités impressionnantes de nourriture riche en calories lors de ces épisodes auxquels l'endormissement, des douleurs abdominales, des vomissements provoqués ou un événement extérieur viennent en général mettre fin. L'excès est souvent planifié et se déroule le plus fréquemment à l'abri du regard des autres. Après la crise boulimique, l'humeur du sujet est souvent dépressive, ce dernier éprouvant généralement de la culpabilité et une tendance à l'autodépréciation. Étant donné ces excès et les tentatives de régimes amaigrissants entrepris pour les contrôler, le poids de l'individu varie fréquemment de façon importante. La boulimie alterne parfois avec l'anorexie mentale.

TROUBLES DE LA PERSONNALITÉ

Certains éléments constitutifs de la structure de la personnalité d'un individu peuvent influencer chez lui les manifestations de la maladie affective. La personnalité peut se définir comme l'ensemble des traits ou des caractéristiques psychologiques qui composent le caractère d'un individu et qui régissent ses interactions avec son entourage. La structure de la personnalité résulte probablement à la fois d'une composante génétique et d'une composante acquise, à savoir l'exposition à diverses expériences de vie au cours du développement.

Tel que mentionné précédemment, un trouble de la personnalité se définit comme la présence de traits de personnalité prédominants et rigides qui perturbent les relations d'un individu avec autrui ainsi que son adaptation à son milieu environnant. La personne est le plus souvent inconsciente de souffrir d'une pathologie particulière et consulte surtout en raison de la souffrance provoquée par ses échecs répétés dans ses relations interpersonnelles et dans sa vie en général.

Des problèmes affectifs plus ou moins graves peuvent survenir, donnant parfois lieu à des comportements inadéquats, voire à des tendances manipulatrices qui inquiètent beaucoup les proches.

Comme le sujet est très peu motivé à remettre en question son mode de relation avec les autres de même que son recours répétitif à des conduites inadéquates, le traitement d'un trouble de la personnalité pose toujours un défi. L'approche privilégiée demeure la psychothérapie de groupe ou individuelle, dans la mesure où la personne peut la tolérer et fait preuve d'une motivation suffisante. Lorsque le trouble de la personnalité est associé à un trouble affectif grave, ce dernier doit être traité de façon concomitante avec les moyens qui s'imposent; on sait toutefois que la présence d'un trouble de la personnalité diminue le taux de réponse au traitement de la maladie affective.

Coexistence des troubles de la personnalité et des maladies affectives: hypothèses explicatives

Des hypothèses tentant d'expliquer la coexistence des divers types de troubles de la personnalité et des maladies affectives ont été formulées.

En se basant sur une revue de la littérature, Akiskal et ses collaborateurs (1983) ont proposé quatre hypothèses liant la structure de la personnalité aux maladies affectives; bien qu'aucune d'entre elles ne soit toutefois pleinement satisfaisante et n'ait pu être établie de façon convaincante, elles n'en demeurent pas moins d'un grand intérêt.

La première hypothèse suggère que certains traits de la personnalité prédisposent au développement de maladies affectives. Ainsi, l'introversion, le manque de confiance en soi, les problèmes d'affirmation de soi, les difficultés sur le plan des habiletés sociales, la tendance à la dépendance, à l'inquiétude et à la méticulosité ainsi que le pessimisme seraient des traits de personnalité pouvant conduire à l'émergence de maladies affectives.

La deuxième hypothèse considère les traits de personnalité comme des facteurs modifiant les caractéristiques cliniques, l'évolution et la résolution des maladies affectives, sans présumer cependant d'un lien de causalité entre les deux éléments. Dans cette perspective, les traits de personnalité peuvent «colorer» différemment les symptômes présentés, nuire à l'observance du traitement et contribuer à la perpétuation de situations problématiques ou de conflits interpersonnels qui retardent ou empêchent la résolution de l'épisode en cours.

La troisième hypothèse attribue les troubles de la personnalité à une complication de la maladie affective. En plus d'entraîner des modifications temporaires de la personnalité pendant l'épisode aigu, la maladie affective induirait des changements de la personnalité à moyen et à long terme. Certains auteurs ont en effet rapporté que la récupération des habiletés sociales ne s'effectuait que plusieurs mois après la disparition des symptômes cliniques de dépression. Par ailleurs, il se produirait des changements permanents de la personnalité chez certains patients qui souffrent de maladies affectives. Ces changements résiduels seraient attribuables, d'une part, à la prolongation des difficultés d'adaptation sociale mentionnées plus haut et, d'autre part, aux conséquences psychologiques des échecs, de l'insécurité, de la dépendance, du pessimisme et du découragement général qui résultent de la survenue répétitive des épisodes dépressifs.

Enfin, la quatrième hypothèse définit les troubles de la personnalité comme une expression atténuée de la maladie affective. Selon cette hypothèse, les structures pathologiques de la personnalité observées chez certains sujets souffrant d'une maladie affective représentent une forme légère ou alternative de cette maladie affective. Les traits de personnalité et la maladie affective auraient donc la même origine génétique et présenteraient tous deux une composante biologique.

Bien que la nature des liens entre maladies affectives et troubles de la personnalité ne soit pas claire, il importe de pouvoir reconnaître les troubles de la personnalité le plus fréquemment associés aux maladies affectives. La fréquence respective de coexistence de ces troubles n'est pas bien connue; dans la dépression chronique, on s'entend toutefois pour estimer à environ 40 % la fréquence de présence concomitante d'un trouble de la personnalité.

L'American Psychiatric Association a défini dans le DSM-IV (1994) les critères diagnostiques de ces divers troubles de la personnalité, sur lesquels se fonde la description qui suit.

Trouble de la personnalité limite (*borderline*)

Le fonctionnement des sujets présentant un trouble de la personnalité limite est caractérisé par une instabilité importante sur plusieurs plans. Ainsi, l'individu fait régulièrement preuve d'inconsistance quant à son image de lui-même, à son identité, au contrôle de son humeur, de même que dans ses relations interpersonnelles. Ces dernières sont souvent intenses mais dénuées de stabilité; elles sont fréquemment marquées par une alternance entre l'idéalisation d'une part, et la dévalorisation et la manipulation d'autre part. La personne peut également faire preuve d'une forte impulsivité et s'engager dans des activités qui comportent des risques importants pour elle-même, tels que la promiscuité sexuelle, l'abus de drogues ou d'alcool ou la perpétration d'actes criminels. Par ailleurs, le sujet présente une instabilité affective marquée avec fluctuations fréquentes de l'humeur, laquelle peut passer en quelques minutes ou en quelques heures de la normalité à la dépression, à l'irritabilité ou à l'anxiété. Ces fluctuations de courte durée dépassent rarement quelques jours, ce qui les distingue d'une maladie affective proprement dite. Une tendance à mal contrôler sa colère est aussi fréquemment rencontrée, tout comme la difficulté à supporter la solitude qui entraîne un sentiment permanent de vide et d'ennui.

Trouble de la personnalité narcissique

Le sujet présentant un trouble de la personnalité narcissique est «habité» par le sentiment grandiose de sa propre importance ou de son caractère exceptionnel. Préoccupé par des fantasmes de succès et de pouvoir et recherchant sans cesse l'attention et l'admiration d'autrui, il accepte très mal la critique, l'indifférence ou l'échec, ce qui témoigne, en fait, de la très grande fragilité de son estime de soi. Ses relations interpersonnelles sont presque toujours très perturbées en raison de sa propension à s'attendre à un traitement spécial, à idéaliser ou dévaloriser autrui ainsi qu'à son manque d'empathie et de disponibilité envers les autres. L'humeur est fluctuante et la présence d'une humeur dépressive est très fréquente.

Trouble de la personnalité histrionique

Le comportement à long terme des individus manifestant le trouble de la personnalité histrionique est marqué par une tendance à la dramatisation et à l'hyperréactivité. Ils sont portés à l'exagération et se conduisent souvent de manière inadaptée. Leur humeur est fluctuante et les accès irrationnels de colère ou de mauvaise humeur sont chez eux courants. Une humeur dépressive est aussi fréquemment rencontrée et est le plus souvent précipitée par des circonstances extérieures. En général vifs, animés et recherchant l'attention d'autrui, ces individus vivent cependant des relations interpersonnelles plutôt superficielles et pouvant être empreintes d'égocentricité et de manipulation; on note également chez eux une forte propension à adopter un comportement de séduction sexuelle inapproprié. En outre, des traits de dépendance sont le plus souvent présents, amenant ces personnes à rechercher l'appui de personnalités fortes qu'elles idéalisent.

Trouble de la personnalité dépendante

Le sujet atteint d'un trouble de la personnalité dépendante laisse passivement les autres assumer la responsabilité d'aspects importants de sa vie. Son manque de confiance en lui-même et d'autonomie sont caractéristiques et l'amènent à subordonner ses propres besoins à ceux des personnes dont il dépend. Il tolère même souvent diverses situations d'abus de peur de se retrouver seul. Le fait d'être confronté à la solitude induit habituellement chez lui une humeur dépressive marquée.

Trouble de la personnalité évitante

La caractéristique essentielle du trouble de la personnalité évitante est l'hypersensibilité au rejet et à l'humiliation réels ou appréhendés. Le sujet est très réticent à entretenir des relations interpersonnelles de crainte d'être confronté au rejet ou à la honte. Il s'ensuit donc un retrait social marqué, et ce, malgré le désir d'entrer en relation avec autrui. Cette incapacité à se lier aux autres le fait grandement souffrir et entraîne fréquemment une humeur dépressive ou anxieuse, de même que des sentiments de colère envers lui-même. Son estime de lui-même est également particulièrement faible.

Trouble de la personnalité obsessionnelle-compulsive

Le sujet souffrant du trouble de la personnalité obsessionnelle-compulsive manifeste généralement des conduites caractéristiques; ainsi, il démontre une capacité limitée à exprimer ses émotions, donne souvent l'impression d'être rigide et conformiste, fait preuve d'un perfectionnisme et d'une minutie exagérés, est souvent obstiné et s'attend à ce que les autres se soumettent à sa façon de concevoir les choses. Très exigeant envers lui-même et envers les autres, il a également tendance à privilégier à l'excès le travail et la productivité par rapport aux loisirs. Par ailleurs, il peut éprouver une difficulté marquée à prendre des décisions de peur de commettre des erreurs, ce qui affecte souvent son niveau de productivité. L'expression de la colère est fréquemment indirecte et refoulée, et celle de la tendresse, rare. Chez ces individus dont le discours abonde souvent en détails plus ou moins significatifs, la notion de contrôle est omniprésente, la perte de ce dernier étant très mal acceptée et donnant lieu à des sentiments dépressifs fréquents.

FLUCTUATIONS DE L'HUMEUR ASSOCIÉES À TORT AUX MALADIES AFFECTIVES

Certaines fluctuations de l'humeur ou états d'âme sont souvent, à tort, confondus avec les maladies affectives proprement dites.

Dysphorie

La dysphorie (Liebowitz et coll., 1984) correspond à une humeur dépressive que certaines personnes subissent de façon intermittente au cours de leur existence. Cette humeur dépressive (*down*) peut être précipitée par un événement extérieur stressant mais peut également survenir sans raison apparente ou consciente identifiable par le sujet. Parfois, ce sentiment peut aussi faire suite à une insatisfaction par rapport au déroulement de sa vie, à l'échec de ses relations interpersonnelles, à des perturbations sur le plan de l'identité personnelle et de l'image de soi ainsi qu'à des difficultés importantes à tolérer le rejet et la solitude. La durée de ces périodes de dysphorie est variable et peut aller de quelques heures à plusieurs mois. Il est toutefois important de dissocier cet état d'âme d'une dépression proprement dite. Contrairement à la dysphorie, la dépression est accompagnée d'un ensemble de symptômes caractéristiques importants comme la perte de poids et l'insomnie, la perte d'intérêt par rapport aux activités habituelles, la perte d'énergie, etc. La dysphorie représente quant à elle davantage une perturbation plus ou moins isolée de l'humeur. Rapportée le plus souvent chez les individus atteints d'un trouble de la personnalité, elle est plutôt considérée comme secondaire au trouble de la personnalité associé. Son traitement, non comparable à celui d'une maladie affective primaire, est davantage orienté vers la résolution du problème de base, à savoir, le trouble de la personnalité; on privilégie par conséquent une approche psychothérapique plutôt que pharmacologique.

Humeurs dites « cycliques »

Certains sujets signalent éprouver des fluctuations de l'humeur importantes qui oscillent entre l'expansivité (*high*) et la dépression (*down*). Rappelons tout d'abord qu'il est normal pour un individu d'éprouver des fluctuations de l'humeur au fil de sa vie de tous les jours. Ces fluctuations d'intensité raisonnable sont le plus souvent précipitées par des facteurs extérieurs. Par contre, certains individus présentent des fluctuations de l'humeur nettement exagérées, qui peuvent être précédées ou non de la survenue d'événements déclencheurs. Leur durée est généralement assez longue et se mesure habituellement en termes de semaines, voire de mois. Outre des variations de l'humeur, on trouve chez ces personnes des caractéristiques dépressives ou hypomaniaques associées (voir le chapitre 5). On parle alors de «trouble cyclothymique».

D'autres personnes se plaignent par ailleurs de fluctuations de l'humeur importantes, qui sont habituellement causées par des facteurs extérieurs identifiables tels que le rejet, une déception, et la valorisation ou la gratification de leurs besoins. La durée de ces variations thymiques dépasse rarement quelques jours. De plus, ces fluctuations ne sont alors qu'exceptionnellement accompagnées des caractéristiques dépressives ou hypomaniaques mentionnées plus haut. On ne peut alors parler de «trouble cyclothymique» proprement dit; les modes de traitement indiqués pour cette maladie affective (p. ex., le lithium) ne sont donc pas appropriés dans ce cas. Un traitement spécifique du trouble de la personnalité accompagnant ces fluctuations exagérées de l'humeur s'impose alors.

CONCLUSION

Comme en a fait état le présent chapitre, les maladies affectives coexistent fréquemment avec d'autres troubles qui influencent leur cours et leurs modalités de traitement. Le thérapeute doit donc tenir compte des troubles associés pour mieux comprendre le problème présenté et établir un plan de traitement approprié. De la même façon, il est nécessaire de veiller à exclure certains diagnostics qui, ressemblant aux maladies affectives primaires, n'en sont toutefois pas et nécessitent un traitement particulier.

BIBLIOGRAPHIE

AKISKAL, H.S., 1983, «Dysthymic Disorder: Psychopathology of Proposed Chronic Depressive Subtypes», *American Journal of Psychiatry*, vol. 140, n° 1, p. 11-20.

AKISKAL, H.S., et coll., 1983, «The Relationship of Personality to Affective Disorders», *Archives of General Psychiatry*, vol. 40, p. 801-810.

AMERICAN PSYCHIATRIC ASSOCIATION, 1994, *Diagnostic and Statistical Manual of Mental Disorders (4th edition): DSM-IV*, Washington, DC, American Psychiatric Press.

KELLER, M.B., et R.W. SHAPIRO, 1982, «Double Depression: Surimposition of Acute Depressive Episodes on Chronic Depressive Disorders», *American Journal of Psychiatry*, vol. 139, n° 4, p. 438-442.

KLEIN, D.N., et coll., 1988, «Double Depression and Episodic Major Depression: Demographic, Clinical, Familial, Personality and Socioenvironmental Characteristics and Short-Term Outcome», *American Journal of Psychiatry*, vol. 145, n° 10, p. 1226-1231.

LIEBOWITZ, M.R., et coll., 1984, «Psychopharmacologic Validation of Atypical Depression», *Journal of Clinical Psychiatry*, vol. 45, p. 22-25.

WINOKUR, G., 1979, «Unipolar Depression: Is It Divisible into Autonomous Subtypes?», *Archives of General Psychiatry*, vol. 36, p. 47-57.

CHAPITRE 11

Le syndrome d'épuisement professionnel (*burn-out*)

Daniel Dumont, M.D.[*]

Sommaire

[*]   Psychiatre au Pavillon Albert-Prévost de l'hôpital du Sacré-Cœur de Montréal, et chargé de formation clinique au Département de psychiatrie de l'Université de Montréal.

HISTORIQUE

La réalité d'un état psychopathologique dont l'étiologie principale réside dans l'exercice de certaines professions particulières est connue depuis fort longtemps, bien qu'il revienne au psychiatre américain Freudenberger de l'avoir désignée du nom de «*burn-out*». Un impressionnant succès médiatique ayant suivi la parution du premier article de cet auteur sur le sujet (Freudenberger, 1974), l'expression en vint rapidement à perdre son sens premier d'épuisement physique et psychologique survenant dans le contexte de professions axées sur l'établissement d'une relation d'aide professionnelle, pour en arriver à signifier plutôt un **état non spécifique de lassitude dépressive** lié à un ensemble d'occupations diversifiées.

MODÈLES THÉORIQUES

Depuis une vingtaine d'années, on a proposé plusieurs modèles théoriques de l'épuisement professionnel, lesquels peuvent être regroupés en fonction de trois perspectives principales :

- les **modèles psychologiques**, selon lesquels les caractéristiques individuelles constituent les plus importants facteurs de causalité ;
- les **modèles ergonomiques**, selon lesquels les facteurs environnementaux sont prépondérants ;
- les **modèles dits «écologiques»**, selon lesquels l'épuisement professionnel est conçu comme le résultat d'une inadéquation fondamentale entre l'individu et le travail qu'il est appelé à exercer.

La recherche tend aujourd'hui à proposer un **modèle explicatif multidimensionnel** beaucoup plus complexe qui évoque la présence d'une variété de facteurs individuels, professionnels et sociaux agissant de façon interactive pour favoriser, dans certaines conditions, l'émergence de l'épuisement professionnel.

Quel que soit le modèle privilégié, la plupart des auteurs admettent toutefois que l'épuisement professionnel est un processus connaissant des phases dynamiques de développement et qu'il ne doit donc pas, dans une optique statique, être perçu comme un phénomène apparaissant ou disparaissant soudainement d'une manière imprévisible. L'intérêt de cette approche réside évidemment dans la possibilité d'un dépistage précoce du syndrome et dans l'intervention préventive qui peut découler de ce dépistage.

Une question capitale continue cependant de «hanter» la littérature et la recherche sur le sujet : celle de la **validité** même du concept d'épuisement professionnel. En effet, l'absence de travaux concluants à cet égard, malgré les efforts de certains chercheurs (Meier, 1984), explique le manque d'unanimité concernant l'existence de cette entité diagnostique et les résistances s'opposant à sa reconnaissance comme maladie affective liée au travail.

DIAGNOSTIC DIFFÉRENTIEL

Outre la question de la validité même du concept d'épuisement professionnel, celle du diagnostic différentiel du syndrome du même nom se pose avec acuité. Plusieurs états psychologiques dont les critères diagnostiques sont reconnus dans les différentes nosographies des troubles mentaux existantes peuvent être assimilables, sur le plan phénoménologique tout au moins, à l'épuisement professionnel.

Parmi ceux-ci, il faut mentionner le trouble dysthymique, ou dysthymie (voir, dans le chapitre 2, la section intitulée «Trouble dysthymique (dysthymie)»), la dépression majeure (voir, dans le chapitre 2, la section intitulée «Épisode de dépression majeure») ainsi que le trouble d'adaptation accompagné d'inhibition au travail (Grantham, 1985).

Il importe particulièrement de distinguer le syndrome d'épuisement professionnel des maladies affectives en général et de la dépression en particulier. Bien qu'il partage avec ces troubles un certain nombre de caractéristiques communes, sa survenue habituelle dans un contexte de stress chronique mais de faible intensité le différencie des troubles d'adaptation; de plus, sa réversibilité rapide après l'arrêt du travail permet de le distinguer de la dépression majeure. Ces traits particuliers ne réussissent pas à eux seuls à convaincre tout à fait de la spécificité du syndrome mais indiquent fort probablement des pistes possibles pour la recherche future.

L'état embryonnaire des travaux à cet égard n'est pas étranger à la controverse entourant la reconnaissance de l'existence de cette entité. Par ailleurs, outre les résistances intellectuelles prévisibles face à l'introduction éventuelle d'un nouveau concept dans le champ de la psychopathologie, les impacts médicaux, financiers et sociaux qu'entraînerait cette introduction et qui risqueraient de prendre une ampleur incalculable sur tous les plans et dans tous les secteurs d'activité liés au monde du travail, jouent également, il est vrai, un rôle non négligeable dans cette controverse.

En fait, malgré sa popularité indéniable, la notion d'épuisement professionnel n'a jusqu'à maintenant pas été retenue dans les systèmes classificatoires des troubles mentaux, qu'il s'agisse du DSM-IV ou du CIM-10. Le manque d'unanimité quant à la validité du concept et aux critères diagnostiques d'inclusion et surtout d'exclusion du syndrome ainsi que la difficulté que présente l'établissement de l'existence d'un tel syndrome par l'expérimentation clinique apparaissent comme les raisons principales qui en rendent la reconnaissance aléatoire. Ces mêmes raisons sont à l'origine des réticences importantes dont font preuve les compagnies d'assurance-invalidité à l'idée d'être appelées à reconnaître que ce problème de santé constitue bel et bien une maladie professionnelle et d'avoir à accorder une compensation financière aux personnes qui justifieraient leur absentéisme par sa survenue.

L'épuisement professionnel est un concept qui comporte une valeur explicative pour un ensemble de malaises et de difficultés liés à l'exercice du travail et qui présente l'avantage indéniable de n'être justement pas considéré comme une «maladie» proprement dite. Le fait qu'on l'associe à un certain type de personnalité motivée par l'engagement et le dévouement en fait par ailleurs, curieusement, un problème de santé en quelque sorte valorisé dans le grand public. Un chercheur québécois, Bibeau (1985), soutient même qu'il s'agit en fait d'un épiphénomène lié à l'apparition, au cours de la dernière décennie, d'une **nouvelle éthique du travail**, voire d'une nouvelle conception de la personne.

S'il demeure difficile de conclure quant à la validité de cette hypothèse, il semble raisonnable de croire que l'intérêt actuel pour le syndrome d'épuisement professionnel soit contemporain de préoccupations plus larges touchant la personne et son environnement.

SÉMIOLOGIE

Quoi qu'il en soit de la spécificité et de la validité du syndrome, les auteurs proposent néanmoins une description phénoménologique de l'épuisement professionnel qui inclut généralement les symptômes les plus couramment rapportés dans la littérature. Ces descriptions suggèrent l'atteinte habituelle des sphères émotionnelle, affective, cognitive, intellectuelle, somatique et comportementale chez la personne souffrant d'épuisement professionnel.

Sur le plan des sphères émotionnelle et affective, les symptômes les plus fréquemment rencontrés sont le sentiment d'impuissance et d'insatisfaction au travail, la perte de l'enthousiasme initial, le sentiment de solitude, l'anxiété, la dépression et le négativisme. Un seul symptôme suscite un consensus élargi parmi les auteurs: celui de l'épuisement qui, plus souvent que dans sa composante physique, se manifeste dans ses composantes émotionnelle et psychologique.

Sur le plan intellectuel et cognitif, les symptômes les plus courants comprennent les troubles de la mémoire et de la concentration, l'incertitude du jugement, l'indécision et la confusion des idées.

Sur le plan somatique, sont mentionnés l'anergie, les troubles gastro-intestinaux, cardiovasculaires, respiratoires et musculo-squelettiques, la susceptibilité aux maladies infectieuses et les problèmes liés à l'endormissement. Toutefois, le symptôme identifié le plus fréquemment demeure la fatigue chronique.

Enfin, sur le plan comportemental, le détachement et la déshumanisation allant jusqu'au cynisme apparaissent les symptômes les plus fréquents. Le retrait social et la fuite du travail par le biais des retards, des démissions, de la retraite prématurée ou de l'absentéisme sont également signalés.

Quelques auteurs notent également chez la personne une insistance à se limiter aux aspects techniques de son travail, une résistance aux changements et une rigidité du caractère.

IDENTIFICATION ET MESURE

L'utilisation d'instruments spécifiques pour l'identification et la mesure de l'épuisement professionnel constitue une étape essentielle dans la poursuite d'une recherche rigoureuse sur ce trouble apparenté aux maladies affectives.

À l'heure actuelle, l'inventaire de Maslach — le MBI, d'après l'appellation anglaise *«Burn-Out Inventory»* — est l'instrument le plus souvent reconnu et utilisé dans la recherche (Maslach et Jackson, 1981). Il s'agit d'un questionnaire autoévaluatif comportant 22 éléments différents explorant aux chapitres de la fréquence et de l'intensité les trois dimensions constitutives de l'épuisement professionnel: l'épuisement émotionnel, les sentiments de déshumanisation et les sentiments de réalisation de soi par le travail. Malgré les prétentions des auteures selon lesquelles l'instrument possédait une fiabilité et une validité importantes, le MBI a fait l'objet de critiques, notamment au sujet de biais que présenteraient les questions relatives à l'épuisement émotionnel et à la déshumanisation (conformité sociale). L'inventaire de Maslach demeure malgré tout l'instrument le plus utilisé dans la recherche sur l'épuisement professionnel.

D'autres outils ont été élaborés depuis, pour une application adaptée auprès de certains professionnels tels que ceux œuvrant dans les milieux de l'enseignement et de la santé. Mentionnons entre autres la *Staff Burn-Out Scale for Health Professionals* (Jones, 1980), la *Teacher Burn-Out Scale* (Seidman et Zager, 1987) et le *Teacher Stress Inventory* (Fimian, 1982).

ÉPIDÉMIOLOGIE

Quelques données statistiques permettent d'illustrer l'importance de l'épuisement professionnel, bien qu'il faille tenir compte du fait qu'elles n'en donnent qu'un aperçu indirect.

Le taux de prévalence du syndrome (c.-à-d. sa fréquence à un moment donné) varie selon les études, se situant entre 7 % et 11 % (Machefer, 1978). Ainsi, aux États-Unis, dans les milieux de l'enseignement où il a été particulièrement bien étudié, certains sondages rapportent un taux annuel d'abandon de la profession de 10 %, alors que l'absentéisme occasionnel lié à la fatigue ou à la tension nerveuse importante serait de près de 35 % et s'accroîtrait de façon continue et exponentielle.

Les coûts financiers liés directement aux conséquences du stress et de l'épuisement professionnel pour toutes les professions auraient été estimés, pour l'année 1981, à environ 90 milliards de dollars en Amérique du Nord (Saint-Amand, 1985).

TRAITEMENT

Le traitement du syndrome d'épuisement professionnel est axé principalement sur des programmes de gestion du stress ainsi que sur des approches psychothérapiques visant à modifier les modes de rapport de l'individu à son travail.

Dans les cas où des facteurs psychologiques spécifiques, tels que le surinvestissement du travail dans une visée narcissique ou secondaire à un trouble de la personnalité obsessionnelle, sont directement en cause, la psychothérapie a pour objectif une modification des attentes irréalistes face au travail et une meilleure organisation générale de l'existence en vue de favoriser un équilibre des diverses activités quotidiennes.

Les **programmes de gestion du stress** s'intéressent particulièrement aux différentes stratégies permettant de réduire le stress par le biais d'un emploi plus judicieux des temps de repos, de la répartition plus équilibrée des tâches selon leur degré de difficulté et de la rotation des activités et des responsabilités professionnelles à l'intérieur d'une même équipe de travail.

～

En guise de conclusion, une remarque générale s'impose quant à l'abondance des écrits sur le syndrome d'épuisement professionnel en Amérique du Nord comparativement à la relative rareté de ceux en provenance d'autres régions du monde. Néanmoins, il convient de noter que la diffusion de ce concept et des études et recherches s'y rapportant s'est rapidement élargie à toutes ces régions, témoignant d'un intérêt certain pour toutes les questions relatives aux conséquences du stress au travail.

Près de 20 ans après les premiers travaux sur le syndrome d'épuisement professionnel, on ne peut toutefois que déplorer cette disproportion qui pourrait, dans l'hypothèse où elle persisterait, constituer une menace sérieuse pour la recherche future sur le sujet; en effet, en s'y limitant trop étroitement au contexte nord-américain, on risque fort de compromettre les efforts nécessaires pour en fonder l'universalité.

BIBLIOGRAPHIE

BIBEAU, G., 1985, «Le burn-out: 10 ans après», *Santé mentale au Québec*, vol. X, n° 2, p. 30-43.

FIMIAN, M.J., 1982, *Staff Burn-Out Scale for Health Professionals* (texte non publié).

FREUDENBERGER, H.-J., 1974, «Staff Burn-Out», *Journal of Social Issues*, vol. 30, n° 1, p. 159-165.

GRANTHAM, H., 1985, «Le diagnostic différentiel et le traitement du syndrome d'épuisement professionnel (burn-out)», *Annales médico-psychologiques*, vol. 143, n° 7, p. 776-781.

JONES, J.W., 1980, Teacher Stress Inventory (texte non publié).

MACHEFER, J., 1978, «Le syndrome d'épuisement somato-psychique et sa déclaration comme maladie à caractère professionnel», *Archives des maladies professionnelles*, vol. 39, n° 6, p. 410-412.

MASLACH, C., et S.-E. JACKSON, 1981, «The Measurement of Experienced Burn-Out», *Journal of Occupational Behavior*, vol. 2, p. 99-113.

MEIER, S.T., 1984, «The Construct Validity of Burn-Out», *Journal of Occupational Psychology*, vol. 57, p. 211-219.

SAINT-AMAND, N., 1985, «Stress et épuisement professionnel», *Revue canadienne de service social*, p. 138-153.

SEIDMAN, S.A., et J. ZAGER, 1987, «The Teacher Burn-Out Scale», *Educational Research Quarterly*, vol. 11, n° 1, p. 26-33.

CHAPITRE 12

La dépression saisonnière

Bernard Gauthier, M.D.[*]

Sommaire

---

[*] Psychiatre au Pavillon Albert-Prévost de l'hôpital du Sacré-Cœur de Montréal et professeur adjoint de clinique au Département de psychiatrie de l'Université de Montréal.

HISTORIQUE ET DÉFINITION ACTUELLE

La dépression saisonnière est une dépression qui survient à l'automne, dure tout l'hiver, et disparaît sans traitement particulier au printemps. Le DSM-IV en donne une définition plus large qui n'exclut pas d'autres périodes de l'année. En effet, quelques rares cas de dépression estivale accompagnés d'un fonctionnement normal pendant l'hiver ont été rapportés.

L'intérêt suscité par cette forme de dépression est récent. En effet, ce n'est qu'en 1982 qu'un médecin américain découvrit par hasard qu'il était possible de traiter cette maladie affective par l'exposition à la lumière. L'une de ses patientes de longue date, qui à chaque hiver souffrait de troubles dépressifs, était un hiver revenue rétablie d'un court voyage dans le Sud. Cette amélioration n'avait cependant pas duré, les symptômes de dépression réapparaissant quelques semaines après son retour. Intrigué, ce médecin s'était demandé si le raccourcissement de la durée de la période de clarté pendant les jours d'hiver, c'est-à-dire de la photopériode, pouvait être à l'origine des troubles présentés par sa patiente. Pour vérifier cette hypothèse, il lui demanda donc de s'exposer le matin et le soir à un éclairage intense, afin de prolonger artificiellement la durée de la période de clarté. Or, ce traitement à première vue un peu étonnant s'avéra efficace, la patiente «émergeant» de sa dépression en peu de temps.

D'autres médecins (Lewy et coll., 1987; Rosenthal et coll., 1984) reprirent ce traitement et obtinrent un bon taux de réussite chez les patients qui présentaient des dépressions hivernales. Les observations cliniques faites notamment par Rosenthal, qui décrivit de façon plus systématique les symptômes de la dépression saisonnière, ont été le point de départ d'études réalisées pour en savoir plus long sur le mécanisme d'action de la lumière, le type de lumière et la durée d'exposition permettant d'assurer l'efficacité du traitement; on cherchait également à vérifier si ce traitement particulier n'était efficace que pour cette forme de dépression.

Les premières recherches établirent que la lumière agit par les yeux, et non par la peau; les séances de bronzage sont donc inutiles pour traiter la dépression.

On découvrit également que la lumière devait être suffisamment vive, c'est-à-dire d'une intensité d'au moins 2 500 lux ou lx (mesure de luminosité). À cette intensité, la lumière diminue, via la rétine de l'œil, la sécrétion de la mélatonine, une hormone sécrétée par une petite glande située dans le cerveau, la glande pinéale, appelée aussi «épiphyse». La glande pinéale capte le tryptophane, un acide aminé, et le transforme en sérotonine; elle aurait aussi la propriété, unique dans l'organisme humain, de produire la mélatonine, une hormone dérivée de la sérotonine.

Pour mieux saisir la problématique dont il est ici question, il importe de savoir que, dans une pièce normalement éclairée, la luminosité est d'environ 300 lx, cette intensité ne suffisant pas à avoir un effet sur la sécrétion de la mélatonine. Par contre, en plein air, le matin au printemps, elle est d'environ 10 000 lx et à midi, par une journée d'été ensoleillée, elle peut atteindre 50 000 à 70 000 lx.

Compte tenu de ces données, les chercheurs se sont interrogés à savoir si une secrétion excessive de mélatonine pouvait causer la dépression et la lumière vive, en en diminuant la sécrétion, la traiter. Mais cette hypothèse simpliste eu égard au fonctionnement complexe du corps humain fut rapidement invalidée.

Par ailleurs, d'autres études ont permis d'exclure la possibilité que les basses températures hivernales puissent être à l'origine des troubles dépressifs.

Enfin, des études de prévalence ont montré que le pourcentage de personnes souffrant de cette maladie augmente en fonction de la latitude; ainsi, plus de gens en sont atteints dans les états du nord des États-Unis comme le Maine et le Vermont (9,5 %) que dans les États du Sud comme la Floride (2,5 %). Certaines études ont conclu que jusqu'à 15 % de la population souffrait de dépression saisonnière; mais il s'agit là, très vraisemblablement, d'une surévaluation due, en bonne partie, au fait que ces estimations ont été faites à partir d'annonces-questionnaires parues dans des journaux à grand tirage aux États-Unis et qu'elles tiennent compte des *winter blues*, états s'apparentant à la dépression que signalent beaucoup de personnes en hiver. Au Québec, on estime comme au Vermont que 9,5 % de la population souffre de dépression saisonnière; toutefois, selon l'expérience clinique de l'auteur, il est plus vraisemblable que l'incidence se situe entre 1 et 3 %.

Étant donné que Montréal est à la même latitude que la ville de Bordeaux, on peut présumer que le pourcentage de la population qui souffre de cette maladie en France est sensiblement le même qu'au Québec. Cependant, comme le nord de la France (pensons à des villes comme Lille ou Metz) bénéficie de beaucoup moins d'ensoleillement que le Sud (songeons à Toulouse ou Marseille) à cause de la couverture nuageuse en hiver, le taux de variation Nord-Sud devrait être plus marqué en France qu'au Québec où l'ensoleillement est plus homogène.

SYMPTÔMES

Comme son nom l'indique, la dépression saisonnière suit un cycle saisonnier. Elle apparaît habituellement à l'automne, gagne graduellement en intensité pour atteindre son paroxysme pendant les mois de décembre et de janvier, pour ensuite aller en diminuant et disparaître spontanément au printemps. Pendant l'été, les personnes qui souffrent de cette maladie se portent généralement très bien ou présentent parfois une légère hypomanie.

Ce type de dépression se manifeste presque à tous les ans, bien qu'il puisse ne pas être présent certaines années. Le moment d'apparition des symptômes peut varier de quelques semaines, d'une année à l'autre.

L'un des premiers symptômes de la dépression saisonnière, symptômes qu'on dit «atypiques», est la fatigue; les personnes atteintes rapportent une sensation de lourdeur et de ralentissement tant sur le plan physique que sur le plan intellectuel, au point que l'action de monter un escalier, de même que celle de se concentrer sur un travail, deviennent plus ardues. La capacité de concentration diminuant, ces personnes signalent fréquemment ne lire que les grands titres du journal, alors que l'été elles lisent les articles en détail; quant aux étudiants, ils se plaignent souvent de difficulté à mémoriser et à apprendre. Les personnes souffrant de dépression saisonnière se sentent moins efficaces, ayant l'impression de ne fonctionner qu'au tiers ou à la moitié de leur capacité et que «tout est au ralenti». Plus somnolentes dans la journée, elles se couchent généralement plus tôt; cependant, elles présentent un sommeil perturbé, se réveillent fréquemment et ont du mal à se rendormir. Au lever, elles ont le sentiment que leur sommeil n'a pas été réparateur et dormiraient encore volontiers. Parfois, il y a insomnie à l'aube, mais il s'agit là d'un symptôme davantage évocateur d'une dépression proprement dite que d'une dépression saisonnière.

L'appétit, et particulièrement un goût pour les aliments sucrés et les féculents, augmente parallèlement à la somnolence. De brèves périodes de boulimie surviennent souvent, spécialement en fin d'après-midi et en soirée. Par conséquent, un gain de poids est fréquent; des variations de poids allant jusqu'à 5 à 10 kg pouvant être signalées entre l'été et l'hiver. En revanche, s'il y a perte d'appétit, ce symptôme laisse soupçonner la présence d'une dépression proprement dite.

Étant donné leur baisse de productivité, les personnes atteintes de dépression saisonnière ont tendance à se dévaloriser. Remettant souvent à plus tard les tâches qu'elles doivent accomplir, elles se sentent moins fonceuses et en possession de leurs moyens, et plus indécises. D'instinct, plusieurs de ces personnes choisissent au fil des années d'effectuer l'essentiel de leurs démarches professionnelles et travaux importants au printemps. «Je planifie mes rencontres importantes avec mes distributeurs au printemps et à l'été; l'automne et l'hiver, je m'en tiens à la routine», rapporte un industriel, «l'expérience m'ayant appris que je ne faisais que des gaffes pendant ces périodes».

Pendant l'hiver, les personnes présentant une dépression saisonnière sont nettement moins sociables et plus irritables avec leur entourage. Ainsi, une jeune femme sujette à ce type de dépression raconte que, l'été, elle reçoit volontiers des amis, et fréquente cinémas et restaurants, mais que, l'hiver, elle s'enferme : «De novembre à février, je n'invite plus personne, je ne téléphone à personne, je lis des romans idiots, je me nourris de chocolat et de plats cuisinés d'avance, je me rends au travail à reculons et, dès mon retour chez moi, m'installe devant la télé et lutte contre le sommeil car, si je m'écoutais, je me coucherais à 19 h.» Ces symptômes s'accompagnent par ailleurs souvent d'une propension à «jongler», à ruminer son passé, à se faire des reproches et à se préoccuper de façon exagérée de choses anodines, comme si les soucis habituels suscités par des questions reliées aux finances personnelles, à l'éducation des enfants, à l'entretien de la maison, etc., étaient exacerbés et décuplés.

Chez un petit nombre de patients, ces symptômes deviennent plus marqués. Peuvent apparaître des pensées suicidaires et des convictions délirantes telles que celles d'avoir le cancer ou d'autres maladies au pronostic sombre ; l'hospitalisation est alors habituellement de rigueur.

ÉTIOLOGIE : HYPOTHÈSES DIVERSES

Bien que la cause de la maladie affective saisonnière n'ait pas encore été établie, certaines hypothèses ont d'ores et déjà été exclues alors que d'autres sont toujours à l'étude ; les unes et les autres sont brièvement esquissées ci-après.

Sécrétion excessive de mélatonine

Comme on en a fait état précédemment (voir la section intitulée «Historique et définitions actuelles»), lorsque la durée de la période de clarté d'une journée donnée, ou photopériode, est prolongée par la lumière vive, la sécrétion de mélatonine diminue. On en avait donc déduit, à une certaine époque, que la diminution de la sécrétion de mélatonine était à l'origine d'un effet antidépresseur. Or, certaines études ont montré qu'un bêtabloquant, l'aténolol (Tenormin® [C], Ténormine [F]), un agent qui pourtant supprime la sécrétion de mélatonine, n'a pas d'effet antidépresseur (Rosenthal et coll., 1988). Par ailleurs, l'exposition à la lumière vive, au milieu de la journée et en l'absence de prolongation de la photopériode, tout en ne diminuant pas la sécrétion de mélatonine, a par contre un effet antidépresseur.

Ces résultats permettent de conclure qu'une sécrétion excessive de mélatonine n'est pas en cause dans la dépression saisonnière.

Délai de phase

Une deuxième hypothèse voudrait que la dépression saisonnière soit entraînée par une désynchronisation entre le cycle éveil-sommeil et le cycle circadien.

Le cycle éveil-sommeil déclenche à des heures précises l'éveil et le sommeil, qui se situent respectivement, chez la plupart des gens, vers six ou sept heures et vers vingt-deux ou vingt-trois heures. Par ailleurs, plusieurs hormones dont l'ACTH, l'hormone somatotrope (de croissance), la prolactine, le cortisol, la mélatonine, etc., ainsi que la température corporelle ont une périodicité définie, circadienne ou diurne, avec augmentation de leur sécrétion à certaines heures précises de la journée. Ainsi, la sécrétion maximale de mélatonine a lieu vers deux heures, celle du cortisol vers quatre heures; la température du corps est la plus basse vers quatre heures et la plus élevée vers dix-sept heures. Pour qu'une personne se sente bien, il faut que le cycle éveil-sommeil et le cycle circadien de sécrétion des hormones et de température corporelle (ce qu'on appelle «l'horloge circadienne») soient adéquatement synchronisés.

Or, le cycle circadien prend du retard à chaque jour, de façon naturelle; il serait d'environ vingt-quatre heures et quarante-cinq minutes et se décalerait de quarante-cinq minutes par jour par rapport au cycle éveil-sommeil.

Comme c'est la lumière vive, plus particulièrement celle du matin, qui à chaque jour synchronise à nouveau l'horloge circadienne et celle du cycle éveil-sommeil, il est possible que ce mécanisme de synchronisation exige chez certaines personnes une plus grande quantité de lumière vive. La diminution de la durée de la période de clarté et de l'intensité de celle-ci suffirait chez ces personnes à compromettre la synchronisation du cycle éveil-sommeil par rapport au cycle circadien, ce qui déclencherait la survenue d'une dépression.

Les chercheurs se penchent toujours sur cette hypothèse prometteuse qui n'a cependant pas encore été validée; ainsi, on s'efforce encore d'expliquer ce pour quoi la lumière vive du soir a elle aussi un effet antidépresseur, alors qu'elle augmente pourtant la désynchronisation des horloges circadienne et du cycle éveil-sommeil.

Augmentation de l'amplitude des cycles hormonaux

Selon une troisième hypothèse, la lumière vive pourrait augmenter l'amplitude des cycles hormonaux, dont ceux de la mélatonine et du cortisol. Ainsi, la différence entre la sécrétion maximale et la sécrétion minimale d'une hormone serait accrue; ce serait le cas de l'ensemble des hormones ayant un cycle circadien, de même que de la température corporelle.

À l'automne et à l'hiver, compte tenu du raccourcissement de la photopériode, ces cycles seraient moins amples, ce qui entraînerait chez certaines personnes plus sensibles la survenue de symptômes dépressifs.

Hibernation et cerveau primitif

Une quatrième hypothèse postule qu'il subsisterait dans notre cerveau, dans la région du paléocortex, un mécanisme d'hibernation, vestige d'un ancêtre commun aux mammifères. Le cerveau humain s'étant développé au cours de l'évolution, le néocortex contrôlerait et inhiberait à présent certaines fonctions de notre cerveau primitif, tel que cet hypothétique mécanisme d'hibernation.

Or, chez certaines personnes, le processus d'inhibition ne serait pas assez efficace; dès que les jours raccourcissent, ces personnes tenteraient en vain de continuer à suivre le rythme de la vie moderne, le mécanisme d'hibernation toujours à l'œuvre dans leur organisme induisant la dépression saisonnière.

Sommeil moins réparateur

Certains prétendent par ailleurs qu'une exposition diurne à la lumière vive pourrait accroître la qualité du sommeil pendant la nuit. À l'automne et à l'hiver, vu la diminution de cette exposition à la lumière vive, le sommeil deviendrait moins réparateur chez certaines personnes; celles-ci auraient par conséquent tendance à être somnolentes et présenteraient des troubles de la concentration et une vigilance amoindrie dans la journée. Leur performance serait de beaucoup réduite, ce qui affecterait leur estime d'elles-mêmes et induirait un affect triste, symptômes qui se manifestent dans la maladie affective saisonnière.

Rôle de la sérotonine

Il est démontré que le niveau fonctionnel des neurones sérotoninergiques est diminué dans la dépression proprement dite (Mann et coll., 1996). Les antidépresseurs améliorent le niveau fonctionnel de ces neurones; de plus, quelques études ont établi que les inhibiteurs de la recapture de la sérotonine (ISRS) sont efficaces pour traiter la dépression saisonnière. Il est donc probable que la lumière vive agisse sur certains groupes de neurones sérotoninergiques; il s'agit là d'une autre voie de recherche qui pourrait permettre de mieux comprendre cette maladie affective.

TRAITEMENT

Le traitement de la dépression saisonnière par l'exposition à la lumière vive est certes une découverte récente. Bien que les études menées à ce jour démontrent son efficacité, une certaine prudence demeure de rigueur; en effet, il pourrait ne s'agir que d'un effet placebo. Seules des études en double aveugle portant sur un grand nombre de patients pourront confirmer qu'il s'agit d'un traitement véritablement efficace. Les données actuelles étant cependant prometteuses, il importe de mieux définir ce qu'est ce traitement.

Il s'agit en fait d'un traitement fort simple, connu aussi sous le nom de «photothérapie», qui consiste à ce que la personne qui souffre de dépression saisonnière s'expose à une source lumineuse d'au moins 2 500 lx. La durée de l'exposition peut varier de 30 minutes à plusieurs heures par jour, en fonction de l'intensité lumineuse et de la gravité de l'état dépressif. Généralement, les effets de la lumière vive commencent à se faire sentir au bout d'une semaine; chez certaines personnes, il faut attendre jusqu'à deux semaines. La plupart des études rapportent que le score moyen obtenu par les patients à l'échelle de mesure de la dépression de Hamilton passe de 18-23 à 8-12 après le traitement.

Une fois les symptômes de la dépression améliorés, le traitement est maintenu jusqu'au printemps; la durée de l'exposition à la lumière peut toutefois être diminuée graduellement. Au printemps, les personnes atteintes arrivent en général à déterminer elles-mêmes le moment à partir duquel elles peuvent cesser le traitement. Si celui-ci est interrompu trop tôt, la fatigue et la somnolence réapparaissent au bout d'une semaine.

Par la suite, le traitement doit être institué annuellement, dès la survenue des premiers symptômes à l'automne, pour être maintenu tout au long de l'automne et de l'hiver. Plusieurs études ont établi que le fait d'exposer la personne à la lumière vive avant l'émergence des symptômes dépressifs n'accroît en rien l'efficacité du traitement.

Indices d'une réponse adéquate au traitement

Selon plusieurs études, il est clair que, plus les symptômes atypiques de la dépression tels que l'hypersomnie, l'augmentation marquée de l'appétit et, en particulier, la propension à manger des aliments sucrés en fin de journée sont graves, meilleure est la probabilité d'une réponse adéquate à la photothérapie. Inversement, la présence de symptômes typiques de la dépression tels que l'insomnie et la perte d'appétit est généralement un indice annonciateur de réponse inadéquate au traitement.

Type d'éclairage requis

En fait, tout éclairage fournissant une luminosité supérieure à 2 500 lx au niveau des yeux est efficace. Plusieurs longueurs d'onde ont été étudiées: la lumière blanche à large spectre s'est révélée plus efficace que les lumières rouge, verte et bleue.

Il faut toutefois être prudent, certaines lampes émettant des rayons ultraviolets qui peuvent aggraver les maladies de l'œil. Il importe donc d'utiliser des lampes émettant très peu d'ultraviolets. En outre, un examen pratiqué par un ophtalmologiste avant le début du traitement est conseillé, de manière à exclure la présence éventuelle de maladies de l'œil qui, tel le glaucome, pourraient justement s'aggraver avec ce traitement.

Les lampes à bronzer sont à proscrire absolument. Une boîte rectangulaire haute de 45 cm, large de 90 cm et d'une profondeur de 13 cm, contenant quatre, six, ou huit tubes fluorescents et dotée d'un écran qui bloque les rayons ultraviolets est le type de lampe le plus couramment utilisé en Amérique du Nord; on la connaît communément sous l'appellation anglaise de «*light box*». L'inconvénient que présente une lampe de ce genre, c'est que le patient ne peut guère se déplacer. C'est pourquoi on a mis sur le marché une casquette à laquelle est fixée une lampe émettant une luminosité suffisante au niveau de la rétine, et qui permet à la personne de vaquer à ses occupations tout en se soumettant au traitement. Ce dispositif serait toutefois un peu moins efficace que la lampe fixe. À noter finalement que, en ce qui concerne cette dernière, il est préférable de ne pas la regarder directement; le reflet lumineux qu'elle crée sur un livre suffit.

Moment de l'exposition

Si on pensait au départ que l'exposition à la lumière du matin était plus efficace, cela n'a pas été établi par les recherches ultérieures. On peut donc entreprendre des séances de photothérapie à n'importe quelle heure de la journée. Une exposition à la lumière en soirée peut cependant provoquer de l'insomnie. L'hiver, pendant les journées ensoleillées, l'exposition à un éclairage artificiel peut être remplacée par une promenade en plein air. Le fait d'occuper en après-midi une pièce dont les fenêtres sont orientées plein sud peut par ailleurs permettre d'écourter les séances de photothérapie.

Durée de l'exposition

Pour traiter la dépression, il faut au début de deux à trois heures par jour d'exposition, à une intensité lumineuse de 2 500 lx. Des lampes émettant jusqu'à 10 000 lx permettent de réduire la durée du traitement à une heure par jour. Par la suite, il suffit d'environ 30 minutes par jour à la même intensité pour maintenir l'amélioration.

Réponse inadéquate au traitement

Si la réponse au traitement est inadéquate, des antidépresseurs peuvent être administrés. Selon notre expérience à la clinique des maladies affectives du Pavillon Albert-Prévost (hôpital du Sacré-Cœur de Montréal), les personnes souffrant de dépression saisonnière s'améliorent avec une faible dose d'un antidépresseur prescrite au coucher, par exemple 75 à 100 mg d'un antidépresseur tricyclique, et ce, souvent en moins d'une semaine. Dans les dépressions proprement dites, il faut cependant fréquemment recourir à des doses trois fois plus importantes, l'amélioration n'apparaissant alors qu'au bout de trois à quatre semaines. L'administration est maintenue pour toute la durée de l'hiver, pour être interrompue graduellement sur une période de quatre semaines au début du printemps, sans qu'il y ait de rechute. À noter que ces observations cliniques portant sur l'emploi des antidépresseurs dans le traitement de la dépression saisonnière donnent à penser que cette dernière constitue bel et bien une entité distincte de la dépression majeure.

Effets secondaires et précautions à prendre

Les effets secondaires du traitement par l'exposition à la lumière les plus fréquemment rapportés sont la céphalée (19 %), l'irritation des yeux (17 %), une indéfinissable sensation «bizarre» (14 %), la nausée (13 %) et des étourdissements (11 %). L'apparition de ces effets n'est pas liée à l'intensité lumineuse; ceux-ci tendent par ailleurs à s'atténuer en cours de traitement. La photothérapie, comme les autres traitements antidépresseurs, peut provoquer un épisode hypomaniaque chez certains patients.

En définitive, les précautions à prendre lors d'un traitement par l'exposition à la lumière sont les suivantes :

- passer un examen ophtalmologique avant tout traitement ;
- ne pas utiliser de lampes à bronzer ;
- utiliser des lampes émettant peu ou pas de rayons ultraviolets ;
- ne pas regarder directement la lampe, mais plutôt le reflet lumineux créé par celle-ci sur un livre, par exemple.

La dépression saisonnière est une entité clinique qui se différencie des dépressions proprement dites par son occurrence selon un cycle saisonnier précis, par des symptômes dits « atypiques » tels que l'hypersomnie et la boulimie, et par le fait qu'elle semble répondre à un traitement antidépresseur d'apparition récente, la photothérapie.

Néanmoins, il ne faudrait pas conclure trop rapidement à l'identification d'une catégorie diagnostique distincte. En fait, il se pourrait fort bien que la dépression saisonnière ne soit qu'une variante atténuée du trouble bipolaire, ou psychose maniaco-dépressive. Par ailleurs, le traitement par l'exposition à la lumière doit continuer de faire l'objet d'études rigoureuses afin d'établir hors de tout doute son efficacité, et qu'il constitue plus qu'un simple effet placebo. Pour le moment, il ouvre toutefois de nouvelles pistes pour la recherche, dans cette quête incessante d'une meilleure compréhension du fonctionnement du cerveau et des mécanismes biologiques liés aux troubles affectifs.

BIBLIOGRAPHIE

LEWY, A.J., et coll., 1987, « Antidepressant and Circadian Phase-Shifting Effects of Light », *Science*, vol. 235, p. 352-353.

MANN, J.J., et coll., 1996, « Demonstration *in Vivo* of Reduced Serotonin Responsivity in the Brain of Untreated Depressed Patients », *American Journal of Psychiatry*, vol. 153, p. 174-182.

ROSENTHAL, N.E., et coll., 1984, « Seasonal Affective Disorder — A Description of the Syndrome and Preliminary Findings with Light Therapy », *Archives of General Psychiatry*, vol. 41, p. 72-80.

ROSENTHAL, N.E., et coll., 1988, « Atenolol in Seasonal Affective Disorder: A Test of the Melatonin Hypothesis », *American Journal of Psychiatry*, vol. 145, p. 52-56.

LECTURES SUGGÉRÉES

CARRIER, J., et M. DUMONT, 1995, « Dépression saisonnière et photothérapie : problématique et hypothèses », *Journal of Psychiatry and Neuroscience*, vol. 20, n⁰ 1, p. 67-79.

CZEISLER, C.A., et coll., 1989, « Bright Light Induction of Strong (Type 0) Resetting of the Human Circadian Pacemaker », *Science*, vol. 233, p. 1328-1333.

LAM, W.R., 1994, « Seasonal Affective Disorder: Emerging from the Dark », *Canadian Journal of Diagnosis*, vol. 11, n° 1, p. 53-64.

CHAPITRE 13

Les troubles affectifs de l'enfance et de l'adolescence

Michel Gil, M.D.*
Isabelle Lemire, M.D.**

Sommaire

*   Psychiatre et responsable de la clinique externe de pédopsychiatrie de Lanaudière-Sud au centre hospitalier régional de Lanaudière, et chargé d'enseignement au Département de psychiatrie de l'Université de Montréal.

** Pédopsychiatre responsable de la clinique externe au Centre des adolescents du Pavillon Albert-Prévost de l'hôpital du Sacré-Cœur de Montréal, et chargée d'enseignement clinique au Département de psychiatrie de l'Université de Montréal.

De très longue date, les maladies affectives ont été observées puis étudiées chez l'adulte. La reconnaissance de syndromes analogues chez l'enfant ou l'adolescent, qu'ils se situent à l'un ou l'autre des pôles dépressif ou maniaque, est relativement contemporaine. Le fait que puissent survenir à cette période de vie des variations de l'humeur aussi significatives a longtemps été remis en question, étant donné l'immaturité inhérente à l'enfance. Cependant, à l'heure actuelle, la réalité clinique de ces troubles affectifs est acceptée, bien que la compréhension de ces entités varie selon les écoles de pensée.

DÉMARCHE DIAGNOSTIQUE PRÉLIMINAIRE

Il convient donc, devant un enfant souffrant, de tenter d'établir la présence d'un trouble affectif et son étendue, compte tenu de ce que toute souffrance n'est pas nécessairement maladie, et vice versa. Dans la démarche diagnostique, il faut conséquemment prendre en considération la variabilité des conceptions personnelle, familiale et sociale de normalité, d'anormalité et d'anomalie en faisant preuve de souplesse au cours du processus d'évaluation, sans pour autant que ce dernier ne devienne un exercice subjectif et aléatoire. L'évaluation clinique d'un enfant ou d'un adolescent porte donc tant sur les symptômes présentés que sur l'aménagement de sa personnalité en formation, ses antécédents génétiques et son environnement.

L'**entretien clinique** constitue la base de l'évaluation complète d'un enfant. Généralement, il se déroule en une ou quelques rencontres avec le ou les cliniciens impliqués dans le processus. Bien qu'il n'y ait pas de règles de procédure formelles, il est souhaitable de faire le relevé non seulement des symptômes et difficultés, mais aussi des forces préservées du patient sur lesquelles le traitement s'appuiera. En plus des informations pratiques concernant l'enfant ou l'adolescent symptomatique, le clinicien s'attarde avec tout autant d'intérêt à évaluer les modes relationnels entre les parents, le patient et le clinicien. Le jeu et le dessin sont fréquemment utilisés à cette fin chez le jeune enfant alors que l'adolescent est habituellement plus à l'aise verbalement. Les observations proviennent de sources multiples et mises ou non en présence les unes des autres, soit principalement les parents, l'enfant, les intervenants scolaires variés (psychologue, travailleur social, professeur, etc.), le médecin ayant adressé le patient au spécialiste s'il y a lieu, et parfois certaines instances légales (telles que la Direction de la protection de la jeunesse, etc.).

La confidentialité, si essentielle à l'établissement du climat de confiance sur lequel repose la relation thérapeutique, peut s'en trouver menacée. Ainsi, il faut faire preuve de discrétion dans les échanges d'informations et s'assurer, à moins de rares contre-indications, de l'accord des parents et même de l'enfant en ce qui concerne ceux-ci. Le clinicien doit faire preuve d'un souci de clarté et de franchise, en respectant et protégeant les limites acceptables pour les différents membres d'une famille, et en s'excluant de toute alliance portant atteinte à son intégrité professionnelle.

À cet entretien clinique préliminaire peut s'ajouter une gamme d'**examens complémentaires** variés s'il persiste des ambiguïtés diagnostiques en justifiant le recours. Ainsi, un examen médical complet et un bilan de laboratoire spécifique peuvent s'avérer utiles afin d'exclure certaines causes organiques pouvant entraîner des symptômes psychiatriques, ou en prévision d'un traitement pharmacologique précis. De plus, une batterie de tests psychologiques appropriée peut compléter judicieusement l'investigation clinique tant sur le plan diagnostique que sur celui de l'orientation thérapeutique.

DESCRIPTION CLINIQUE

La description clinique de référence utilisée en Amérique du Nord, et de plus en plus en Europe, est celle du DSM-IV; il s'agit, comme on l'a mentionné au chapitre 2, dans la section intitulée «Historique et définitions actuelles», d'un relevé descriptif des principaux symptômes observés dans les différentes formes de maladies affectives. Cette classification a la particularité de caractériser les syndromes affectifs en décrivant les principales manifestations tant des troubles dépressifs que des troubles bipolaires, et ce, en situant la durée et l'intensité. Elle ne vise pas à expliquer les symptômes présentés, mais à préciser un diagnostic.

Ceci peut devenir source de difficulté en psychiatrie de l'enfance et de l'adolescence, compte tenu du fait qu'il est assez bien reconnu que l'éventail des symptômes manifestés par les jeunes, qu'ils soient intériorisés (manifestations sur le plan de la pensée et des émotions) ou extériorisés (manifestations sur le plan des attitudes et des conduites en général), est d'une part plus étroit que chez l'adulte, et d'autre part variable selon l'âge et l'étape du développement. De ce fait, les manifestations des différentes entités cliniques dont souffrent les enfants se chevauchent. Une compréhension théorique plus élargie des symptômes devient alors un outil complémentaire nécessaire tant pour l'établissement du diagnostic que pour la mise sur pied d'un plan de soins.

Sommairement, on s'accorde à reconnaître l'existence des **mêmes troubles affectifs** chez les jeunes que chez les adultes. Outre les troubles d'adaptation avec réactions émotives variées et comportementales associées, lesquels sont liés à des stresseurs identifiables (depuis moins de trois mois) et de durée limitée, on trouve les problèmes des lignées dépressive et bipolaire.

Les troubles dépressifs regroupent la dépression majeure (à épisodes unique ou récurrents; avec ou sans symptômes psychotiques), le trouble dysthymique ou dysthymie (s'étalant sur plus d'un an) et les troubles dépressifs non spécifiques. Le spectre des troubles bipolaires englobe quant à lui la maladie bipolaire proprement dite (épisode ou phase dépressif, épisode ou phase maniaque, ou épisode ou phase mixte; avec ou sans symptômes psychotiques), le trouble cyclothymique (épisodes ou phases analogues mais d'intensité moindre quoique prolongée) et les variantes non spécifiques.

Troubles dépressifs

La dépression peut, de façon trompeuse, sembler une notion familière. Cette impression repose sans doute sur le fait qu'elle résulte d'une expression émotive universellement connue: la tristesse. Or, le syndrome dépressif décrit dans le DSM-IV est plus large et comprend chez l'enfant, l'adolescent ou l'adulte, outre l'humeur triste et/ou la perte d'intérêt, au moins cinq des symptômes suivants: une humeur dépressive (ou fréquemment irritable) prolongée ressentie subjectivement ou observée par l'entourage, une réduction prolongée et marquée de tout intérêt dans les champs habituels d'activité, des troubles de l'appétit avec ou sans perte de poids, des troubles du sommeil (insomnie ou hypersomnie), des changements sur le plan moteur (ralentissement ou agitation), une grande fatigabilité avec réduction de l'énergie, un sentiment douloureux de culpabilité ou d'inutilité, une réduction de la concentration et une indécision, ainsi que des idées morbides allant jusqu'au geste suicidaire (tel que discuté ultérieurement dans le présent chapitre, dans la section intitulée « Suicide et adolescence »). La forme mélancolique survient assez exclusivement chez l'adulte. Il existe aussi un profil saisonnier, sans doute moins repérable chez les jeunes étant donné leur courte vie, et qui serait indépendant des stresseurs survenant périodiquement, tel le retour en classe.

Le trouble dysthymique ou dysthymie se reconnaît pour sa part à une humeur dépressive (ou, là encore, irritable), laquelle survient de façon régulière sur une période minimale d'un an cette fois. Elle s'accompagne d'au moins deux des symptômes suivants: une variation de l'appétit, des troubles du sommeil, une perte d'énergie, une réduction de l'estime de soi, une indécision, un découragement. La survenue d'un tel tableau clinique avant l'âge de 21 ans est considérée comme étant précoce. Les troubles déficitaires de l'attention avec ou sans hyperactivité, les troubles des conduites, certains problèmes développementaux spécifiques ainsi qu'un environnement chaotique entourant l'enfant ou l'adolescent constitueraient des facteurs prédisposants à la dysthymie. Par ailleurs, on pense que sa survenue dans l'enfance accroît le risque de dépression avec ou sans manie à l'âge adulte.

Cela dit, le diagnostic d'un état dépressif tant chez l'enfant que chez l'adolescent est complexe, d'une part à cause de sa forme symptomatique variant selon l'âge de survenue, et d'autre part du fait qu'il s'agit d'un état mental fréquent au sein d'une même famille. Ainsi, il n'est pas rare que nous soyions en présence non seulement d'un enfant triste, mais aussi d'un parent déprimé. Il faut donc tenter de préciser l'origine de la dépression (infantile ou parentale), en tenant compte de la tendance d'un parent accablé de surévaluer les problèmes de son enfant, au détriment de ses forces. À cet égard, tant l'entretien individuel de l'enfant que le compte rendu des parents s'avèrent nécessaires. Précisons que les parents sont généralement plus fiables que leur enfant en ce qui a trait au relevé des symptômes comportementaux et à l'évaluation de leur durée.

Avant l'âge de 7 ans, le diagnostic est d'autant plus difficile à poser que l'enfant n'utilise pas encore optimalement le langage. On se réfère donc aux formes d'expression non verbales. Dans la dépression dite « anaclitique », forme carentielle grave et de survenue précoce chez le **nourrisson**, on peut observer d'abord des pleurs répétés de vaine protestation, puis une apathie désespérée avec retrait, trouble du sommeil majeur et refus de s'alimenter jusqu'à un ralentissement, voire un arrêt de croissance, culminant dans un détachement pouvant aller jusqu'à anéantir tout désir de rapprochement avec les figures maternantes.

Le **petit enfant** ne se plaint pas de souffrir moralement. Il adopte plutôt un air triste ou indifférent, peut être ralenti au point de vue moteur, et inhibé dans le jeu tant individuel que social. Inversement, des troubles du comportement sous forme d'agressivité contre autrui ou retournée contre soi peuvent survenir. Des sautes d'humeur plus ou moins explicables se produisent régulièrement. Il arrive que le petit enfant déprimé se place inconsciemment en position d'être puni, refusant par exemple de se soumettre à une règle connue, sans intention de s'opposer, déviance l'amenant à être repris tel qu'il le croit bien mérité. Le sommeil se trouve souvent perturbé par la survenue de cauchemars répétés, et de fragmentation du repos sujette à induire une fatigue diurne accrue. De façon surprenante, on peut trouver de la dépression chez 0,9 % des enfants d'âge préscolaire.

L'**enfant d'âge scolaire** présente de surcroît des symptômes plus habituels. Ainsi outre un faciès triste et des propos à saveur dépréciatrice cette fois clairement évoquée, une certaine agitation motrice ainsi que des malaises physiques variés (céphalées, nausées, vomissements, douleurs abdominales vagues, etc.) peuvent surgir. Des troubles du comportement, des mensonges parfois compulsifs ou des actes d'allure délinquante s'ajoutent parfois, surtout chez le garçon. L'enfant peut devenir hypersensible à toutes situations de séparation (départ pour l'école, moment du coucher, etc.). La survenue de phobies, principalement scolaire, peut témoigner d'une dépression sous-jacente. Le fléchissement, voire l'échec, scolaire est usuel. Un tel tableau clinique est identifié chez 1,9 % de cette jeune population. On note, par ailleurs, que les enfants non déprimés dont l'un des parents ou les deux souffrent de dépression, qu'elle soit reconnue ou non, présentent régulièrement une hyperactivité notable, ainsi qu'une incapacité de s'éloigner de la maison. Ces symptômes sont réactionnels, c'est-à-dire en quelque sorte secondaires à la souffrance parentale ressentie par l'enfant.

L'**adolescence** est une période de vulnérabilité où, sans être tous cliniquement déprimés, les jeunes sont facilement «déprimables». Il faut tenter de distinguer cette «dépressivité» de l'adolescence d'un véritable trouble de l'affectivité survenant dans 4,7 % des cas. Dans ces cas, la tristesse s'incruste et perdure, et une inhibition généralisée dommageable se substitue aux moments d'ennui normaux de l'adolescence. Ces ennuis si habituels témoignent entre autres d'un malaise face aux premiers moments d'expérimentation de la nécessité de l'attente en réponse à certaines souffrances, alors que jusque-là il était toujours possible de s'en remettre aux parents. Dans la dépression, la morosité et la distanciation des figures parentales révèlent une angoisse et un désinvestissement massif plutôt qu'un remaniement normal des anciennes valeurs intériorisées.

De nombreux écrits se penchent sur cette période de vie si chargée émotivement, en cherchant à préciser ce qui relève du deuil normal à faire de l'enfance, par opposition à la survenue d'une dépression franche, échec du deuil. Tout ce travail psychique de renoncement à certains éléments du passé se fait dans une perspective d'anticipation de l'avenir s'appuyant sur une identité en voie de formation par l'identification aux pairs, certes, mais aussi aux parents. Ces enjeux identificatoires mettent en lumière l'importance des références parentales, et le risque de difficultés advenant leur fragilité.

Une dépression se présente rarement comme chez l'adulte. On évoque fréquemment la notion «d'équivalents dépressifs», c'est-à-dire des manifestations symptomatiques autres, qui peuvent masquer les présentations plus habituelles de tristesse et de pleurs, de perte d'intérêt et de la capacité d'avoir du plaisir, et de perturbation du sommeil (principalement d'hypersomnie), de l'appétit (réduit ou accru) et du fonctionnement, ainsi que l'émergence d'idéations suicidaires accompagnées ou non de gestes assortis. Ces équivalents peuvent regrouper certains troubles extériorisés (comportementaux), allant de la révolte à des conduites délinquantes, incluant l'abus de drogues ou la précipitation dans des conduites à potentiel de dangerosité (fugue, abandon scolaire, anorexie ou boulimie, automutilation, tentatives suicidaires répétées, etc.). Ils peuvent aussi être intériorisés, sous forme de nervosité, de préoccupations somatiques voire hypocondriaques, de phobies ou autres.

Troubles bipolaires

La maladie affective bipolaire est caractérisée par des oscillations de l'humeur importantes et relativement durables, évoluant tantôt sous forme de dépression majeure (voir, dans les chapitres 2 et 5, les sections intitulées respectivement «Épisode de dépression majeure» et «Épisode dépressif»), tantôt sous forme de manie (voir, dans le chapitre 5, la section intitulée «Épisode maniaque»), manifestation inverse de la dépression, phases entre lesquelles peuvent évidemment survenir des périodes intercalaires stables.

La phase maniaque se manifeste essentiellement par une humeur expansive, euphorique ou irritable, d'intensité telle qu'elle entraîne une dysfonction sur les plans familial, relationnel et scolaire pouvant aller jusqu'à requérir une hospitalisation. Elle évolue sur un minimum d'une semaine. Dans les cas typiques, au moins trois des symptômes suivants s'ajoutent: une pensée et une estime de soi exacerbées, une réduction appréciable des besoins de sommeil sans fatigabilité secondaire, une pression du discours, une accélération de la pensée telle qu'elle puisse parfois devenir incohérente, une distractivité, une hyperactivité psychomotrice, ainsi qu'un intérêt accru pour les activités ludiques comportant une certaine dangerosité. Toutefois, les manifestations diverses peuvent varier en fonction de l'âge.

Ainsi, il n'y a pas de reconnaissance bien établie de l'existence de troubles bipolaires chez le nourrisson et l'enfant d'âge préscolaire. On observe cependant que, de façon assez uniforme, les enfants de tous âges ainsi que les adolescents en phase maniaque font preuve assez brusquement d'une hyperactivité remarquable, d'une distractivité inhabituelle, et d'une pression du discours telle qu'ils semblent ne pas pouvoir parler suffisamment vite pour exprimer le flot d'idées qui jaillit.

Avant l'âge de 9 ans, ce sont surtout les manifestations d'excès émotif qui surgissent, soit une irritabilité ou une grande labilité affective, de sorte que l'enfant devient très instable, passant d'un état de grande tristesse à des moments d'impatience subite ou à des rires qui, sans être nécessairement inappropriés dans le contexte de leur survenue, le sont dans leur intensité. L'enfant prépubère présente plus de simultanéité dans les symptômes dépressifs et maniaques qu'à tout autre moment de la vie.

En ce qui concerne l'**adolescent**, on ne s'étonnera pas de constater qu'il se situe davantage à l'un ou l'autre pôle de la dépression ou de l'excitation maniaque. D'ailleurs, après l'âge de 9 ans, ce sont surtout l'euphorie et l'élation, les idées de persécution et de grandeur qui dominent le tableau clinique. Par opposition au plus jeune enfant qui semble soumis à un flot émotif s'exprimant assez directement par l'humeur, l'adolescent peut manifester des symptômes qui touchent en plus sa pensée. Cette atteinte de la pensée est habituellement conforme à l'affect du sujet (p. ex., des idées de grandeur répondant à une humeur exaltée).

On ne dispose pas de données claires quant à l'incidence de ce trouble affectif chez les enfants, mais on s'accorde à reconnaître qu'il est assez rare. Il n'est pas exclu que cette pathologie, pouvant aisément être confondue avec un trouble déficitaire de l'attention, un trouble des conduites ou une schizophrénie infantile, échappe assez souvent au diagnostic. Toutefois, chez les adolescents, une incidence de 0,6 % est envisageable si on tient compte tant de l'intensité que de la durée des symptômes, par rapport à 1 % chez l'adulte.

DIAGNOSTIC DIFFÉRENTIEL

Avant de poser un diagnostic de trouble affectif (syndrome dépressif ou épisode maniaque), il est important d'écarter certaines affections physiques ou organiques pouvant produire les symptômes précédemment décrits. La collaboration avec le pédiatre ou le médecin de famille est très utile en ce sens.

Ainsi, on trouve plusieurs groupes de maladies ou états pouvant s'exprimer sous la forme de dépression, notamment: les infections (méningite, pneumonie, encéphalite, SIDA, etc.), les atteintes neurologiques (traumatisme, épilepsie, tumeurs cérébrales, etc.), les maladies endocriniennes (diabète, hypothyroïdie ou hyperthyroïdie, etc.), les effets de certains médicaments (corticostéroïdes, contraceptifs oraux, aminophylline, etc.), ainsi que les abus et le sevrage de drogues ou d'alcool. Un état maniaque peut aussi être induit par plusieurs des facteurs énumérés ci-dessus.

Une fois exclue l'origine physique ou organique du trouble de l'humeur, il faut prendre en considération l'éventuelle présence d'autres maladies et troubles mentaux, dans la perspective du développement psychoaffectif du jeune. D'une part, certains troubles anxieux, la schizophrénie ou les troubles d'adaptation transitoires avec réaction dépressive peuvent être confondus avec un syndrome dépressif ou lui être associés. Il est par ailleurs important de pouvoir repérer la présence d'une dépression chez un parent. L'adolescent en quête d'identité stable peut se déprimer en identification à un parent souffrant. D'autre part, les épisodes maniaques, relativement rares chez l'enfant, doivent être distingués d'un trouble déficitaire de l'attention avec hyperactivité ou d'un trouble des conduites. S'ajoute, pour les adolescents surtout, la schizophrénie, dont la présentation peut mimer un état surtout maniaque, ou plus rarement dépressif.

TRAITEMENTS

Sont tracées ici les lignes essentielles d'un plan de traitement fondé sur les principes de l'approche bio-psycho-sociale de la problématique affective de l'enfant ou de l'adolescent, au sein de sa famille.

Traitements pharmacologiques

Les différents types de médicaments utilisés pour le traitement des troubles affectifs chez les jeunes sont sensiblement les mêmes que ceux administrés chez les adultes: ils font justement l'objet du chapitre 8. Le rôle de ces médicaments est considérable, surtout lorsque l'intensité du syndrome affectif entrave massivement le fonctionnement de l'enfant ou de l'adolescent, ou sa capacité de bénéficier d'une aide psychothérapique, en raison d'une tristesse, d'un ralentissement ou d'une fatigue trop importants (pour la dépression), ou de désorganisation et d'excitation incontenables (pour la manie).

À l'heure actuelle, il existe cependant une controverse sur l'appréciation objective de l'utilité spécifique des médicaments antidépresseurs chez les enfants et les adolescents, car leur efficacité semble en ce qui concerne ces jeunes patients très étroitement liée à la qualité de la relation avec le thérapeute.

Psychothérapies

Les psychothérapies représentent, quelle qu'en soit l'orientation théorique, l'axe central de prise en charge de l'enfant et de l'adolescent. On évoque généralement le recours à des formes de psychothérapies soit individuelles, soit de groupe.

Dans la majorité des situations, une **psychothérapie individuelle** est proposée au jeune selon des modalités variant en fonction de son âge réel et développemental, de ses limitations et de sa disponibilité personnelle, mais aussi des conditions d'organisation locales et du thérapeute.

Ainsi, chez les enfants d'âge préscolaire, la **thérapie par le jeu** permet l'expression d'émotions, de stress et de fantaisies envahissantes. Elle expose de plus l'enfant à une personne pouvant servir de modèle identificatoire. Les enfants de 6 à 12 ans ont la particularité d'être moins accessibles aux solutions intrapsychiques, et ont tendance à recourir à des solutions extérieures concrètes pour régler leurs problèmes. Ils ne sont pas en mesure de conceptualiser l'utilité de regarder et critiquer leur passé pour façonner leur avenir. Les adolescents préfèrent la communication verbale, qu'il s'agisse d'**entretiens à la demande** ou de **thérapie formelle brève ou prolongée**. Le thérapeute doit savoir faire preuve de souplesse.

Particulièrement pour certains adolescents moins à l'aise dans un face-à-face, les rencontres de groupe peuvent constituer un choix intéressant, car elles sont axées sur les habiletés sociales et l'expression émotionnelle dans un cadre sécurisant et de soutien. Pratiquement, elles peuvent être cependant souvent difficiles à mettre en place pour des raisons de disponibilité ou des contraintes organisationnelles.

Aide parentale et thérapie familiale

Cette dimension est très importante et devrait pouvoir être systématiquement considérée dans le plan d'investigation, voire de traitement, et ce, d'autant plus que l'enfant est jeune. Elle peut consister en une aide, un soutien, ou même une guidance parentale dans les périodes difficiles. Une thérapie familiale proprement dite vise à mettre au jour et à essayer de résoudre les conflits interpersonnels et intergénérationnels actifs dans la dynamique familiale. Les thérapeutes impliqués doivent rester attentifs à ne pas se positionner en «meilleur parent» face aux parents réels déjà ébranlés par la souffrance de leur enfant.

Interventions sur l'environnement

Variées, elles sont aménagées en fonction de l'importance des facteurs environnementaux dans la genèse ou la persistance de la problématique affective. Il peut être nécessaire, en effet, de recourir à des **aménagements scolaires** (changement d'école ou de classe), à un milieu intermédiaire tel le centre de jour, ou à l'hospitalisation si l'intensité des symptômes est très forte. Enfin, l'existence de situations familiales trop chaotiques, surtout si l'un des parents est psychologiquement souffrant, peut justifier une **mesure de placement temporaire** d'un jeune hors de sa famille.

SUICIDE ET ADOLESCENCE

Introduction et épidémiologie

Le phénomène du suicide est fréquemment évoqué lorsqu'on parle des adolescents. En augmentation constante depuis 30 ans, les tentatives de suicide constituent un véritable problème de santé publique dont les médias se font largement l'écho (p. ex., pacte de suicide), ce qui semble avoir pour conséquence un accroissement du nombre des gestes suicidaires posés, en raison du phénomène d'imitation assez propre à l'adolescence.

Ainsi, si les suicides sont assez rares chez l'enfant, ils sont devenus la **deuxième cause de mortalité** chez les adolescents. Les taux de récidive, importants, sont de l'ordre de 30 à 50 %. Les garçons semblent davantage à risque vital que les filles, chez lesquelles on trouve plus souvent une idéation, une menace ou une tentative de suicide de moindre gravité.

Les méthodes employées sont variées, mais l'absorption de médicaments reste de loin la plus utilisée. Le choix du procédé est souvent peu spécifique et dépend de l'accessibilité; ainsi, la possibilité pour plusieurs d'obtenir facilement des médicaments ou une arme à feu explique la fréquence d'utilisation de ces moyens. Cependant, les gestes les plus traumatiques (défenestration, précipitation sous un véhicule, automutilation) semblent caractériser des adolescents plus profondément perturbés. Certaines conduites dangereuses (accidents à répétition, surdose chez les toxicomanes, relations sexuelles non protégées) peuvent probablement être comprises comme de véritables conduites suicidaires, mais sans désir conscient de mort, ou encore comme des équivalents maniaques avec surévaluation des forces.

Facteurs de risque

Il est important de pouvoir déterminer les facteurs de risque fréquemment associés aux gestes suicidaires afin de guider les interventions, mais aussi d'organiser la prévention auprès des populations à risque. Il importe cependant de préciser qu'il n'existe pas, à l'heure actuelle, de protocole d'évaluation du risque suicidaire ou du risque de récidive qui soit véritablement fiable.

On trouve donc des facteurs de risque individuels, socioculturels et familiaux. Ainsi, une idéation, une menace ou une tentative suicidaire se voit fréquemment chez des adolescents présentant entre autres une dépression clinique. Des maladies affectives avérées telles que la schizophrénie, les troubles bipolaires et certains troubles de la personnalité sont associés à un risque suicidaire plus élevé. L'utilisation abusive d'alcool et de drogues, l'échec scolaire, les antécédents d'abus physiques ou sexuels dans l'enfance, ainsi que le suicide d'un pair dans l'entourage de l'adolescent constituent des facteurs de risque certains.

Sur les plans socioculturel et familial, on retient l'impact des situations de perte par le jeune de son soutien social (rupture avec le groupe de pairs, rupture amoureuse, déménagement, immigration, etc.), et la surreprésentation des problématiques familiales : conflits intergénérationnels, séparation parentale, antécédents de conduite suicidaire chez l'un des parents.

Signification psychologique des agirs suicidaires

La question de la signification psychologique des agirs suicidaires est vaste ; les quelques éléments explicatifs qui suivent ne se prétendent ni exhaustifs ni approfondis. Il convient aussi de préciser que le présent chapitre traite principalement du phénomène du suicide en général (idéations, propos, tentatives, etc.), et non strictement des cas de suicides réussis, beaucoup moins fréquents.

En fait, une controverse subsiste entre plusieurs auteurs qui cherchent à déterminer si les suicides réussis, les tentatives de suicide et les idéations suicidaires constituent des entités distinctes ou s'ils se situent dans un continuum. Les multiples profils d'adolescents qui réussissent un suicide par opposition à ceux qui font une tentative tendraient à supporter l'hypothèse selon laquelle il s'agit d'entités différentes. En effet, les tentatives sont plus souvent le fait de jeunes filles présentant des difficultés d'adaptation ou des troubles de la personnalité, qui fréquemment ont recours à des méthodes moins meurtrières dans des conditions permettant un sauvetage.

La tentative suicidaire doit alors être comprise comme un geste parfois désespéré pour maintenir ou rétablir une relation aux autres perturbée. Ces gestes sont des événements épisodiques dont la répétition, si elle se produit, traduit l'échec de la crise à modifier significativement l'environnement de l'adolescent, ou la perception qu'il en a. Un passage à l'acte survient souvent dans un contexte dysfonctionnel préliminaire, et à l'occasion d'un événement précipitant tel accumulation d'échecs, rupture, crise disciplinaire, humiliation, etc. Il est une expression de rage, d'impuissance ou de culpabilité. On peut aussi y voir la lutte de l'adolescent contre des sentiments d'abandon, de perte ou de séparation insoutenables.

L'analyse *a posteriori* des motivations sous-tendant les tentatives suicidaires permet de mettre au jour différents types de fantaisies :

revanche, jeu-défi contre la mort, renaissance et réunion avec un être disparu, autopunition, etc. Leur abord se fait ultérieurement au cours de la psychothérapie.

En revanche, dans la grande majorité des suicides réussis, on trouve une évidence de trouble mental associé, notamment une dépression, l'abus de drogues ou d'alcool, un trouble des conduites ou encore un trouble de la personnalité limite. Des signes avant-coureurs constituent autant d'occasions pour les médecins, psychiatres ou autres intervenants de détecter un comportement suicidaire, de tenter d'en évaluer la dangerosité et de mettre en place une intervention appropriée.

On peut considérer que la nécessité pour un adolescent d'exprimer par son intention de mort l'intensité de ses sentiments reflète chez lui une difficulté à recourir à des formes de communication moins extrêmes et plus rentables. Aussi, comprendre et lui expliquer le message qu'il veut nous adresser par son geste peut procurer un soulagement considérable, et vraisemblablement réduire le risque suicidaire à court terme.

Principes d'intervention et éléments de prévention

Bien qu'il appartienne souvent aux professionnels œuvrant à l'urgence des hôpitaux d'évaluer un adolescent suicidaire, des enseignants, psychologues scolaires, médecins de famille ou intervenants communautaires sont dans nombre de cas d'abord sollicités, les parents n'étant que rarement mis au courant par leur enfant de ses idéations suicidaires.

Il est alors important, pour ces intervenants, de faire preuve de calme et de respecter l'urgence d'écoute du malaise de l'adolescent, qui ne saurait être précipitamment considéré comme une manipulation mais plutôt reçu comme un appel à l'aide.

Dans un climat de concertation entre les différentes personnes du réseau scolaire, communautaire et pédopsychiatrique, une disponibilité doit être offerte à l'adolescent pour lui permettre d'exprimer une souffrance qu'il convient de tenter de contenir sans toutefois la banaliser. Elle a aussi pour but l'établissement d'une relation de confiance qui peut faciliter le processus d'orientation du jeune vers une ressource plus spécialisée, et permettre d'éviter une récidive.

La détermination de l'intensité du risque suicidaire se fait par l'appréciation de l'intensité des paramètres suivants: le degré de prévisibilité du geste, l'existence ou non d'un plan suicidaire, l'intention réelle de mourir, la présence de perturbations psychologiques associées, la qualité des mécanismes d'adaptation et de communication en plus de celle du soutien familial, et finalement le degré de stress environnemental. Les facteurs de risque associés avec la plus haute incidence de suicides réussis chez les adolescents âgés de 15 à 19 ans sont : le sexe masculin, des tentatives de suicide préalables, la présence d'une dépression majeure et un problème de toxicomanie. L'association de plusieurs de ces facteurs justifie alors une investigation médicale plus attentive.

L'évaluation du risque suicidaire guide le choix du type d'intervention. En cas de risque élevé, une hospitalisation est généralement recommandée afin de diagnostiquer et traiter une possible maladie mentale, affective ou autre, en plus d'établir un premier contact dans une situation familiale perturbée.

Dans un contexte moins aigu, une intervention psychosociale de crise est plus souvent proposée sur une base externe, incluant des volets familial et individuel, qui visent l'établissement d'un cadre thérapeutique propice à une prise en charge à plus long terme lorsqu'elle est indiquée (psychothérapie individuelle ou de groupe, thérapie familiale, etc.).

~

Les troubles affectifs de tous ordres brièvement décrits dans ce chapitre constituent un problème de santé mentale important. Cela s'évalue au regard de la souffrance vécue par le patient atteint, certes, mais aussi en en mesurant l'impact considérable particulièrement sur la famille, tant en ce qui concerne le parent par rapport à l'enfant que l'inverse. En outre, que ces pathologies atteignent les enfants et les adolescents ne fait aujourd'hui aucun doute. On peut donc fortement espérer qu'une connaissance accrue de ces maladies sur tous les plans nous permette de mieux les repérer, les comprendre et les traiter, et ce, dès leur survenue.

LECTURES SUGGÉRÉES

AMERICAN PSYCHIATRIC ASSOCIATION, 1994, *Diagnostic and Statistical Manual of Mental Disorders (4th edition): DSM-IV*, Washington, DC, American Psychiatric Press.

CAGLAR, H., LADAME, F., et G. RAIMBAULT, 1989, *Adolescence et suicide*, Paris, Éditions ESF.

DAVIDSON, F., 1985, « Le suicide chez l'enfant et l'adolescent, approche épidémiologique », dans S. LEBOVICI, R. DIATKINE et M. SOULÉ, *Traité de psychiatrie de l'enfant et de l'adolescent*, Paris, Presses Universitaires de France, p. 177-199.

DE AJURIAGUERRA, J., et D. MARCELLI, 1989, « Dépression de l'enfant », *Psychopathologie de l'enfant*, Paris, Masson, p. 332-345.

DULCAN, M.K., et C.W. POPPER, 1991, *Concise Guide to Child and Adolescent Psychiatry*, Washington, DC, American Psychiatric Press.

FETNER, H.H., et B. GELLER, 1992, «Lithium and Tricyclic Antidepressants», *Psychiatric Clinics of North America, Pediatric Psychopharmacology*, vol. 15, n° 1, p. 223-243.

HENDIN, H., 1991, «Psychodynamics of Suicide with Particular Reference to the Young, *American Journal of Psychiatry*, vol. 148, n° 9, p. 1150-1158.

JEAMMET, P., 1985, «La dépression chez l'adolescent», dans S. LEBOVICI, R. DIATKINE et M. SOULÉ, *Traité de psychiatrie de l'enfant et de l'adolescent*, Paris, Presses Universitaires de France, p. 305-329.

LESAGE, A., et coll., 1994, «Dossier: Le suicide», *Santé mentale au Québec*, vol. XIX, n° 2, p. 7-130.

MARCELLI, D., et A. BRACONNIER, 1988, «Le problème de la dépression», *Psychopathologie de l'adolescent*, Paris, Masson, p. 207-226.

MARCELLI, D., et A. BRACONNIER, 1988, «Les orientations thérapeutiques», *Psychopathologie de l'adolescent*, Paris, Masson, p. 439-476.

PERROT, B., 1985, «La dépression chez l'enfant», dans S. LEBOVICI, R. DIATKINE et M. SOULÉ, *Traité de psychiatrie de l'enfant et de l'adolescent*, Paris, Presses Universitaires de France, p. 291-305.

PFEFFER, C.R., 1991, «Attempted Suicide in Children and Adolescents: Causes and Management», dans M. LEWIS, *Child and Adolescent Psychiatry, A Comprehensive Textbook*, Baltimore, Williams and Wilkins, p. 664-673.

PUIG-ANTICH, J., 1985, «Affective Disorders», dans H.I. KAPLAN et B.J. SADOCK, *Comprehensive Textbook of Psychiatry/IV*, Baltimore, Williams and Wilkins, p. 1850-1861.

RYAN, N.D., 1992, «The Pharmacologic Treatment of Child and Adolescent Depression», *Psychiatric Clinics of North America, Pediatric Psychopharmacology*, vol. 15, n° 1, p. 29-41.

SANTÉ QUÉBEC, 1993, *Enquête québécoise sur la santé mentale des jeunes*, Montréal, hôpital Rivière-des-Prairies.

WELLER, E.B., et R.A. WELLER, 1991, «Mood Disorders», dans M. LEWIS, *Child and Adolescent Psychiatry, A Comprehensive Textbook*, Baltimore, Williams and Wilkins, p. 646-664.

CHAPITRE 14

La femme
et les maladies affectives

*Pierre Landry, M.D.**

Sommaire

*   Psychiatre à l'hôpital Louis-H. Lafontaine, professeur adjoint au Département de psychiatrie de l'Université de Montréal et chercheur au Centre de recherche Fernand-Seguin.

Les études épidémiologiques montrent que deux fois plus de femmes que d'hommes souffrent de dépression. Cette différence s'observe essentiellement dans la période entre l'apparition des premières règles et la ménopause; en effet, on ne note aucune différence entre les deux sexes durant l'enfance et chez la personne âgée. En outre, la durée d'un épisode dépressif est plus longue et le taux de récidive est plus élevé chez la femme (Winokur et coll., 1993). Le présent chapitre passe brièvement en revue les connaissances actuelles sur les états dépressifs touchant plus particulièrement les femmes.

TROUBLES DE L'HUMEUR DU POST-PARTUM

La grossesse et l'accouchement constituent pour la plupart des femmes une expérience positive. Toutefois, pour bon nombre d'entre elles, un état dépressif peut se manifester durant la période qui suit l'accouchement. Le cafard postnatal, mieux connu sous les désignations anglaises de « *baby blues* » ou de « *post-partum blues* », la dépression majeure avec apparition dans la période du post-partum et la psychose du post-partum sont trois entités qui se différencient par la gravité et la durée des symptômes (O'Hara et coll., 1990). D'autre part, une étude menée auprès des conjoints atteints de troubles bipolaires a établi que près de la moitié des hommes souffrent d'un épisode affectif important pendant ou après la grossesse de leur épouse. Ces données fort éloquentes témoignent de la complexité de l'interaction entre maladie mentale, aspects psychosociaux et grossesse. Il est cependant possible de chercher à prévenir ces troubles ou, le cas échéant, à orienter leur traitement.

Cafard postnatal

Le cafard postnatal est un syndrome observé chez 40 à 80 % des femmes pendant la première ou la deuxième semaine après l'accouchement (O'Hara et coll., 1990). Ces femmes manifestent alors une tristesse, une anxiété, une fluctuation de l'humeur et une irritabilité. Souvent, le sommeil et l'appétit sont perturbés. La durée des symptômes est brève et dépasse rarement plus de quelques jours.

Pour de nombreuses femmes, le cafard postnatal débute dès la fin de l'accouchement et s'exprime par un détachement affectif envers l'enfant et une absence d'émotions (Guedeney et coll., 1993). Une telle réaction occasionne un sentiment de culpabilité chez la femme mais, heureusement, il n'y a aucune répercussion fâcheuse sur la relation mère-enfant dans l'immédiat ou le futur.

Dépression majeure avec apparition dans la période du post-partum

Le début d'une dépression majeure peut ressembler au cafard postnatal sauf que les symptômes persistent pendant plusieurs mois et risquent de s'accentuer avec le temps. Selon le DSM-IV, on peut établir un diagnostic de dépression majeure avec apparition dans la période du post-partum lorsque les symptômes surviennent dans les quatre semaines suivant l'accouchement. Par ailleurs, la littérature sur le sujet nous apprend que les six premiers mois après l'accouchement constituent en fait une période de plus grande vulnérabilité ; néanmoins, durant les quatre à six premières semaines qui suivent l'accouchement, le risque de survenue d'une dépression majeure est trois fois plus élevé. Cette vulnérabilité est plus marquée si la femme ou un membre de sa famille a déjà souffert de dépression majeure, ou encore si la femme vit seule ou dans un milieu défavorisé.

Dans la dépression majeure, les troubles de l'humeur sont caractérisés par une fatigue, un manque d'énergie, une insatisfaction face à soi-même et une tendance à se dévaloriser (voir, dans le chapitre 2, la section intitulée «Épisode de dépression majeure»). La mère a l'impression d'être incapable de subvenir aux besoins de son enfant, ce que les pleurs de ce dernier ne font d'ailleurs que confirmer. Avec le temps, un sentiment de détresse et de désespoir s'installe et suscite des vélléités de mort ou de suicide chez la femme, ou même encore une crainte obsédante de blesser ou de tuer son enfant. Ces pensées ou désirs sont particulièrement troublants pour la mère et l'amènent à croire qu'elle n'est pas à la hauteur et qu'elle perd le contrôle de sa vie, bien qu'en réalité il n'y ait pas nécessairement de danger véritable pour l'enfant.

Psychose du post-partum

La psychose du post-partum (trouble psychotique non spécifique selon le DSM-IV) est la forme la plus grave des troubles mentaux postnataux. Elle survient habituellement durant le premier mois après l'accouchement, et ce, chez une femme sur 1 000 (Kendell et coll., 1987). Le risque est particulièrement élevé chez les femmes atteintes de troubles affectifs bipolaires, surtout s'il s'agit d'une première grossesse. Un suivi psychiatrique est fortement recommandé chez ces femmes durant la période postnatale. D'autres facteurs tels que des antécédents familiaux de maladie mentale, l'accouchement par césarienne, un statut socioéconomique défavorisé, le décès de l'enfant immédiatement avant ou après l'accouchement, ainsi que le fait de se trouver, de par la naissance de l'enfant, à la tête d'une famille monoparentale, contribuent à l'apparition de symptômes psychotiques.

Le suicide et l'infanticide constituent un risque réel qui se concrétise en fait chez près de 5 % des femmes atteintes de psychose du postpartum. Lorsque cela se produit, la mère présente plus souvent qu'autrement des croyances délirantes de nature paranoïde ou à connotation mystique centrées sur son enfant. Ces fausses perceptions de son environnement entraînent des comportements inappropriés et dangereux chez la mère. Cette situation est bien différente de celle rencontrée chez la mère souffrant de dépression mais non de psychose car, bien que cette dernière se considère comme inapte à satisfaire les besoins de son enfant, ses actes et ses gestes sont appropriés et ne comportent pas de dangerosité véritable pour l'enfant.

FACTEURS BIOLOGIQUES EN CAUSE DANS LES TROUBLES DE L'HUMEUR DU POST-PARTUM

Plusieurs facteurs d'ordre biologique peuvent être en cause dans la survenue de troubles de l'humeur en période de post-partum.

Ainsi, il est certain qu'une femme ayant par le passé souffert de dépression, notamment à la suite d'une grossesse, est davantage susceptible de faire une rechute. En outre, il est possible qu'une prédisposition génétique existe puisque cette plus grande vulnérabilité peut se manifester également chez d'autres membres de la même famille.

Par ailleurs, la période périnatale est marquée par d'énormes transformations et changements pour ce qui concerne les fonctions cardiaque, rénale, circulatoire et hormonale. Tel qu'on le signalait au chapitre 6 dans la section intitulée «Études portant sur les hormones (neuroendocrinologie)», la synthèse des hormones est régie par la glande hypophyse située dans le cerveau. Cette glande libère dans le sang des substances chimiques qui régularisent la sécrétion d'hormones telles l'œstrogène (par les ovaires), le cortisol (par les glandes surrénales localisées sur les reins) et la thyroxine (par la glande thyroïde). Or, les études actuelles suggèrent que ces hormones agissent sur l'humeur en modifiant l'activité des cellules nerveuses du système limbique.

Durant les jours qui suivent l'accouchement, on assiste justement à une diminution de la sécrétion de ces hormones, dont la conséquence serait de favoriser l'apparition du cafard postnatal, de la dépression majeure ou de la psychose du post-partum. Ainsi, comme l'œstrogène diminue l'activité de la dopamine et, de cette manière, protège en quelque sorte la femme contre la psychose, la baisse rapide du taux d'œstrogènes survenant au moment de l'accouchement et accompagnée d'une augmentation de l'activité de la dopamine favoriserait l'apparition de la psychose chez les femmes plus vulnérables. Chez les femmes souffrant de troubles dépressifs, on observerait une diminution marquée du fonctionnement de la glande thyroïde.

Un autre facteur possiblement à l'origine des troubles de l'humeur du post-partum est le tryptophane, une molécule chimique du groupe des acides aminés indispensable à la synthèse de la sérotonine. Or, comme on le mentionnait au chapitre 6, dans la section intitulée «Neurones», la sérotonine est une substance chimique synthétisée par des cellules du noyau raphé dans le cerveau, qui agit à titre de neurotransmetteur (c.-à-d. qu'elle sert en quelque sorte de «messager» pour aider la communication entre les neurones). Les chercheurs ont observé une diminution du taux de tryptophane dans le sang chez les femmes dans les quelques jours qui suivent l'accouchement, ce qui a pu laisser croire à une réduction du taux de sérotonine dans le cerveau favorisant la survenue de la dépression (Handley et coll., 1980). Cette hypothèse intéressante s'est cependant avérée insuffisante étant donné que l'apport d'un supplément de tryptophane dans la diète n'empêche pas l'apparition du cafard ou d'une dépression majeure dans cette période.

Une dernière hypothèse a trait aux changements soudains des endorphines dans le cerveau. Les endorphines, sécrétées par l'hypothalamus lors de stress importants et agissant comme un analgésique puissant, sont sécrétées massivement pendant l'accouchement; leur diminution rapide après l'accouchement pourrait entraîner un syndrome de sevrage et conduire au cafard et à la dépression (Watson et coll., 1984).

FACTEURS PSYCHOSOCIAUX EN CAUSE DANS LES TROUBLES DE L'HUMEUR DU POST-PARTUM

Des facteurs psychosociaux pourraient également être à l'origine de la survenue de troubles affectifs durant la période du post-partum.

Ainsi, le fait que les troubles de l'humeur surviennent le plus souvent chez une mère d'un premier enfant rend compte de manière éloquente de toute l'anxiété que suscitent ces nouvelles responsabilités. L'habileté à comprendre les besoins et à combler les demandes constantes d'un bébé qui pleure est un apprentissage qui ne s'effectue pas aisément pour certaines femmes. Cet apprentissage sera d'autant plus difficile que la mère de ces femmes aura été absente ou aura prodigué des soins plus ou moins adéquats à ses enfants.

Souvent, la nouvelle mère met de côté ses loisirs ou sa vie professionnelle pour centrer ses activités sur les besoins de l'enfant, en fonction des attentes de son entourage à cet égard. En effet, malgré l'évolution qu'a connue la société occidentale en ce qui concerne le rôle de la femme, il n'en demeure pas moins que la tâche de s'occuper du bébé incombe encore davantage à la mère.

Étant donné les changements profonds de sa routine quotidienne que représentent ces responsabilités, la nouvelle mère n'a plus les mêmes points de repère, ni les mêmes gratifications, phénomène qui est amplifié si elle reçoit peu de soutien de son conjoint ou de sa famille. Un sentiment d'insécurité et de confusion peut l'envahir, lui donner l'impression d'être inapte à remplir son rôle et occasionner chez elle des troubles dépressifs. La frustration et la colère qui s'emparent alors d'elle sont le plus souvent dirigés vers le bébé, car elle le tient en quelque sorte responsable de sa situation. On peut imaginer l'intensité de la colère ressentie lorsque, en outre, la grossesse en question n'était pas désirée. Simultanément, la mère se sent coupable d'éprouver de tels sentiments envers son enfant, exacerbée par le fait que la société s'attend plutôt à des débordements de joie de sa part.

TRAITEMENT DES TROUBLES DE L'HUMEUR DU POST-PARTUM

En fait, le meilleur traitement débute par un programme de prévention. Les cours prénataux donnés dans plusieurs cliniques médicales, dispensaires et CLSC apportent à la mère beaucoup d'informations sur la préparation psychologique à son nouveau rôle et sur les soins à donner au bébé. La participation du conjoint est un atout indéniable qui assure une stabilité dans le tourbillon des changements qu'entraînera l'arrivée du bébé.

Une femme ayant déjà connu une dépression ou une psychose aurait intérêt à en informer son médecin ou à consulter son psychiatre avant l'accouchement afin d'assurer un suivi pendant les premiers mois suivant la naissance de l'enfant. De cette façon, le médecin pourra intervenir rapidement, le cas échéant, et proposer un traitement immédiat permettant d'éviter une exacerbation des symptômes.

Le traitement du **cafard postnatal** se résume en général à fournir un soutien psychologique à la mère puisque cet état est de courte durée et ne nécessite pas d'intervention complexe.

La **dépression majeure avec apparition dans la période du post-partum** est, par définition, plus grave et requiert un traitement différent; néanmoins, le mode d'intervention dépend là également de l'intensité des symptômes. On a établi qu'il suffit d'une rencontre hebdomadaire avec une infirmière pendant les deux premiers mois suivant l'accouchement et la survenue des troubles pour aider le tiers des femmes atteintes de dépression. En plus de conseiller la mère sur la façon d'apporter les soins à l'enfant, l'infirmière lui fournit un soutien psychologique et peut même intervenir auprès du couple, au besoin. Si ces mesures s'avèrent insuffisantes, une psychothérapie formelle, l'hospitalisation de jour ou même une hospitalisation avec ou sans une médication peuvent être envisagées. Une intervention précoce et globale évitera des conséquences néfastes pour la mère, le nouveau-né et les autres membres de la famille.

TRAITEMENT PHARMACOLOGIQUE ET GROSSESSE

Le traitement pharmacologique d'une maladie mentale grave chez une femme enceinte pose un dilemme puisqu'il faut choisir entre le bien-être de la patiente et le risque d'effets indésirables sur le développement du fœtus que peut comporter l'administration d'un médicament. Par ailleurs, il faut reconnaître que l'état d'une femme qui ne s'alimente plus ou qui a un comportement suicidaire peut être à vrai dire tout aussi dommageable pour le fœtus que ce médicament. D'autre part, il n'est pas rare qu'une femme tombe enceinte alors qu'elle prend un psychotrope. Les futurs parents veulent alors connaître le risque d'avoir un enfant porteur d'une malformation congénitale et les autres conséquences éventuelles de la prise de l'agent pharmacologique sur le développement de l'enfant.

Pour des raisons éthiques évidentes, aucune étude prospective permettant de connaître l'effet tératogène des psychotropes n'a été réalisée. On a étudié cependant l'effet des médicaments au cours de la grossesse chez des animaux de laboratoire, mais il est évidemment difficile de transposer à la femme les résultats obtenus. Malgré ces restrictions, un nombre considérable de cas où des psychotropes ont été utilisés par mégarde ou par nécessité absolue durant la grossesse ont été observés. Bien que cela puisse paraître surprenant, les études épidémiologiques américaines et européennes indiquent que près de 35 % des femmes prennent un psychotrope à un moment ou à un autre durant leur grossesse (Doering et Stewart, 1978).

Il importe au premier abord de garder à l'esprit qu'environ 3 % de tous les nouveau-nés sont porteurs d'une malformation et que, de ce nombre, seules 5 % seraient dues à la prise d'un médicament quelconque (Kalter et Warkany, 1983); en fait, la cause de la très grande majorité des malformations est inconnue, bien qu'environ 20 % d'entre elles soient d'origine héréditaire ou infectieuse.

Par ailleurs, la formation des organes (ou organogénèse) du fœtus survenant entre la troisième et la neuvième semaine de gestation, c'est au cours de cette période que le fœtus est le plus vulnérable aux effets tératogènes de la médication. Après le premier trimestre de la grossesse, le risque de malformation d'un organe est minime mais, théoriquement, il demeure toujours possible que l'agent pharmacologique produise une altération de la fonction d'un organe en développement, par exemple, une diminution de l'efficacité de la contraction cardiaque.

Parmi les psychotropes, les anticonvulsivants et plus particulièrement l'acide valproïque (Depakene® [C], Depakine® [F], Epival® [C]) sont les seuls dont l'effet tératogène a été clairement établi. Environ 1 % des fœtus exposés à l'acide valproïque présentent une anomalie de la moelle épinière. Des cas isolés ont suggéré une association entre les benzodiazépines et la formation d'une fissure palatine (bec-de-lièvre), tandis que le lithium produirait une anomalie cardiaque, cette association ayant toutefois été récemment remise en question (Jacobson et coll., 1992). Des études plus exhaustives et systématiques montrent que les neuroleptiques et les antidépresseurs cycliques sont sûrs, mais la prudence reste de rigueur puisqu'une malformation des membres a été signalée chez quelques nouveau-nés. Ainsi, les IMAO sont fortement déconseillés, car ils produisent des malformations chez les animaux. L'expérience clinique trop restreinte que nous avons des antidépresseurs mis au point depuis peu explique qu'ils soient contre-indiqués durant la grossesse. Toutefois, une étude récente suggère que les antidépresseurs et plus particulièrement la fluoxétine (Prozac® [C, F]) ne produiraient pas de malformations fœtales; ils augmenteraient néanmoins le risque d'avortement spontané (Pastuszak et coll., 1993). En définitive, les connaissances actuelles incitent à éviter dans la mesure du possible l'utilisation de psychotropes durant la grossesse. Il importe en outre de noter que, dans les cas où un psychotrope a été utilisé, le risque de tératogénécité demeure faible et qu'il n'y a pas nécessairement lieu de procéder à un avortement.

Cependant, lorsque la situation clinique exige l'administration d'un psychotrope, les quatre principes suivants doivent fonder le traitement pharmacologique:

- dans la mesure du possible, éviter les psychotropes durant le premier trimestre de la grossesse;

- utiliser la plus faible posologie possible, sans évidemment compromettre l'efficacité du traitement;

- fractionner les doses durant la journée pour éviter les concentrations trop fortes de médicament dans le sang et le placenta;

- diminuer, voire cesser l'administration du médicament quelques semaines avant l'accouchement pour prévenir des effets indésirables ou une   période de sevrage chez le nouveau-né.

En effet, le foie et les reins du nourrisson ne sont pas suffisamment développés et ne peuvent métaboliser et éliminer adéquatement les médicaments qui continuent conséquemment à circuler dans le sang encore plusieurs jours, ce qui entraîne des risques potentiellement graves tels qu'une diminution du tonus musculaire et du réflexe de succion, une détresse respiratoire, une difficulté à maintenir une température corporelle stable ainsi que des troubles digestifs. Enfin, signalons que, si à l'heure actuelle, le suivi à long terme d'enfants exposés aux psychotropes ne révèle aucune anomalie après quatre ans de surveillance, il reste cependant à vérifier leur performance scolaire pour s'assurer que les fonctions intellectuelles et cognitives sont intactes.

Par ailleurs, tous les psychotropes sont solubles dans le gras et se trouvent de ce fait dans le lait maternel en quantité non négligeable. Afin d'éviter d'exposer l'enfant à ces médicaments, l'allaitement est donc habituellement déconseillé chez les mères qui prennent des psychotropes.

TROUBLE DYSPHORIQUE PRÉMENSTRUEL (TDP)

L'inclusion dans les manuels de psychiatrie du trouble dysphorique prémenstruel (TDP), apparenté au syndrome prémenstruel et considéré comme une entité diagnostique distincte, a soulevé comme on s'en souvient un tollé de protestations tant chez les regroupements féministes que parmi les psychiatres ou dans le grand public. Or, il ne s'agissait nullement de «psychiatriser» un processus physiologique normal mais plutôt de souligner jusqu'à quel point la période prémenstruelle peut être une entrave importante au fonctionnement habituel d'une femme. Ainsi, même si 80 % des femmes présentent des symptômes prémenstruels, seuls 5 % d'entre elles répondent aux critères du TDP.

Physiologie du cycle menstruel

Le cycle menstruel est habituellement de 28 jours et débute par les règles (ou menstruations). Au cinquième jour du cycle menstruel, on assiste à la phase proliférative au cours de laquelle un ovule est préparé pour l'ovulation. Durant cette phase, le cerveau libère une hormone qui stimule la production d'œstrogènes par les ovaires. Au quatorzième jour, on assiste à une libération d'œstrogènes brusque mais non soutenue qui déclenche l'ovulation, c'est-à-dire la libération d'un ovule par les ovaires. Survient ensuite la phase lutéale correspondant en quelque sorte à la préparation de l'utérus pour accueillir l'ovule fécondé. Cette phase est caractérisée par la sécrétion de la progestérone qui, avec les œstrogènes, stimule la prolifération des cellules de la paroi et des vaisseaux sanguins de l'utérus. Le vingt et unième jour, la synthèse des œstrogènes et de la progestérone atteint son point culminant et, graduellement, diminue. À ce moment, les symptômes prémenstruels se manifestent et ils persistent jusqu'au début des règles, c'est-à-dire lorsque les taux d'œstrogènes et de progestérone sont les plus bas.

Symptômes associés au TDP

Les symptômes associés au syndrome prémenstruel sont d'ordre physique et psychologique alors que le TDP se caractérise surtout par des symptômes psychologiques. Ceux-ci apparaissent de façon cyclique, débutant de deux à cinq jours avant le début des règles et s'estompant rapidement dès les premiers saignements. Les symptômes sont plus marqués chez les femmes âgées de 30 à 40 ans. Le tableau 14.1 présente les critères diagnostiques du trouble dysphorique prémenstruel tels qu'ils sont énoncés dans le DSM-IV.

Un chevauchement entre ces symptômes et ceux de la dépression majeure laisse soupçonner une étiologie commune à ces deux entités. Cette hypothèse est soutenue par le fait qu'une dépression majeure est exacerbée durant la période prémenstruelle et que les taux de tentatives de suicide et d'hospitalisations de femmes souffrant de troubles dépressifs ou de manie augmentent durant la phase prémenstruelle. En outre, les femmes atteintes de TDP ont plus de risque de souffrir d'une dépression majeure durant leur vie, ou de compter une personne souffrant de dépression parmi les membres de leur famille. Enfin, tout comme dans la dépression, le taux de sérotonine dans le cerveau diminue durant la phase prémenstruelle, ce qui favorise le goût pour les sucres, les perturbations de l'humeur, l'impulsivité et les troubles du sommeil.

De plus en plus, les psychiatres s'intéressent au traitement du TDP, puisqu'il s'apparente à celui de la dépression majeure. En effet, la fluoxétine (Prozac® [C, F]) serait particulièrement efficace pour diminuer l'intensité des symptômes d'ordre psychologique tels que la tristesse, l'irritabilité, le manque d'intérêt pour les activités habituelles, les troubles de la concentration et la fatigue ; l'amélioration des symptômes physiques serait moins marquée, bien que certaines femmes rapportent une diminution de la douleur aux seins, des douleurs musculaires et du gonflement abdominal (Menkes et coll., 1993). Cette réponse aux antidépresseurs confirme indirectement le lien possible entre la dépression et le TDP.

D'autres traitements visant davantage le soulagement des symptômes physiques consistent à administrer un diurétique pour réduire l'œdème et le gonflement abdominal, de la bromocriptine (Parlodel® [C, F]) pour inhiber la glande hypophyse dans sa production de prolactine, hormone responsable de la douleur aux seins, et des contraceptifs oraux régularisant la synthèse d'œstrogènes et de progestérone (Rausch et Parry, 1993).

TABLEAU 14.1
**Critères diagnostiques du trouble dysphorique prémenstruel (TDP)
selon le DSM-IV**

A. Survenue, au cours de la plupart des cycles menstruels des cinq années précédentes, d'au moins cinq symptômes mentionnés ci-dessous, apparaissant durant la dernière semaine de la phase lutéale, et disparition de ces symptômes quelques jours après le début des règles (menstruations):
  • accès soudain de tristesse, sentiment de désespoir ou de dévalorisation;
  • anxiété, tension intérieure;
  • changement rapide de l'humeur;
  • colère ou grande irritabilité;
  • diminution de l'intérêt pour les occupations habituelles comme le travail, les loisirs;
  • troubles de la concentration;
  • fatigabilité rapide ou baisse importante d'énergie;
  • changement marqué dans l'appétit, consommation excessive d'aliments;
  • hypersomnie ou insomnie;
  • impression de perdre le contrôle;
  • symptômes physiques tels qu'hypersensibilité ou gonflement des seins, maux de tête, douleurs musculaires ou articulaires, gain de poids, sensation de gonflement abdominal.

B. Perturbation marquée du fonctionnement au travail, des activités sociales ou des relations avec autrui.

C. Confirmation de la présence des critères A et B pendant deux cycles menstruels consécutifs.

Source: Adaptation et traduction libre du tableau intitulé «Research criteria for premenstrual dysplasic disorder», American Psychiatric Association (1994, p. 717-718). Le *Manuel diagnostique et statistique des troubles mentaux (DSM-IV)*, traduction française officielle de ce livre dont Masson est le seul éditeur autorisé, n'était pas encore publié au moment où a été imprimé le présent ouvrage.

DÉPRESSION ET MÉNOPAUSE

En 1876, un neuropsychiatre anglais du nom de Maudsley introduisait le terme «mélancolie d'involution» pour décrire les états dépressifs profonds observés chez les femmes en début de ménopause. Cette notion s'est perpétuée pendant près d'un siècle avant d'être réfutée par plusieurs chercheurs dans certaines études. Parmi ces études, mentionnons celle menée par Weissman (1979) auprès de 422 femmes et dont les résultats mettent en évidence une diminution plutôt qu'une augmentation de l'incidence de la dépression lors de la ménopause. Dans cette perspective, le DSM-IV ne comporte pas d'entité diagnostique distincte de dépression majeure spécifique pour la ménopause comme c'est le cas pour la dépression majeure avec apparition dans la période du post-partum.

Or, récemment, une étude réalisée en Angleterre établissait que près de la moitié des femmes ménopausées participant à l'étude consultaient leur médecin spécifiquement pour des symptômes dépressifs; parmi celles-ci, 20 % n'avaient auparavant jamais souffert de dépression clinique (Hay et coll., 1994). Cette étude vient donner raison à Schmidt et Rubinov (1991) qui avaient critiqué dans un article la méthodologie et les critères utilisés pour définir la dépression et la ménopause dans les études antérieures. Dans ces études, les chercheurs avaient exclu les dépressions atypiques comportant des symptômes d'hyperphagie et d'hypersomnie. De plus, la définition de la ménopause était basée, parfois sur l'âge ou les symptômes de la ménopause, ailleurs sur l'irrégularité du cycle menstruel, ou même sur le dosage sanguin des hormones. Cette ambiguïté des critères diagnostiques constitue à vrai dire un obstacle majeur à une meilleure compréhension de la dépression en période de ménopause.

En définitive, bien que la dépression survenant durant la ménopause soit souvent attribuée aux changements hormonaux, aucune preuve pouvant confirmer ou infirmer cette hypothèse n'existe à l'heure actuelle. Il importe également de reconnaître le rôle que jouent les facteurs psychologiques qui accompagnent la ménopause. Certaines femmes peuvent avoir l'impression de perdre une partie de leur identité lorsque le cycle menstruel cesse. De plus, certains changements familiaux, et même le départ des enfants de la maison, peuvent coïncider avec la ménopause et contribuer à l'émergence d'une dépression. La recherche doit se pencher sur ces questions afin de mieux orienter l'approche thérapeutique des troubles dépressifs dans cette période.

~

L'incidence de la dépression est deux fois plus élevée chez les femmes que chez les hommes. Cette différence est en partie attribuable aux événements de vie et aux particularités endocrinologiques liées au cycle menstruel, à la période du post-partum et à la ménopause. Ainsi, la période du post-partum se caractérisant par une plus grande vulnérabilité chez les femmes ayant déjà souffert de dépression ou de manie, celles-ci devraient recourir à une aide durant leur grossesse pour prévenir une rechute. En définitive, le choix et l'efficacité des diverses approches thérapeutiques du traitement des troubles dépressifs et bipolaires chez les femmes reposent sur une meilleure compréhension des aspects biologiques, psychologiques et sociaux des phénomènes marquant plus spécifiquement la vie de ces dernières.

BIBLIOGRAPHIE

AMERICAN PSYCHIATRIC ASSOCIATION, 1994, *Diagnostic and Statistical Manual of Mental Disorders (4th edition): DSM-IV*, Washington, DC, American Psychiatric Press.

DOERING, J.C., et R.B. STEWART, 1978, « The Extent and Character of Drug Consumption During Pregnancy », *Journal of the American Medical Association*, vol. 239, n° 9, p. 843-846.

GUEDENEY, A., et coll., 1993, «Inverse Evolution of Emotional Blunting and Irritability After Delivery», *American Journal of Psychiatry*, vol. 50, n° 3, p. 521-522.

HANDLEY, S.L., et coll., 1980, «Tryptophane, Cortisol and Puerperal Mood», *British Journal of Psychiatry*, vol. 136, n° 5, p. 498-508.

HAY, A., BANCROFT, J., et E.C. JOHNSTONE, 1994, «Affective Symptoms in Women Attending a Menopause Clinic», *British Journal of Psychiatry*, vol. 164, n° 4, p. 513-516.

JACOBSON, S.J., et coll., 1992, «Prospective Multicentre Study of Pregnancy Outcome after Lithium Exposure during the First Trimester», *Lancet*, vol. 339, n° 8792, p. 530-533.

KALTER, J., et J. WARKANY, 1983, «Congenital Malformations. Part 1: Etiologic Factors and Their Role in Prevention», *New England Journal of Medicine*, vol. 308, n° 8, p. 424-431.

KENDELL, R.E., CHALMERS, J.C., et C. PLATZ, 1987, «Epidemiology of Puerperal Psychoses», *British Journal of Psychiatry*, vol. 150, n° 5, p. 662-673.

MENKES, D.B., et coll., 1993, «Fluoxetine's Spectrum of Action in Premenstrual Syndrome», *International Clinical Psychopharmacology*, vol. 8, n° 2, p. 95-102.

O'HARA, M.W., et coll., 1990, «Controlled Prospective Study of Postpartum Mood Disorders: Comparison of Childbearing and Nonchildbearing Women», *Journal of Abnormal Psychology*, vol. 99, n° 1, p. 3-15.

PASTUSZAK, A., et coll., 1993, «Pregnancy Outcome Following First-Trimester Exposure to Fluoxetine (Prozac)», *Journal of the American Medical Association*, vol. 269, n° 17, p. 2246-2248.

RAUSCH, J.L., et B.L. PARRY, 1993, «Treatment of Premenstrual Mood Symptoms», *Psychiatric Clinics of North America*, vol. 16, n° 4, p. 829-839.

SCHMIDT, P.J., et D.R. RUBINOV, 1991, «Menopause-Related Affective Disorders: A Justification for Further Study», *American Journal of Psychiatry*, vol. 148, n° 7, p. 844-852.

WATSON, J.P., et coll., 1984, «Psychiatric Disorder in Pregnancy and the First Post-Natal Year», *British Journal of Psychiatry*, vol. 144, n° 5, p. 453-462.

WEISSMAN, M.M., 1979, «The Myth of Involutional Melancolia», *Journal of the American Medical Association*, vol. 242, p. 742-744.

WINOKUR, G., et coll., 1993, «A Prospective Follow-Up of Patients with Bipolar and Primary Unipolar Affective Disorder», *Archives of General Psychiatry*, vol. 50, n° 6, p. 457-465.

LECTURES SUGGÉRÉES

BAVOUX, F., BODIOU, C., et E. ELEFANT, 1991, «Médicaments du système nerveux central et bébé», *Neuropsychiatrie de l'enfant*, vol. 39, n° 10, p. 457-468.

BERGERON, R., et coll., 1991, *Le syndrome prémenstruel*, Montréal, Louise Courteau Éditrice inc.

La dépression chez les personnes âgées

Arthur Amyot, M.D.[*]

Sommaire

[*] Psychiatre et psychanalyste, responsable de l'enseignement et des activités acadé-
 miques au Pavillon Albert-Prévost de l'hôpital du Sacré-Cœur de Montréal, et professeur titulaire au Département de psychiatrie de l'Université de Montréal.

ÉPIDÉMIOLOGIE DE LA DÉPRESSION
CHEZ LES PERSONNES ÂGÉES

Selon un rapport présenté lors de la 146e réunion annuelle de l'American Psychiatric Association (Tollefson, 1993), des études épidémiologiques portant sur la dépression signalent que, après 65 ans, plus de 1 % des hommes et de 3,5 % des femmes manifestent des symptômes de dépression majeure. La fréquence et la gravité de cette maladie affective possiblement réversible incitent fortement à se pencher sur la population qu'elle affecte et chez laquelle tant le dépistage que le traitement posent des défis. Toujours selon cet auteur, l'amélioration du pronostic à long terme de la dépression chez les personnes âgées passe nécessairement par un dépistage et un traitement précoces.

Néanmoins, contrairement à ce qu'on pourrait croire, la prévalence de la dépression majeure est moindre chez les personnes âgées que chez les adultes plus jeunes, ce qui donne à penser que le vieillissement ne constitue pas en soi un facteur étiologique de la dépression. En fait, les symptômes d'une dépression majeure chez les personnes âgées de 50 ans et plus sont très souvent associés à une maladie physique concomitante. Une attention toute particulière dans l'évaluation médicale s'avère donc nécessaire.

En revanche, la prévalence du taux de suicide est plus importante chez les personnes âgées de 65 ans et plus que dans la population en général. Allen et Blazer (1991) rapportent qu'aux États-Unis, en 1986, le taux de suicide chez les personnes âgées de plus de 65 ans était de 21,6 par 100 000 habitants, comparativement au taux national qui était de 12,8 par 100 000 habitants pour la même année. Selon ces auteurs, le statut socioéconomique des personnes âgées est un facteur jouant un rôle non négligeable dans l'augmentation du taux de suicide. Selon Léger et coll. (1989), le nombre des suicides réussis croît en fonction du vieillissement, pour atteindre des chiffres très importants chez le sujet âgé, surtout après 80 ans. Ainsi, en 1972, en France, 30 % des personnes décédées par suicide avaient dépassé 60 ans.

Il est vrai, comme on le verra au chapitre 16, à la section intitulée «Ampleur du phénomène du suicide», que le suicide a augmenté de façon importante au Québec au cours des trois dernières décennies, le taux par 100 000 habitants ayant en effet plus que triplé pendant cette période. Selon les données démographiques publiées (Duchesne, 1994), le taux de suicide des personnes âgées de 65 à 74 ans était au Québec, en 1993, par 100 000 habitants, de 27,1 chez les hommes et de 6,4 chez les femmes. Ce taux présentait une légère diminution chez les 75 ans et plus, se situant, par 100 000 habitants, à 23,7 chez les hommes et à 4,3 chez les femmes. De façon générale, le suicide représente cependant chez les personnes âgées une cause de mortalité qui, loin de s'atténuer, semble plutôt se maintenir, voire s'aggraver.

Chez ces personnes, le risque de suicide le plus élevé se situerait dans la première année qui suit le décès du conjoint, et serait de 2,5 % selon Teri et coll. (1994). Par ailleurs, la tentative de suicide est chez la personne âgée un phénomène rare, les moyens utilisés assurant le plus souvent le succès du geste suicidaire. La pendaison est la méthode la plus employée, suivie de l'utilisation des armes à feu et de la précipitation dans le vide (défenestration). La noyade, l'asphyxie et l'intoxication médicamenteuse sont moins fréquentes.

La prévalence de la dépression majeure, laquelle pourrait sûrement être en cause dans l'augmentation du taux de suicide mentionnée plus haut, est beaucoup plus forte dans les institutions de soins prolongés (12 %) ou les hôpitaux prodiguant des soins aigus (12 %) que dans la communauté, un phénomène que plusieurs facteurs peuvent expliquer, dont notamment les suivants :

- **La façon dont le placement en institution s'effectue.** Dans bien des cas, le choix de l'institution n'est pas fait par la personne âgée elle-même ; souvent, elle est peu consultée. De plus, la rapidité avec laquelle les décisions se prennent fait en sorte que la personne âgée se sent bousculée, écartée, voire rejetée.

- **Les renoncements nécessaires.** Lorsqu'on entre en institution de soins prolongés, on doit se séparer de beaucoup de personnes, de souvenirs, d'objets (mobilier) et d'un environnement familier pour occuper une seule pièce, autour de laquelle l'univers se rétrécit. Il s'agit là d'autant de deuils à assumer et qui ne vont pas de soi.

- **Les maladies physiques.** La personne âgée résidant en institution de soins prolongés souffre presque toujours d'au moins une maladie physique souvent invalidante et/ou associée à la présence de douleurs. Ces maladies physiques sont des facteurs de risque de survenue d'une dépression.

- **L'isolement et le retrait social.** Les symptômes dépressifs sévères qui se manifestent, soit l'isolement, le retrait social, la sous-alimentation, la perte de poids et les idées suicidaires, font qu'il devient de moins en moins possible de traiter la personne âgée vivant seule à son domicile.

Par ailleurs, selon Salzman (1993), la dépression est une maladie dont la prévalence, variant de 3 à 5 % dans cette population en général, est considérablement plus élevée dans les résidences pour personnes âgées, le taux pouvant alors atteindre de 15 à 25 %.

On reconnaît communément que la dépression majeure présente chez les personnes âgées échappe souvent au diagnostic et ne reçoit pas un traitement adéquat, ce qui entraîne une augmentation de la morbidité et de la mortalité liées à cette maladie affective, ainsi que celle de la durée des séjours dans les hôpitaux pour recevoir des soins médicaux. Bien que l'efficacité des antidépresseurs associés à la psychothérapie ait été établie, un trop grand nombre de personnes âgées ne profitent pas de ces thérapeutiques parce que le diagnostic de dépression n'a tout bonnement pas été posé. Or, il est important de le faire, tout en tenant évidemment compte de tous les facteurs organiques, psychosociaux et familiaux qui peuvent interagir sur la personne âgée au moment où elle manifeste une symptomatologie dépressive, ce qui sera d'ailleurs également le cas au moment d'évaluer le traitement de la dépression pour optimaliser celui-ci.

SYMPTOMATOLOGIE TYPIQUE

Outre les symptômes dépressifs tirés du DSM-IV et de la CIM-10 dont il est question au chapitre 2 du présent ouvrage, la personne âgée présente des particularités symptomatologiques qui semblent assez caractéristiques:

– **La peur de la mort.** L'angoisse de la fin ultime — de la mort — est omniprésente chez la personne âgée. Parfois, celle-ci en discute ouvertement, mais le plus souvent elle n'en parle pas, bien que cette éventualité soit toujours présente en toile de fond. L'évocation fréquente de la perte récente d'un ami, d'un frère, d'une sœur ou d'un cousin indique que cette pensée ne la quitte que rarement.

– **Les déficits cognitifs associés.** La personne âgée déprimée voit ses déficits cognitifs s'intensifier; sa mémoire devient notamment de plus en plus infidèle. Souvent, la personne âgée ne trouve plus les mots pour exprimer sa pensée.

– **Les troubles du sommeil.** Le cycle circadien se modifie chez la personne âgée, modification qui s'accentue lorsque cette dernière est déprimée. Le sommeil se manifeste de plus en plus tôt le soir, par exemple vers 22 h, puis vers 21 h 30. Il est souvent perturbé par des périodes d'éveil durant la nuit. En outre, le réveil se fait tôt le matin — soit vers 5 h.

– **Les pertes fonctionnelles auditives et visuelles.** Ces pertes fonctionnelles, variables selon l'âge, peuvent compromettre assez gravement les habiletés de la personne âgée sur le plan de la communication, ce qui peut induire une certaine monotonie dans la vie de cette personne. Par coquetterie ou fierté, par exemple, pour ne pas laisser voir les déficits dont elle souffre, celle-ci ne fait pas répéter les propos d'un interlocuteur, même si elle ne les a pas compris. Par conséquent, malentendus, distorsions de sens, voire pseudoconfusion se manifestent.

- **Les troubles de l'attention.** Chez la personne âgée souffrant de troubles dépressifs, la capacité de demeurer attentive à un entretien ou à une conversation s'estompe rapidement, des signes de fatigue se manifestent et elle cesse à un moment donné de s'intéresser et de participer à la discussion.
- **La perte de l'intérêt pour les activités habituelles.** Le clinicien doit à cet égard se montrer extrêmement vigilant. Chez la personne âgée, le désinvestissement peut en effet être massif et constituer en quelque sorte «le début de la fin». Ce laisser-aller peut se déployer sur tous les plans, notamment par une négligence sur le plan de l'hygiène personnelle ou de l'alimentation, ce qui constitue en quelque sorte un processus de «glissement» vers la mort.
- **Le ralentissement psychomoteur.** Ce symptôme se manifeste avec force chez la personne âgée. Déjà ralentie dans son corps qui présente des signes de fatigue (troubles musculosquelettiques, dont l'arthrite, digestion ralentie accompagnée de constipation, etc.), la personne âgée met en effet plus de temps à s'investir dans une nouvelle relation. Aussi, il importe que le médecin alloue plus de temps à l'entretien clinique dans le cas de ces patients et accepte de respecter leur rythme.

MALADIES PHYSIQUES ET PRISE DE MÉDICAMENTS ASSOCIÉES À LA DÉPRESSION

Les problèmes reliés au traitement des troubles dépressifs chez les personnes âgées sont plus complexes du fait que ces troubles sont très souvent associés à la présence de maladies physiques et à la prise concomitante de médicaments. L'évaluation médicale exige donc chez les personnes âgées une attention toute particulière.

En ce qui concerne ces pathologies organiques associées à la dépression, il est important de garder à l'esprit que des médicaments non psychotropes comme, en particulier, les antihypertenseurs et les agents qui exercent un antagonisme sur l'activité centrale des amines biogènes tels que la noradrénaline, la sérotonine et la dopamine, ainsi que les sédatifs, l'alcool et les stimulants (en particulier la cocaïne) peuvent avoir pour effet:

- d'engendrer la dépression;
- de modifier la concentration sanguine de l'antidépresseur;
- d'augmenter les effets secondaires de l'antidépresseur.

Par ailleurs, des maladies physiques concomitantes telles que les accidents cérébrovasculaires (ACV) ou les tumeurs malignes (cancer du pancréas) peuvent:

– favoriser l'émergence d'une dépression biologique;

– réduire l'efficacité de l'antidépresseur et de la psychothérapie;

– altérer le métabolisme de l'antidépresseur.

Le lecteur désireux d'en savoir plus long à ce propos peut consulter les sections du chapitre 2 intitulées respectivement «Troubles de l'humeur liés à la présence d'une maladie organique ou d'un problème de santé (dépression induite ou secondaire)» et «Symptômes dépressifs induits par la prise de médicaments».

MODES DE TRAITEMENT

La dépression est probablement la maladie mentale la plus répandue chez les personnes âgées. Si elle échappe souvent au diagnostic et demeure par conséquent fréquemment non traitée, ce n'est pas que les outils thérapeutiques manquent. Au contraire, ceux-ci sont nombreux et efficaces, et incluent la pharmacothérapie (antidépresseurs), l'électroconvulsivothérapie (ECT) et les psychothérapies.

Pharmacothérapie: antidépresseurs

OBSTACLES AU TRAITEMENT PHARMACOLOGIQUE

Plusieurs obstacles et risques spécifiques se présentent dans le traitement pharmacologique des personnes âgées. En premier lieu, la pharmacothérapie est chez ces personnes fréquemment compliquée par une faible observance médicamenteuse due aux effets secondaires des médicaments et à une intolérance plus marquée en ce qui concerne ces effets. En second lieu, le soutien de la famille ou des proches visant à assurer la prise régulière des médicaments n'est pas toujours adéquat, soit qu'on se fie aux dires de la personne âgée, dont la mémoire est malheureusement souvent défaillante, soit qu'on ne croie pas à la valeur thérapeutique de l'agent prescrit; dans bien des cas, on manque en outre de vigilance quant au suivi des ordonnances. En troisième lieu, il arrive souvent que les maladies physiques concomitantes dont souffrent les personnes âgées interagissent avec les médicaments antidépresseurs, entraînant ce faisant des effets indésirables qui peuvent compromettre gravement l'efficacité du traitement. Enfin, le risque de décès par suicide doit demeurer une préoccupation constante.

En définitive, le besoin d'une éducation de la famille ou d'un soutien à la personne âgée concernant ce que sont la dépression et son traitement constitue un aspect clé du traitement pharmacologique dont le clinicien doit tenir compte.

CLASSES D'ANTIDÉPRESSEURS : LEURS EFFETS SECONDAIRES

Les antidépresseurs se sont raffinés au cours de la dernière décennie ; on dispose à l'heure actuelle de plusieurs classes d'antidépresseurs dont l'efficacité a été prouvée scientifiquement (voir, dans le chapitre 8, la section intitulée « Traitement pharmacologique des maladies affectives »). Il importe cependant de préciser que, chez les personnes âgées, les antidépresseurs doivent être prescrits avec beaucoup de circonspection à cause de leurs effets secondaires. Comme il a été mentionné plus haut, ces derniers peuvent constituer un réel obstacle au traitement, car ils peuvent réduire la qualité de la vie des personnes âgées, ayant sur celles-ci des conséquences indésirables plus importantes que les avantages recherchés. Les effets secondaires des trois grandes classes d'antidépresseurs sont les suivants.

Antidépresseurs tricycliques Longtemps considérés comme les agents de premier choix dans le traitement des troubles dépressifs, les antidépresseurs tricycliques entraînent néanmoins des effets secondaires dont il importe de tenir compte :

- **L'hypotension orthostatique** (soit la chute de tension artérielle survenant lorsque la personne passe de la position couchée à la position debout, ou change de position brusquement) a des conséquences potentiellement très graves chez les personnes âgées à cause du risque de chute qu'elle entraîne. Une chute peut s'avérer dramatique si elle cause des fractures, que ce soit de la hanche ou du crâne. En outre, les troubles de l'équilibre étant souvent présents chez les personnes âgées, les risques de chutes augmentent considérablement s'il y a hypotension orthostatique.

- **La sédation** durant le jour occasionne souvent des troubles du sommeil secondaires associés.

- **Les symptômes anticholinergiques**, dont la constipation et la rétention urinaire, sont fréquents chez la personne âgée. Si celle-ci prend des antidépresseurs tricycliques, leurs effets secondaires peuvent exacerber des conditions préexistantes.

- **La cardiotoxicité**, dans certains cas, pourra induire des effets très indésirables. Elle risque d'aggraver une maladie cardiaque déjà présente telle que l'arythmie (tachycardie ou bradycardie).

Inhibiteurs spécifiques de la recapture de la sérotonine (ISRS) Les antidépresseurs communément appelés « ISRS » n'ont, contrairement aux antidépresseurs tricycliques, qu'une faible (voire aucune) affinité pour certains sites de liaison, notamment les récepteurs alpha-adrénergiques, cholinergiques et histaminiques. Les ISRS ne bloquent pas les récepteurs alpha-adrénergiques et, par conséquent, n'induisent pas d'hypotension orthostatique. De plus, en général, ils n'entraînent ni sécheresse de la bouche, ni constipation, ni rétention urinaire ni troubles de la mémoire, car ils ne bloquent pas les récepteurs de l'acétylcholine. De ce fait, le traitement de la dépression par les ISRS est beaucoup mieux toléré par la plupart des patients et, en particulier, par les personnes âgées.

En définitive, les ISRS entraînent chez ces personnes moins d'effets secondaires que ne le font les antidépresseurs tricycliques tout en comportant, sur le plan thérapeutique, des avantages comparables.

Inhibiteurs de la monoamine oxydase (IMAO)   Ces antidépresseurs ne sont pas spécifiquement utilisés dans le traitement des dépressions majeures chez les personnes âgées, en particulier à cause du risque de crise hypertensive qu'ils présentent. L'hypotension orthostatique grave limite en effet l'utilité de cette classe d'antidépresseurs. Or, on sait que, chez la personne âgée, les chutes peuvent être à l'origine d'une série de complications. Néanmoins, dans le cas de dépression réfractaire aux autres thérapeutiques, on peut recourir à ces antidépresseurs.

CHOIX D'UN ANTIDÉPRESSEUR ET RÈGLES GÉNÉRALES DE PRESCRIPTION

Sur le plan pharmacologique, la dépression majeure peut, chez la personne âgée, être traitée vigoureusement mais avec prudence. Le choix de l'antidépresseur doit faire l'objet d'une attention particulière étant donné les effets secondaires indésirables mentionnés plus haut. En fait, il n'y a pas d'antidépresseur qui soit nettement plus avantageux dans le traitement des troubles dépressifs majeurs pour cette population. Ainsi, les antidépresseurs ayant une longue demi-vie ne sont pas les meilleurs choix pour ces personnes compte tenu des problèmes liés à l'élimination prolongée ainsi qu'à l'accumulation de ces médicaments dans l'organisme.

Toutefois, malgré ces réserves, la classe des ISRS représente probablement le plus grand pas en avant dans le traitement biologique de la dépression chez les personnes âgées. En effet, étant donné leur profil d'effets secondaires plus favorable, ces agents sont devenus les médicaments de premier choix dans le traitement de la majorité des patients déprimés âgés. Ces effets étant beaucoup mieux tolérés que ceux des antidépresseurs tricycliques et pouvant même parfois disparaître avec le temps, l'atteinte de doses thérapeutiques est généralement plus aisément assurée, de même que la fidélité dans la prise régulière du médicament par la personne.

Certains auteurs, dont Preskorn et Kansas (1993), vont cependant plus loin et affirment que ces antidépresseurs peuvent rendre sur le plan thérapeutique des services nettement plus marqués. Le fait qu'ils comportent un nombre considérablement moindre d'effets touchant le myocarde et le système nerveux central que les antidépresseurs tricycliques serait selon ces chercheurs un avantage certain.

En fait, quatre règles simples gouvernent la prescription des psychotropes, et plus précisément des antidépresseurs, en gériatrie; elles sont présentées au tableau 15.1.

TABLEAU 15.1

**Règles régissant la prescription des psychotropes,
notamment des antidépresseurs, en gériatrie**

- Éviter la polypharmacie (ne prescrire qu'un médicament à la fois).
- Vérifier s'il y a risque d'interactions médicamenteuses, car les personnes âgées prennent en moyenne six à huit médicaments différents par jour.
- Commencer par des doses plus faibles et les augmenter lentement.
- Déterminer dès le départ la durée du traitement, si possible.

En psychiatrie gériatrique, rares sont les patients souffrant de dépression majeure qui ne présentent pas par ailleurs des troubles médicaux concomitants ou qui ne reçoivent pas une médication autre que les psychotropes. Or, plus le nombre de médicaments administrés est grand, plus les risques d'interactions et d'effets secondaires le sont aussi; on doit donc s'efforcer de ne prescrire qu'un seul médicament à la fois. Il faut également prendre garde de ne prescrire ces médicaments initialement, qu'aux doses recommandées les plus faibles, pour augmenter progressivement jusqu'à l'obtention des résultats thérapeutiques souhaités, à moins que des réactions indésirables ne surviennent. En ce qui concerne la posologie, il importe justement de noter que, chez les personnes âgées, le dosage se situe souvent au tiers de celui recommandé chez l'adulte, étant donné que le fonctionnement ralenti du métabolisme chez ces patients influe directement sur la durée de la demi-vie de l'antidépresseur, augmentant cette dernière.

Électroconvulsivothérapie (ECT)

L'utilisation de l'électroconvulsivothérapie (ECT) est plus fréquente chez les personnes âgées que dans la population adulte en général. Une étude réalisée en Californie (Kramer, 1985) met en relief une augmentation de la fréquence d'utilisation de l'ECT chez ces personnes; 3,8 habitants par 10 000 dans une population de 65 ans et plus, comparativement à 1,1 habitant par 10 000 dans la population adulte en général.

L'ECT joue un rôle particulier dans le traitement de la dépression des personnes âgées. Selon Sackeim (1994), l'efficacité de l'ECT dans le traitement de la dépression majeure a été fermement établie par des études en double aveugle rigoureusement menées en Angleterre. Compte tenu de ces preuves de l'efficacité et de l'innocuité de l'ECT, ce chercheur considère que cette modalité thérapeutique demeure sous-utilisée dans le traitement de la dépression chez les personnes âgées.

Néanmoins, l'ECT requiert qu'on pratique au préalable une investigation électroencéphalographique (EEG) et électrocardiographique (ECG), ainsi qu'une évaluation de la fonction respiratoire chez la personne âgée.

En outre, étant donné les pertes de mémoire temporaires survenant après l'ECT, son indication est en fait, et ce, malgré l'enthousiasme de certains chercheurs, surtout réservée aux dépressions majeures réfractaires aux autres thérapies et aux personnes âgées ayant un potentiel suicidaire important.

Psychothérapies

Selon la littérature médicale américaine, les approches psychothérapiques utilisées avec succès chez les adultes peuvent être appliquées de façon profitable aux personnes âgées. Selon Knight (1988), les habiletés à profiter d'une psychothérapie ne diminuent pas en fonction du vieillissement. Pour sa part, Brink (1979) va plus loin, affirmant que plusieurs études indiquent que les personnes âgées manifestent une meilleure assiduité à leur rendez-vous, un plus faible pourcentage d'arrêt du traitement et des réponses plus positives à la psychothérapie que ne le font les patients plus jeunes. Pour un aperçu plus exhaustif des fondements et modalités des diverses psychothérapies, le lecteur est invité à consulter le chapitre 9 du présent ouvrage.

THÉRAPIE COGNITIVO-COMPORTEMENTALE

Une revue de la littérature médicale concernant l'efficacité de la thérapie cognitivo-comportementale suggère que les résultats obtenus chez les personnes âgées déprimées sont aussi avantageux que ceux obtenus chez les jeunes adultes. Toutefois, ces conclusions doivent être accueillies avec prudence (Teri et coll., 1994). En effet, compte tenu du nombre encore restreint d'études réalisées auprès de cette population, plusieurs questions demeurent irrésolues. Ainsi, avec quel groupe particulier de personnes âgées souffrant de troubles dépressifs la thérapie cognitivo-comportementale serait-elle la plus efficace? L'efficacité de cette modalité thérapeutique est-elle comparable aux autres formes de traitement, et plus particulièrement à la psychopharmacologie? Quelles considérations spécifiques le clinicien doit-il prendre en compte pour traiter les personnes souffrant d'un problème de santé concomitant (maladie physique chronique, début de démence, etc.)?

PSYCHOTHÉRAPIE INTERPERSONNELLE BRÈVE

La psychothérapie interpersonnelle brève peut jouer un rôle dans le traitement des personnes âgées déprimées. En effet, comme il a été mentionné au chapitre 9, dans la section intitulée «Psychothérapie interpersonnelle brève», Klerman et ses collaborateurs (1984) ont distingué quatre sphères relationnelles pouvant être en cause dans la genèse de la dépression. Or, en ce qui concerne plus particulièrement les aînés, toutes ces sphères constituent justement un terrain propice à l'émergence de facteurs de risque. En premier lieu, le deuil est une réalité à laquelle ces personnes sont souvent confrontées. En second lieu, ces personnes doivent composer avec des changements de mode de vie particuliers à cette étape de leur existence: retraite, diminution des revenus, etc. Enfin, en troisième lieu, elles doivent également apprendre à vivre avec certains déficits sur le plan des aptitudes interpersonnelles, pouvant notamment entraîner des difficultés de communication et l'isolement social. La psychothérapie interpersonnelle brève, qui met l'accent sur la résolution des problèmes présentés dans ces sphères relationnelles, pourrait, selon une étude réalisée par Sloane et ses collaborateurs (1985), être aussi efficace que l'administration de nortriptyline (Aventyl® [C]) après 16 semaines de traitement chez les personnes âgées déprimées.

THÉRAPIES PSYCHOSOCIALES

Psychothérapies psychodynamiques　Les psychothérapies psychodynamiques sont largement utilisées en pratique clinique. Deux conclusions se dégagent des études effectuées:

- La psychothérapie psychodynamique est cliniquement efficace, car elle réduit les symptômes manifestés par les personnes âgées souffrant de troubles dépressifs.
- L'efficacité de la thérapie psychodynamique est équivalente à celle de la thérapie cognitivo-comportementale dans les phases aiguës du traitement aussi bien qu'en ce qui concerne les impacts à long terme.

Par ailleurs, dans une étude clinique comparant des thérapies psychodynamiques accompagnées ou non de prise de médicaments chez les personnes âgées, Jarvik et ses collaborateurs (1982) ont établi que les psychothérapies psychodynamiques, de même d'ailleurs que les thérapies cognitivo-comportementales dont il a été question dans la section précédente, étaient plus efficaces si elles étaient associées à une médication.

Niederehe (1994) parle quant à lui de **psychothérapie de remémoration**, un traitement relativement spécifique aux personnes âgées. Cette approche thérapeutique s'inspirant des concepts psychodynamiques met l'accent sur l'évocation de souvenirs et le retour sur des points clés, en quelque sorte des charnières, de la vie de la personne âgée. La personne se remémore ce qui pour elle a été marquant, traumatisant, gratifiant ou pénible, ainsi que les expériences de croissance personnelle ou les obstacles rencontrés. Cet type de psychothérapie aurait donné des résultats positifs à court terme chez les personnes âgées vivant dans des résidences, souffrant d'une dépression modérée et qui éprouvaient des difficultés sur le plan cognitif. L'évocation de vieux conflits, deuils et traumatismes apporterait un soulagement psychique important dans la mesure où ceux-ci peuvent être «travaillés», «repris» par le sujet (plutôt que refoulés) et, au mieux, liquidés. Il est intéressant de noter que cette approche gagnerait peut-être à connaître une application thérapeutique beaucoup plus large.

Thérapies sociales   Les conditions de vie des personnes âgées sont souvent déterminantes dans la genèse des troubles affectifs. L'aménagement du milieu physique dans lequel vivent ces personnes (constitué trop souvent d'une seule chambre à laquelle elles sont confinées) peut être à l'origine de problèmes sociaux qui accompagnent, voire favorisent l'émergence de la dépression, et que nous passons en revue ci-après.

La **solitude** des personnes âgées est un phénomène souvent observé par les cliniciens. Toutefois, le fait de vivre seul en appartement n'est pas nécessairement synonyme de solitude. Une patiente confie: «Il y a des charmes à vivre seule, mais depuis le décès de mon seul frère qui me rendait visite quelques fois par année et me téléphonait toutes les semaines, je sais ce que c'est la solitude.» Comme un bon nombre de personnes âgées, cette patiente souffre de solitude parce qu'elle a perdu le seul lien précieux et significatif pour elle. Par le biais d'une psychothérapie qui s'attaque à ce problème social, la personne peut en quelque sorte composer avec la douleur de la perte et devenir davantage apte à adopter d'autres modes de socialisation, dont la participation à des activités sociales; l'apport d'une ergothérapeute est également précieux dans l'établissement de nouveaux modes relationnels.

La **pauvreté** est une situation à laquelle bon nombre de personnes âgées, surtout les veuves, se trouvent confrontées. La pauvreté entraîne une série de problématiques — malnutrition, isolement et conditions de logement inadéquates — mais aussi une baisse de l'estime de soi, un repli social et un sentiment de honte. Un soutien au niveau des besoins primaires doit être offert à la personne âgée pour la sortir du cercle vicieux dans lequel l'indigence l'enferme. Dans une démarche respectueuse et en tenant compte de la dignité de la personne âgée, tout doit être mis en œuvre, à partir des ressources communautaires offertes, pour lui apporter une assistance appropriée: repas équilibrés, hygiène personnelle de base, etc. Le placement en institution s'avère parfois incontournable.

La perte de parents et d'amis, la hausse constante du coût de la vie, les changements sociopolitiques et les maladies physiques sont autant de facteurs qui sont de nature à créer une **insécurité** chez la personne âgée. Lors de la psychothérapie, une écoute attentive des craintes subjectives exprimées par la personne âgée et un effort conjoint de clarification de situations telles que celles mentionnées plus haut auront pour effet d'atténuer considérablement cette insécurité le plus souvent non fondée. Donner toutes les informations pertinentes pouvant aider la personne âgée à composer avec des situations qu'elle se contente trop fréquemment d'évoquer par le biais d'allusions souvent floues, ambiguës, voire confuses, sera de nature à rassurer celle-ci et à créer un climat de confiance.

Un cortège de **maladies physiques** accompagne l'âge avancé, l'arthrite et l'insuffisance cardiaque venant en tête de liste. Face à ces pathologies, plusieurs personnes âgées éprouvent révolte, irritabilité et désespoir. Souvent, elles ne font pas preuve d'observance médicamenteuse, par négligence ou insouciance, ou ne respectent pas la posologie. Dans tous ces cas, la maladie reçoit un traitement inadéquat et ses symptômes pénibles ne s'atténuent pas. L'utilisation de «dosettes», ou piluliers, ou le fait de s'assurer qu'un proche du patient intervienne pour contrôler la prise de médicament sont des mesures utiles. Par ailleurs, toute l'information pertinente sur l'évolution de la maladie et son traitement doit être transmise à la personne âgée afin qu'elle conserve le plus longtemps possible le sentiment d'être responsable de sa qualité de vie et maintienne ainsi la plus grande autonomie résiduelle possible.

En outre, avec le vieillissement, l'acuité sensorielle, notamment en ce qui concerne l'ouïe et la vision, diminue. Il arrive fréquemment que, par gêne et peur d'être ridiculisée, la personne âgée ne fasse pas répéter un énoncé mal compris, ou qu'elle y réponde de manière inappropriée, suscitant ce faisant des malentendus. Dans certains cas, une correction mineure apporte une amélioration considérable.

Parfois, certaines mesures simples permettront d'atténuer les inconvénients divers liés aux maladies physiques et aux déficits fonctionnels. Dans les institutions, on peut par exemple s'efforcer d'afficher clairement, en gros caractères et à des endroits stratégiques, les consignes et indications de lieux. Pour les personnes souffrant d'arthrite, on peut prévoir des thérapies en groupe — exercices de relaxation, bains tourbillons, natation à la piscine; pour les personnes souffrant d'insuffisance cardiaque, des activités de groupe adaptées à leur état de santé.

PSYCHOTHÉRAPIES PSYCHANALYTIQUES

La psychanalyse a jeté un regard déterminant sur la compréhension psychodynamique de la dépression. Freud (1917 [1915]) a apporté des distinctions fondamentales entre la perte de l'objet, qui crée une douleur psychique que le Moi peut métaboliser par un travail psychique, et le deuil pathologique qui peut mener à la mélancolie. Pour Freud, «le deuil est la réaction à la perte d'une personne aimée». Le deuil normal correspond au travail accompli devant la mort. Plus le disparu était aimé, plus le travail de séparation s'avère ardu. Dans la mélancolie, le Moi est écrasé par un Surmoi tyrannique et culpabilisant ne permettant pas au sujet un travail psychique d'élaboration au regard de la perte objectale.

Les connaissances psychologiques divisent l'appareil psychique en deux secteurs: la conscience et l'inconscient. Si la conscience se prête à une certaine description extérieure et objectivante, l'inconscient ne se livre pas à l'observateur. À la lumière de ces notions et d'un point de vue psychanalytique, Le Gouès (1991) distingue trois formes de dépression: la dépression par perte d'objet externe, la dépression par blessure narcissique et la dépression par dysharmonie relationnelle. Il s'agit d'une classification qui n'a rien à voir avec celle du DSM-IV, mais qui constitue un modèle de référence précieux qui permet de mieux comprendre l'organisation de l'appareil psychique du patient souffrant de troubles dépressifs. Pour chacune de ces formes de dépression, une approche psychothérapique dynamique peut être proposée à condition qu'il y ait une motivation suffisante, des capacités relationnelles et d'*insight* et un maintien des fonctions cognitives chez la personne âgée.

～

La dépression du sujet âgé représente une affection importante à cette période de son existence. Ses manifestations symptomatiques peuvent être nombreuses et trompeuses, rendant le diagnostic souvent difficile et parfois incertain. Trop fréquemment, la dépression majeure n'est pas reconnue et, du même coup, non traitée, ce qui a pour effet d'accroître les taux de morbidité et de mortalité chez les personnes âgées, en plus d'augmenter la durée des séjours dans les hôpitaux. Les conséquences de la dépression sont redoutables, car elle peut entraîner une détérioration irréversible, ainsi que le suicide dans un fort pourcentage de cas. Si la dépression n'est pas diagnostiquée, la personne âgée sera maintenue dans un état de morbidité importante comportant une souffrance psychique considérable et des manifestations somatiques entraînant à leur tour des investigations nombreuses, coûteuses et souvent inutiles.

Pourtant, un diagnostic précoce et un traitement spécifique donnent des résultats tout à fait probants.

En effet, on connaît maintenant l'efficacité des antidépresseurs associés à la psychothérapie, de même que celle du recours à l'électro-convulsivothérapie qui conserve ses indications, entre autres dans la dépression majeure psychotique. Ces résultats encourageants vont donc à l'encontre du pessimisme souvent rencontré chez le médecin en ce qui concerne les maladies affectives dont souffrent les personnes âgées et redonnent à la prise en charge sa raison d'être, faisant ainsi de ce patient un être humain à part entière.

Il apparaît en fait essentiel de considérer les personnes âgées déprimées comme des sujets capables de penser, d'échanger et de vivre des émotions. C'est pourquoi il est nécessaire pour le médecin et le psychiatre de bien connaître l'«histoire» du patient qui se présente devant lui, de lui permettre de se raconter dans toute sa subjectivité, de lui accorder du temps et de prêter une oreille attentive à ses angoisses, ses peurs et sa souffrance. Mannoni (1991) écrit: «Le drame de bien des vieillards... c'est qu'on ne leur parle plus»; on pourrait sans contredit ajouter «... et qu'on ne les écoute plus suffisamment».

BIBLIOGRAPHIE

ALLEN, A., et D.G. BLAZER II, 1991, «Mood Disorders», dans J. SADAVOY, L.W. LAZARUS et L.F. JARVIK (dir.), *Comprehensive Review of Geriatric Psychiatry*, Washington, DC, American Psychiatric Press, p. 337-351.

BRINK, T.L., 1979, *Geriatric Psychotherapy*, New York, Human Sciences Press.

DUCHESNE, L., 1994, «La situation démographique au Québec», Québec, *Les Publications du Québec*, p. 176-177.

FREUD, S., 1917 [1915], «Deuil et mélancolie», *Métapsychologie* (1988), Paris, Gallimard, p. 148.

FRIEDHOFF, A.J., 1994, «Consensus Development Conference Statement, Diagnosis and Treatment of Depression in Late-Life», dans L.S. SCHNEIDER et coll. (dir.), *Diagnosis and Treatment of Depression in Late-Life*, Washington, DC, American Psychiatric Press, p. 493-511.

JARVIK, L.F., et coll., 1982, «Treating Geriatric Depression: A 26-Week Interim Analysis», *Journal of the American Geriatrics Society*, vol. 30, n⁰ 11, p. 713-717.

KLERMAN, G.L., et coll., 1984, *Interpersonal Psychotherapy of Depression*, New York, Basic Books.

KNIGHT, B., 1988, «Factors Influencing Therapist-Rated Change in Older Adults», *Journal of Gerontology: Psychological Sciences*, vol. 43, p. 111-112.

KRAMER, B.A., 1985, «Use of ECT in California», *American Journal of Psychiatry*, vol. 142, n⁰ 10, p. 1190-1192.

LEBOWITZ, B.D., et coll., 1994, «Treatment of Depression in Elderly Patients: Guidelines for Primary Care», dans L.S. SCHNEIDER et coll. (dir.), *Diagnosis and Treatment of Depression in Late-Life*, Washington, DC, American Psychiatric Press, p. 463-490.

LÉGER, J.M., TESSIER, J.-F., et M.D. MOUTY, 1989, *Psychopathologie du vieillissement*, Paris, Doin Éditeur, p. 43-47.

LE GOUÈS, G., 1991, *Le psychanalyste et le vieillard*, Paris, Presses Universitaires de France.

MANNONI, M., 1991, *Le nommé et l'innommable*, Paris, Denoël, p. 22.

MC GUIRE, M.H., et P.V. RABINS, 1994, *American Psychiatric Press Textbook of Geriatric Neuropsychiatry*, Washington, DC, American Psychiatric Press.

NIEDEREHE, G.T., 1994, «Psychosocial Therapies with Depressed Older Adults», dans L.S. SCHNEIDER et coll. (dir.), *Diagnosis and Treatment of Depression in Late-Life*, Washington, DC, American Psychiatric Press, p. 293-315.

POWELL, C., 1994, *Canadian Review of Affective Disorders*, vol. 4, n° 3.

PRESKORN, S.H., et W. KANSAS, 1993, «Recent Pharmacologic Advances in Antidepressant Therapy for the Elderly», *American Journal of Medicine*, vol. 94 (suppl. 5A), p. 2S-12S.

RIVARD, M.-F., 1994, «Traitement de la schizophrénie», *Perspective nouvelle*, vol. 1, n° 4, p. 3.

ROTCHILD, A.J., 1994, cité dans *Communiqué Express — Un rapport Medi-View sur la 147ᵉ réunion annuelle de l'Association américaine de psychiatrie*, Kirkland, Medi-View.

SACKEIM, H.A., 1994, «Use of Electroconvulsive Therapy in Late-Life Depression», dans L.S. SCHNEIDER et coll. (dir.), *Diagnosis and Treatment of Depression in Late-Life*, Washington, DC, American Psychiatric Press, p. 259-271.

SALZMAN, C., 1993, «Diagnosis and Treatment of Late-Life Depression», *Psyché*, vol. 2, n° 2, p. 17-21.

SLOANE, R.B., STAPLES, F.R., et L.S. SCHNEIDER, 1985, «Interpersonal Therapy versus Nortriptyline for Depression in the Elderly», dans G. BURROWS, T.R. NORMAN et L. DENNERSTEIN (dir.), *Clinical and Pharmacological Studies in Psychiatric Disorders*, Londres, John Libbey, p. 344-346.

SUSSMAN, N., 1994, «Manipulation du système sérotoninergique», *L'Actualité psychiatrique au Canada*, vol. 1, n° 4, p. 5-8.

TERI, L., et coll., 1994, «Cognitive-Behavior Therapy with Depressed Older Adults», dans L.S. SCHNEIDER et coll. (dir.), *Diagnosis and Treatment of Depression in Late-Life*, Washington, DC, American Psychiatric Press, p. 279-289.

TOLLEFSON, G.D., 1993, cité dans *Communiqué Express — Un rapport Medi-View sur la 146ᵉ réunion annuelle de l'Association américaine de psychiatrie*, Kirkland, Medi-View.

LECTURES SUGGÉRÉES

FRIEDHOFF, A.J., 1994, «Consensus Development Conference Statement, Diagnosis and Treatment of Depression in Late-Life», dans L.S. SCHNEIDER et coll. (dir.), *Diagnosis and Treatment of Depression in Late-Life*, Washington, DC, American Psychiatric Press, p. 493-511.

LEBOWITZ, B.D., et coll., 1994, «Treatment of Depression in Elderly Patients: Guidelines for Primary Care», dans L.S. SCHNEIDER et coll. (dir.), *Diagnosis and Treatment of Depression in Late-Life*, Washington, DC, American Psychiatric Press, p. 463-490.

MC GUIRE, M.H., et P.V. RABINS, 1994, *American Psychiatric Press Textbook of Geriatric Neuropsychiatry*, Washington, DC, American Psychiatric Press.

POWELL, C., 1994, *Canadian Review of Affective Disorders*, vol. 4, n° 3.

RIVARD, M.-F., 1994, «Traitement de la schizophrénie», *Perspective nouvelle*, vol. 1, n° 4, p. 3.

ROTCHILD, A.J., 1994, cité dans *Communiqué Express — Un rapport Medi-View sur la 147ᵉ réunion annuelle de l'Association américaine de psychiatrie*, Kirkland, Medi-View.

SUSSMAN, N., 1994, «Manipulation du système sérotoninergique», *L'Actualité psychiatrique au Canada*, vol. 1, n° 4, p. 5-8.

Le suicide
et les maladies affectives

Alain Lesage, M.D. *

Sommaire

* Psychiatre à l'hôpital Louis-H. Lafontaine et professeur agrégé de recherche au
Département de psychiatrie de l'Université de Montréal.

Il tombe sous le sens que les personnes qui se suicident sont dépri-mées. Cette relation évidente en termes existentiels se confirme aussi en termes psychiatriques. En effet, on peut reconstituer un diagnostic de maladie affective dans la majorité des cas de suicide. Des études portant sur des personnes traitées pour la dépression révèlent égale-ment que ces dernières présentent un risque plus élevé de suicide que la population en général, bien que la grande majorité des personnes souffrant de dépression ne se suicident pas. Cependant, les maladies affectives ne sont pas en cause dans tous les cas de suicide. En effet, plusieurs de ces cas présentent d'autres diagnostics outre celui d'une maladie affective, comme les problèmes d'alcoolisme, de toxicomanie, de troubles anxieux, de troubles de la personnalité et de schizo-phrénie. Ce phénomène de multiplicité des diagnostics est décrit par le vocable de «comorbidité» (voir le chapitre 10). L'association entre les maladies affectives et le suicide ne peut en fait s'établir comme un lien direct de cause à effet; il faut plutôt considérer des facteurs com-muns aux deux et, par ailleurs, des facteurs uniques. Parmi ces fac-teurs, la notion de temps et de développement doit être évoquée. Ainsi, des épisodes dépressifs répétés peuvent contribuer à détruire les relations familiales, sociales et professionnelles d'un individu et accroître chez lui le risque de suicide sans que l'intensité de la dépres-sion ait augmenté. En fait, chez ces personnes, la dépression qui pré-cède le suicide peut ne représenter que la conséquence ultime d'une détérioration des relations interpersonnelles, conjuguée à des événe-ments de vie vécus comme humiliants. Elle constitue une étape logique dans la vie d'un être désespéré et désespérant que son entou-rage a délaissé.

Étudier la relation entre le suicide et les troubles affectifs demande de passer en revue les facteurs étiologiques suivants: facteurs biolo-giques, génétiques, développementaux, psychologiques, psychopatho-logiques, environnementaux, socioéconomiques et culturels. C'est d'ailleurs ce que propose le présent chapitre, une fois qu'auront été établis l'ampleur du phénomène du suicide au Québec comparative-ment à celle observée dans d'autres pays, ainsi que le rôle des maladies mentales et affectives dans ce phénomène. Ensuite, l'évaluation du risque suicidaire dans les maladies affectives est brièvement abordée du point de vue des facteurs de risque; l'aborder sous l'angle de l'éva-luation clinique dépassant le mandat de ce chapitre, on peut se référer le cas échéant à l'excellent article de Bordeleau (1994).

Il importe également de préciser que le présent chapitre porte sur la question du suicide, et non sur celle des tentatives de suicide. Par ailleurs, on y discute de la prévention du suicide par le traitement des maladies affectives en prenant comme point de départ les centres de prévention du suicide. En dernière analyse, l'ensemble du chapitre témoigne de ce que seul un modèle multidimensionnel et longitudinal permet de rendre compte de notre compréhension des liens entre la maladie affective et le suicide, un modèle qui, bien qu'il identifie les facteurs de risque de suicide, ne permet pas actuellement de prédire quelle personne en particulier va se suicider.

AMPLEUR DU PHÉNOMÈNE DU SUICIDE

Le suicide a augmenté de façon importante au Québec au cours des trois dernières décennies, comme l'indique la figure 16.1. En fait, le suicide au Québec a plus que triplé pendant cette période, passant par 100 000 habitants de 5,0 en 1960 à 16,0 en 1991, une augmentation qui s'est surtout produite de 1970 à 1991. Chez les hommes, ce taux a fait un bond de 345 %, passant de 7,7 en 1960 à 26,6 en 1991. Une croissance similaire a été observée chez les femmes bien que, chez elles, les taux de suicide sont beaucoup moins élevés, se situant par 100 000 personnes à 2,2 en 1960 et à 5,9 en 1991. Le taux de suicide a augmenté de façon très rapide chez les jeunes hommes de 15 à 34 ans, comme l'illustre la figure 16.2. Dans ce groupe d'âge, le suicide représente en 1992 la principale cause de décès et près de 37 % des suicides au Québec (Bureau du Coroner, 1990).

FIGURE 16.1
Taux de mortalité par suicide au Québec de 1960 à 1991

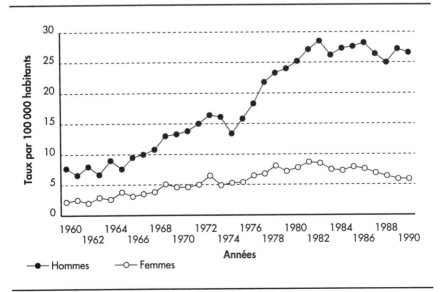

Source : Ministère de la Santé et des Services sociaux du Québec. Document non publié.

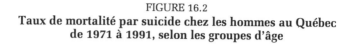

FIGURE 16.2
**Taux de mortalité par suicide chez les hommes au Québec
de 1971 à 1991, selon les groupes d'âge**

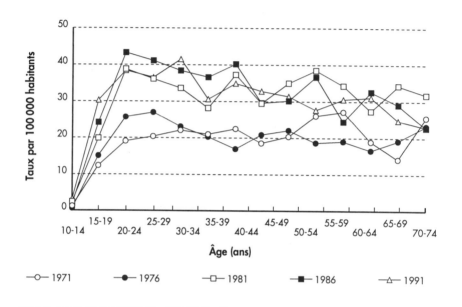

Source : Ministère de la Santé et des Services sociaux du Québec. Document non publié.

Comparativement aux autres provinces canadiennes, le Québec se trouve en 1986 au quatrième rang (17,4 par 100 000), devancé de peu par l'Alberta (17,9 par 100 000), les Territoires du Nord-Ouest (28,7 par 100 000) et le Yukon (76,6 par 100 000) (Santé et Bien-être Canada, 1987). Les Amérindiens demeurent particulièrement touchés par le suicide : on estime que, en ce qui les concerne, le taux de suicide standardisé (53,0 par 100 000) est au moins trois fois plus élevé que celui des populations non autochtones.

Comparativement aux données internationales, les taux de suicide observés au Canada sont très élevés. On rapportait toutefois en 1987 des taux également très élevés chez les hommes dans la plupart des pays européens, comme l'indique la figure 16.3. Ainsi, ces taux étaient plus élevés en France, en Suisse et en Belgique qu'au Québec ou au Canada (Diekstra, 1989).

Bien que le suicide constitue la quatrième cause de décès au Canada, il demeure néanmoins un phénomène rare. La plupart des psychiatres voient très peu de leurs patients mourir par suicide chaque année. En effet, comme nous le verrons plus loin, un risque à vie

FIGURE 16.3
Taux de mortalité par suicide dans divers pays en 1987 chez les hommes

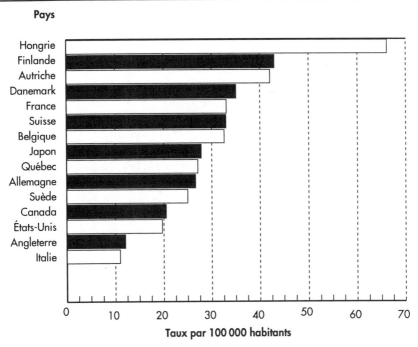

Pays

Taux par 100 000 habitants

Source: Diekstra, 1989.

maximal de 10 à 15 % se rencontre chez les patients suivis en psychiatrie. Si on postule une espérance de vie de 30 ans chez ces patients, le risque annuel qu'un psychiatre voie l'un de ses patients se suicider est de 0,3 à 0,45 %. Ainsi, dans une clinique psychiatrique comptant 200 patients, on peut s'attendre à un ou deux cas de suicide aux deux ans. (Ces chiffres sont évidemment moindres pour les médecins de famille dont la majorité des patients ne souffrent pas de maladie mentale.)

Le suicide demeure toutefois un problème de santé publique majeur. Le Groupe de travail sur le suicide au Canada indiquait (Santé et Bien-être Canada, 1987) que son impact mesuré par le nombre d'années de vie perdues le situait au deuxième rang des problèmes de santé, suivant de près les maladies cardiaques. L'impact devient énorme si on y ajoute les victimes cachées du suicide: familles et proches endeuillés. Le même groupe de travail estimait que, chaque année, entre 40 000 et 50 000 personnes vivaient au Canada un deuil à la suite d'un suicide.

MALADIES MENTALES,
MALADIES AFFECTIVES ET SUICIDE

Le rôle que jouent les maladies mentales dans le suicide a été établi grâce à deux sources différentes: les études d'autopsie psychologique et les suivis de patients ayant reçu des soins psychiatriques.

Études par autopsie psychologique

L'autopsie psychologique consiste en «la reconstitution du mode de vie et de la personnalité de l'individu décédé, de même que des détails des circonstances du décès, du comportement de l'individu décédé et des événements ayant abouti au décès» (Schneidman et Farberow, 1961). Les informations proviennent d'une entrevue avec les proches de la personne décédée, ainsi que de la consultation des dossiers médicaux, scolaires et judiciaires. Des dizaines d'études basées sur la technique de l'autopsie psychologique ont été menées depuis le début des années 1960 (Clark et Horton-Deutsch, 1992). Si la technique de collecte des données, le degré de standardisation des entrevues et la classification diagnostique adoptée variaient d'une étude à une autre, les résultats ont toutefois convergé de façon remarquable. En effet, ces études ont toutes montré une forte association entre le suicide et les maladies mentales chez les adultes et les adolescents (Clark et Horton-Deutsch, 1992), établissant une concordance allant jusqu'à plus de 90%. La dépression constitue le type de trouble le plus fréquemment en cause (dans 30 à 76% des cas selon les études); à l'axe II du DSM-IV[1], le trouble de la personnalité limite (*borderline*) a été identifié chez près de 30% des suicidés.

Une étude semblable réalisée à l'aide d'entrevues standardisées auprès des proches a été menée par un groupe de chercheurs du Québec (Lesage et coll., 1994). Près de 75 adultes de 18 à 35 ans décédés par suicide ont été comparés avec deux groupes témoins, l'un constitué de sujets décédés par accident de la route, l'autre de sujets toujours vivants. Les résultats de l'étude sont exprimés dans le tableau 16.1.

---

1.   Le DSM-IV répartit les troubles mentaux en deux axes. L'axe I regroupe les troubles généralement épisodiques comme les maladies affectives, les troubles anxieux ou l'abus de drogues. L'axe II réunit les troubles de la personnalité, soit un trouble persistant se développant généralement avant le début de l'âge adulte et constituant un mode mésadapté de comportement et de relation avec autrui: troubles de la personnalité narcissique, histrionique, dépendante, antisociale, évitante et compulsive (voir à ce sujet le chapitre 10).

TABLEAU 16.1
**Troubles mentaux[a] identifiés chez des sujets[b] décédés par suicide
ou par accident de la route (ou vivants du groupe témoin)**

	Décès par suicide (n = 75)	Décès par accident de la route (n = 62)	Sujet vivant (n = 75)
Dépression majeure	44,0%	8,1%	9,3%
Abus d'alcool et de drogues	34,7%	30,6%	6,7%
Trouble de la personnalité limite	28,8%	11,3%	3,8%

a. Diagnostics posés en fonction des critères du DSM-III-R dans les six derniers mois.
b. Un sujet pouvait recevoir plus d'un diagnostic.

Source: Adapté de Lesage et coll. (1994).

Les différentes maladies du spectre affectif (dépression majeure, trouble bipolaire, trouble dysthymique, trouble d'adaptation avec humeur dépressive) étaient identifiables chez 60 % des sujets décédés par suicide. La comorbidité représentait la règle plutôt que l'exception ; en effet, chez les sujets suicidés, 92 % avaient présenté dans les six derniers mois précédant leur décès au moins un trouble mental à l'axe I ou II et 69 %, au moins deux de ces troubles. Soixante-sept pour cent des suicidés présentaient au moins un des troubles relevés au tableau 16.1, et 24 %, au moins deux types de ces troubles. La pendaison était le mode de suicide le plus fréquent (51 %), suivi de l'utilisation des armes à feu (25 %) et de l'empoisonnement au monoxyde de carbone (17 %) ; seuls 4 % des décès étaient dus à l'intoxication médicamenteuse. La consommation de psychotropes a pu être établie chez 15 % des suicidés mais pas chez les sujets accidentés de la route ou chez les vivants. Moins de 30 % des sujets morts par suicide (comparativement à 2 % des sujets accidentés et à 3 % des sujets vivants) étaient suivis en psychiatrie, mais plus de 50 % des membres de ce groupe avaient consulté leur médecin de famille dans la dernière année et un autre 20 %, un autre spécialiste médical. Par ailleurs, il est intéressant de noter que cette étude a également servi à établir que les accidentés de la route ne représentaient pas des suicides masqués.

Les études basées sur la reconstruction de l'état psychologique de la personne dans les semaines précédant son suicide ne peuvent néanmoins suffire à établir définitivement le rôle de la maladie mentale comme cause du suicide. Trois arguments peuvent être apportés.

En premier lieu, les coroners établissant le verdict de décès par suicide peuvent être influencés par leur éventuelle connaissance d'antécédents de maladie mentale chez la personne décédée. Cependant, selon notre expérience personnelle de revue des dossiers des coroners, ces derniers procèdent rarement à une recherche détaillée en ce sens, mais sont plutôt influencés par les circonstances du décès indiquant que la personne s'est elle-même enlevé la vie.

En second lieu, il est possible d'affirmer que la présence d'un trouble affectif de type dépressif n'est guère surprenante chez une personne qui non seulement décide de s'enlever la vie, mais encore qui met son projet à exécution. Dans cette optique, la dépression serait secondaire à d'autres facteurs ou circonstances, constituant en quelque sorte le triste résultat d'une désintégration progressive des relations interpersonnelles et sociales d'un individu. Si on ne peut réfuter cet argument directement, il n'en demeure pas moins vrai que la même technique d'autopsie psychologique établit, d'une part, que des diagnostics posés en fonction d'un mode de fonctionnement persistant depuis plusieurs années, comme le trouble de la personnalité limite (*borderline*), l'alcoolisme ou la toxicomanie, sont identifiables plus fréquemment et que, d'autre part, le risque à vie de survenue de maladies dépressives, risque présent longtemps avant les derniers mois précédant le décès, s'observe plus fréquemment dans les cas de suicide.

En troisième lieu, l'établissement de la présence de troubles mentaux se fonde dans ces études sur la présence d'un nombre suffisant de critères, tels que définis par les classifications comme le DSM-IV (voir, dans le chapitre 2, la section intitulée «Épisode de dépression majeure»). Or, le diagnostic de dépression et celui de trouble de la personnalité limite se basent sur plusieurs critères dont l'un peut être justement le comportement suicidaire. Ainsi, l'association entre la maladie affective et le suicide deviendrait liée à la présence de tentatives suicidaires, lesquelles sont indépendamment associées au suicide (voir, plus loin, la section intitulée «Évaluation du risque suicidaire»). Il faut noter toutefois que, dans l'étude dont il est ici question, le fait de ne pas tenir compte de ce critère ne changeait pas la majorité des diagnostics de trouble de la personnalité limite, par exemple, car les cas satisfaisaient à un nombre suffisant d'autres critères pour justifier de maintenir ce diagnostic.

Études de suivi de patients ayant reçu des soins psychiatriques

En fait, l'établissement du rôle que jouent les maladies mentales dans le suicide repose sur une autre lignée de preuves: les études sur des patients suivis par les services dispensateurs de soins psychiatriques, revues de façon magistrale par Tanney (1992) et portant sur des patients hospitalisés en psychiatrie, suivis dans des cliniques externes de psychiatrie ou les deux. L'ensemble de ces études a montré que les personnes recevant des soins psychiatriques étaient plus à risque de se suicider. Dans la célèbre étude longitudinale de Lundby en Suède, le risque à vie de suicide était 2,5 fois plus élevé pour les hommes chez qui un diagnostic de maladie mentale avait été posé que dans la population en général (Rorsman et coll., 1985 [cité par Tanney, 1992]). De fait, les études réalisées dans différents pays indiquent que, en moyenne, 38 % des personnes décédées par suicide avaient été identifiées comme atteintes d'un trouble mental ou suivies pour le traitement de ce trouble par des services de santé ou des services dispensateurs de soins psychiatriques. Dans l'étude réalisée au Québec et mentionnée plus tôt, près de 30 % des personnes décédées par suicide avaient fréquenté les services dispensateurs de soins psychiatriques dans la dernière année précédant leur décès.

Cette association entre suicide et soins psychiatriques ne peut-elle pas être due à une cause autre que la présence de maladies mentales ? En effet, la très grande majorité des personnes recevant des soins psychiatriques ne se suicident pas, bien qu'un diagnostic de maladie mentale ait été établi chez toutes ces personnes. L'hypothèse du rôle des maladies mentales est ici soutenue par le fait que les risques spécifiques que comporte chacune des maladies mentales varient. Ainsi, Tanney (1992) affirme que les maladies affectives sont associées à un risque plus élevé de suicide que la schizophrénie ou les problèmes d'alcoolisme et de toxicomanie, les patients manifestant ces troubles présentant néanmoins un risque plus élevé de suicide que la population en général. D'autres troubles comme le syndrome organique cérébral et le trouble obsessionnel-compulsif ont été associés au suicide dans certaines études, mais les résultats en ce sens demeurent moins concluants qu'en ce qui concerne les troubles affectifs. Le trouble de la personnalité antisociale et le trouble de la personnalité limite sont associés à un accroissement du risque à vie de suicide, estimé respectivement à 5 % et 6,5 % (Paris, 1990 ; Tanney, 1992).

Ces mêmes études ont aussi montré que la comorbidité s'associait à un risque plus élevé que chacun des troubles pris isolément, en particulier la comorbidité entre troubles affectifs et abus ou dépendance à l'alcool et aux drogues. Il est cependant difficile de déterminer si la dépression en cause était primaire ou secondaire par rapport aux abus d'alcool et de drogues ; par ailleurs, l'abus d'une substance psychoactive peut avoir masqué la dépression pendant de nombreuses années. Il y aurait également concordance entre cette comorbidité et les observations selon lesquelles le risque de suicide est plus élevé dans les premières années suivant l'identification d'un trouble dépressif, alors que ce n'est pas le cas lorsqu'il y a abus ou dépendance à l'alcool et aux drogues, le risque s'accroissant alors plus tardivement.

Les maladies affectives sont associées à un risque à vie de suicide de près de 15% (Guze et Robins, 1970 [cité par Black et coll., 1987]), lequel varierait selon les types de maladies affectives (Tanney, 1992). Les maladies affectives avec manifestations psychotiques sont également liées à un risque plus élevé de suicide que les maladies affectives non psychotiques. Selon Tanney, la majorité des études montre que le risque est plus élevé en ce qui concerne les maladies affectives unipolaires que bipolaires, d'autres études laissant toutefois plutôt croire que le risque à vie que comportent ces deux types de troubles affectifs s'équivaudrait à long terme.

Bien que les études basées sur l'autopsie psychologique et celles basées sur le suivi de patients ayant reçu des soins psychiatriques concordent à attribuer aux maladies affectives un rôle causal dans le suicide, il demeure toutefois possible d'affirmer que ces maladies, seules ou combinées à une autre pathologie, ne constituent pas des motifs suffisant à expliquer le suicide, puisque la grande majorité des personnes souffrant de troubles affectifs ne se suicide pas. Dans cette perspective, l'examen d'autres pistes étiologiques pouvant s'apparenter à celles évoquées en ce qui concerne les maladies affectives, soit des facteurs génétiques, biologiques, développementaux, environnementaux, socioéconomiques et culturels, devient nécessaire.

AUTRES FACTEURS ÉTIOLOGIQUES DU SUICIDE ET LIEN AVEC L'ÉTIOLOGIE DES MALADIES AFFECTIVES

Facteurs génétiques et biologiques

Des facteurs génétiques ont été mis en évidence en ce qui concerne le suicide (Roy, 1986). Les études réalisées ne permettent toutefois pas de déterminer avec certitude si l'effet génétique est confondu par le fait que les maladies affectives ont aussi une composante étiologique génétique (McGuffin et coll., 1991).

Des anomalies biochimiques observées dans le cerveau de personnes décédées par suicide soutiendraient l'hypothèse selon laquelle des facteurs neurobiologiques joueraient un rôle dans le suicide. Dans cette optique, le lien entre le suicide et plusieurs neurotransmetteurs monoaminergiques et peptidiques a été étudié (Mann et coll., 1989).

En fait, les résultats des études donnent fortement à penser que les voies sérotoninergiques seraient anormales chez certains sujets décédés par suicide. Ainsi, une diminution légère mais significative de la sérotonine et de ses métabolites a été observée dans le tronc cérébral de sujets décédés par suicide, et non ailleurs dans le cerveau (Beskow et coll., 1976). Les sites de recapture de la sérotonine, qui seraient moins affectés par les changements *post-mortem*, ont fait l'objet de nombreuses études dont les résultats demeurent souvent contradictoires, et donc controversés. Dans l'ensemble, les observations laissent soupçonner qu'il surviendrait dans ces cas une diminution des récepteurs sérotoninergiques dans le cortex préfrontal. Par ailleurs, d'autres études portant sur les récepteurs sérotoninergiques post-synaptiques ont indiqué une augmentation de ces derniers dans les cas de suicide. Il est intéressant de noter que deux études ont montré que ces anomalies post-synaptiques étaient identifiées uniquement dans le cas de suicides dits «violents» (utilisation d'une arme à feu, pendaison ou défenestration), par opposition aux suicides dits «non violents» (intoxication médicamenteuse) (Mann et coll., 1989). Enfin, d'autres types de récepteurs monoaminergiques pourraient également être en cause dans le suicide.

Le suicide étant associé aux maladies mentales (tel qu'il a été démontré dans la section précédente), les anomalies neurobiologiques observées dans les cerveaux de certains sujets décédés par suicide ne pourraient-elles pas être dues à la présence de ces maladies mentales? On connaît le rôle des anomalies sérotoninergiques dans la dépression (voir, dans le chapitre 6, la section intitulée «Études portant sur les hormones [neuroendocrinologie]»). Les études réalisées à cet égard ne rapportent cependant pas de telles anomalies dans tous les cas de dépression et on peut se demander si ces dernières ne seraient pas plutôt attribuables à certains comportements parfois associés à la dépression. Ainsi, les comportements caractérisés par un contrôle inadéquat de l'impulsivité et la recherche d'attention auraient un rôle particulier à jouer; ces comportements s'apparenteraient à ceux identifiés dans les troubles de la personnalité antisociale et de la personnalité limite. Des travaux récents ont de fait lié des anomalies sérotoninergiques aux comportements agressifs et au trouble de la personnalité limite (Markku et coll., 1992). Devant ces résultats, on conçoit que Stanley et Stanley (1990) aient proposé un modèle selon lequel le comportement suicidaire résulterait de la combinaison d'anomalies neurobiologiques et d'un ou de plusieurs troubles mentaux tels que la dépression. Des études portant tout particulièrement sur le suicide et l'existence de troubles mentaux comme la dépression et le trouble de la personnalité limite, en présence d'anomalies sérotoninergiques, doivent être menées.

Par ailleurs, un autre facteur associé à la dépression a été particulièrement relevé dans les cas de suicide: le sentiment de désespoir. Dans une étude de suivi auprès de patients traités pour la dépression, la présence de ce trait constituait un puissant indice du risque de suicide dans les années subséquentes (Beck et coll., 1985).

Facteurs développementaux

De rares études se sont penchées sur le rôle des expériences malheureuses vécues pendant l'enfance (Dorpat, 1965). Lester (1989) a étudié la biographie de personnages célèbres qui se sont suicidés et a pu mettre en évidence un nombre important de pertes subies pendant l'enfance. De même, dans l'étude menée par Lesage et coll. (1994), la séparation ou le divorce des parents pendant l'enfance a été observé chez près de 25 % des jeunes adultes décédés par suicide faisant l'objet de cette étude. Cependant, dans ce dernier cas ces expériences s'associaient à l'âge adulte à la présence du trouble de la personnalité limite et d'une toxicomanie, mais non à la dépression (Lesage et coll., 1993). Néanmoins, le lien entre maladies mentales et expériences malheureuses pendant l'enfance a été bien documenté (Rutter, 1985 ; Tennant, 1988), la nature de ces expériences pouvant être associée à des troubles différents. Ainsi, l'indifférence et la négligence accompagnant la séparation d'avec un parent serait davantage associée à la dépression (Harris et coll., 1986). Ces mêmes expériences de séparation, accompagnées de rejet et d'exclusion, et parfois de sévices physiques ou d'agression sexuelle, seraient plus fréquentes chez les sujets présentant un trouble de la personnalité limite (Duberstein et coll., 1993). En outre, les types d'attachements peuvent influencer la propension à des désordres anxieux (Brown et Harris, 1989). Toutes ces expériences auraient pour dénominateur commun d'affecter la capacité des individus à faire face à l'adversité en compromettant le développement chez eux de la capacité d'établir et de maintenir des relations, ainsi que celle de se séparer d'êtres chers ou de les perdre (Bowlby, 1980 ; Rutter, 1985).

Ici encore, se pose la question de savoir si les expériences de séparation constituent un facteur de risque de survenue de ces troubles mentaux ou de suicide. Seules des études longitudinales de jeunes ayant vécu de telles expériences et mettant en relief le risque supplémentaire de suicide en présence de telles expériences dans l'enfance chez les sujets présentant des maladies affectives, des troubles de la personnalité et une dépendance à l'alcool ou aux drogues permettraient de répondre à cette question. De plus, de telles études devraient distinguer les types d'expériences vécues en fonction des dimensions de rejet, de sévices physiques, de violence sexuelle, de négligence, de contrôle, d'exclusion, d'humiliation, etc. Enfin, il faudrait considérer comment ces facteurs peuvent interagir avec les facteurs neurobiologiques mentionnés plus haut et surtout avec des événements de vie plus récents. Par exemple, une perte survenant chez un adulte pourrait faire resurgir certaines difficultés survenues dans l'enfance et augmenter le risque de maladie dépressive et possiblement de suicide.

Environnement social et suicide:
le rôle des événements de vie

Les événements de vie ont un rôle à jouer dans la survenue du suicide. Ainsi, les personnes endeuillées à la suite d'un suicide sont considérées elles-mêmes comme présentant un risque de suicide (Santé et Bien-être Canada, 1987); le veuvage constitue aussi un risque de suicide dans les 12 à 24 mois qui suivent le décès du conjoint. Les événements de perte interpersonnelle par divorce, séparation ou décès sont relevés de façon plus fréquente dans les semaines précédant le suicide de sujets alcooliques ou souffrant de dépression. Il apparaît aussi que les événements impliquant un bris d'attachement et des conflits sont plus fréquents chez les sujets toxicomanes qui se suicideront que chez ceux souffrant de troubles affectifs (Duberstein et coll., 1993). Ces derniers résultats renvoient à l'hypothèse énoncée plus haut selon laquelle le risque de suicide serait accru lorsque les événements distaux, tels que différents types d'expériences malheureuses vécues pendant l'enfance, trouvent un écho dans les événements proximaux.

Cette hypothèse séduisante ne doit pas faire oublier que les événements de vie ne sont pas complètement indépendants de la personnalité des individus, du trouble de la personnalité qu'ils présentent ou de l'état dépressif dont ils souffrent. Les toxicomanies peuvent être associées à des troubles de la personnalité limite: des événements de conflit et de bris d'attachement sont associés à la nature même de ce trouble caractérisé par des relations interpersonnelles instables. Par ailleurs, on peut facilement imaginer que les personnes souffrant de dépressions fréquentes et persistantes sont davantage susceptibles de voir leur conjoint les abandonner éventuellement, après des tentatives infructueuses de les aider; c'est le cas également des personnes qui souffrent d'alcoolisme. Il se peut par ailleurs qu'un événement de perte vienne couronner une accumulation de situations de pertes survenues dans les dernières années, pertes répétées accompagnées de rejet et d'exclusion qui mèneraient à l'acte fatal. Il existerait donc une interdépendance entre les expériences malheureuses vécues dans l'enfance, l'éclosion de certains troubles et l'accumulation d'expériences en partie secondaires aux troubles eux-mêmes. Dans cette perspective, l'environnement peut jouer un rôle: l'endurance et la capacité de résistance d'un partenaire, d'une famille ou d'un milieu de travail peuvent contrebalancer par des expériences de soutien positives la vulnérabilité de ces personnes. Une telle hypothèse demeure cependant à établir par des études qui reconstruiraient de façon détaillée la nature des pertes subies dans l'enfance, les diverses psychopathologies observées à l'âge adulte, le soutien social et les séquences des différents événements de vie survenus dans les années précédant le décès.

Maladies physiques

D'autres expériences comme les maladies physiques ont souvent été identifiées comme un facteur de risque, en particulier chez les personnes plus âgées (Blumenthal, 1988). Sur le plan biologique, certains cancers produiraient des substances dépressogènes et augmenteraient ainsi le risque de suicide. Sur le plan psychosocial, la douleur chronique accompagnant certaines maladies ou le handicap qu'elles entraînent réduiraient les possibilités d'action d'un individu et constitueraient une difficulté persistante pouvant miner les individus vulnérables. Enfin, sur le plan existentiel, la perspective d'une maladie débilitante et incurable pourrait amener certains à choisir le suicide.

Facteurs socioéconomiques et culturels

Les facteurs étiologiques génétiques, neurobiologiques, développementaux et liés aux événements de vie cités jusqu'ici renvoient à une vision individuelle du suicide, laquelle peut masquer les facteurs socioéconomiques et culturels agissant sur les populations. Pourtant, ces facteurs ont un rôle considérable à jouer dans l'accroissement très important des taux de suicide qu'ont connu dans les dernières décennies plusieurs pays comme le Canada, la France et la Finlande. Déjà, en 1897, Durkheim publiait une monographie qui allait constituer l'une des pierres angulaires de la sociologie, dans laquelle il postulait que le suicide était le résultat de l'influence et du contrôle de la société sur les individus, et émettait l'hypothèse selon laquelle il existerait trois grands types de suicide. Le suicide altruiste était le sacrifice d'un individu pour le bien de sa communauté ou pour répondre aux valeurs sociales de celle-ci : on pense au suicide rituel des samouraïs, ou à l'autochtone âgé et malade du Grand Nord qui s'éloigne de son groupe et s'abandonne sur la banquise pour se laisser mourir. Le suicide égoïste est lié à la perte du soutien social chez un individu, par exemple dans le cas d'un homme âgé sans enfants, veuf depuis peu. Le suicide anomique, quant à lui, est lié à une désintégration des valeurs et des solidarités sociales, les individus devant faire face au chômage par exemple, dans une société en mutation dont les points de repère ont sombré.

En fait, le phénomène du chômage a souvent suscité l'intérêt des chercheurs, car il constitue l'un des changements sociaux les plus visibles depuis les années 1970. Il peut être source de dévalorisation importante chez les hommes jeunes, une association que Cormier et Klerman (1985) ont confirmée. Cependant, le chômage est seulement l'un des phénomènes associés aux changements importants survenus dans la société québécoise, canadienne et de plusieurs pays européens depuis le début des années 1960. En effet, il importe par ailleurs de noter la laïcisation de ces sociétés, la remise en question des rôles sociaux des hommes et des femmes, l'entrée massive des femmes sur le marché du travail, l'accroissement du nombre de séparations, de divorces et de familles monoparentales, l'augmentation de l'alcoolisme, de la toxicomanie et de la violence, la précarisation de l'emploi ainsi que l'appauvrissement des régions et des centres urbains (Côté, 1991).

Ces changements sociaux constituent autant de facteurs de risque de maladies mentales, en particulier de dépression, de troubles de la personnalité et d'abus d'alcool et de drogues. L'importance d'une dimension étiologique sociale a été signalée encore récemment dans l'étude maîtresse de Dohrenwend et coll. (1992). Si l'augmentation de la toxicomanie dans la société québécoise et nord-américaine depuis les trois dernières décennies est assez évidente, peut-on pour autant affirmer que les maladies affectives sont en augmentation? Les résultats de plusieurs études épidémiologiques le laissent croire; Klerman (1986) soutenait que l'augmentation du taux de suicide chez les jeunes hommes adultes était liée à une augmentation de la dépression chez ces derniers, phénomène qui serait attribuable aux changements sociaux majeurs des trois dernières décennies.

Intégration sur le plan clinique

Face à une personne souffrant de maladie affective, il peut sembler difficile pour le clinicien d'évaluer le risque pour celle-ci de se suicider, à la lumière des facteurs génétiques, biologiques, développementaux, situationnels, physiques, socioéconomiques et culturels signalés dans le présent chapitre. Blumenthal (1988) a proposé un modèle utile pour comprendre le comportement suicidaire. Ce modèle comporte cinq dimensions (ou facteurs) qui se recoupent: antécédents familiaux et génétiques; facteurs neurobiologiques; traits de la personnalité; survenue de troubles mentaux; événements de vie, état de santé. Selon ce modèle, aucune des dimensions ne peut expliquer à elle seule le comportement suicidaire. Il est implicitement proposé que l'accumulation de ces dimensions accroît le risque de comportement suicidaire et que, dans la vie de l'individu, elles peuvent interagir et créer en quelque sorte une trajectoire aboutissant au risque suicidaire. Ainsi, la combinaison de traits de personnalité impulsifs et d'une série d'états dépressifs survenant chez une personne dont un membre de la famille s'est déjà suicidé et que son conjoint vient de quitter en raison des problèmes de toxicomanie que présente cette personne évoque évidemment un plus grand risque de suicide, hypothèse que les études supportent d'ailleurs. Mais, ici encore, il reste beaucoup à faire, plus précisément à quantifier quel degré d'accumulation et quelles dimensions s'additionnent à quel moment pour entraîner quel risque suicidaire chez quelle personne.

ÉVALUATION DU RISQUE SUICIDAIRE

On a déployé des efforts importants pour tenter de prédire quels types de patients présentaient le plus grand risque de se suicider. Ces efforts se sont concrétisés par la définition de facteurs de risque précis et l'élaboration d'un modèle utile de recoupement de plusieurs de ces facteurs, comme en font foi les cinq dimensions proposées par Blumenthal (1988). L'ajout de ces facteurs les uns aux autres constituerait des combinaisons éventuellement létales et qui devraient inciter le clinicien à la plus grande vigilance. Néanmoins, ces combinaisons révèlent à court terme un large groupe de patients identifiés comme à risque élevé mais qui, en fin de compte, ne se suicideront pas (faux positifs).

La responsabilité de gérer chez le patient dépressif le risque suicidaire en tenant compte de ces facteurs demeure cependant celle du clinicien. La présence d'idéation suicidaire ou de tentative suicidaire est un signe qui doit toujours être envisagé avec le plus grand sérieux. La tentative de suicide comporte un risque de suicide à vie de 10 à 15 %, comparable en fait à celui associé à la présence de maladies affectives. En même temps, la présence d'idéation suicidaire, voire celle de tentative suicidaire, ne constituent pas une indication absolue d'hospitalisation ou même d'intensification des rencontres thérapeutiques. L'éventualité d'un geste suicidaire fatal doit être considérée en fonction de la gravité de la maladie dépressive, des composantes impulsives de la personnalité, des gains secondaires (c.-à-d. de l'attention accrue que pourrait recevoir l'individu à la suite d'une tentative de suicide — être traité comme un malade, forcer une réconciliation, etc.) et de la situation personnelle de l'individu.

Passer en revue le fin travail clinique d'évaluation du geste suicidaire et de l'intervention de crise qui l'accompagne dépasserait le cadre de ce chapitre; le lecteur peut consulter à ce sujet les articles de Bordeleau (1994) ou de Grivois et Vanier (1988). Qu'il suffise de préciser que toute intervention doit s'accompagner du traitement des maladies affectives présentes.

PRÉVENTION DU SUICIDE ET TRAITEMENT DE LA DÉPRESSION

Centres de prévention du suicide

L'expression «prévention du suicide» évoque souvent les centres d'écoute téléphonique pour personnes suicidaires. Ces centres d'écoute ont été mis en place dans les années 60; la plupart d'entre nous se souviendront du film émouvant mettant en vedette Sydney Poitier dans le rôle d'un intervenant œuvrant dans un tel centre et qui détournait du suicide une personne ayant ingurgité des barbituriques. Ces centres d'écoute téléphonique et de crises visant précisément la prévention du suicide ont constitué au cours des dernières décennies la principale action de santé publique en ce sens. Jusqu'à tout récemment, aucune étude n'avait pu démontrer leur efficacité véritable. Des travaux récents menés aux États-Unis, mettant en corrélation la densité de centres de prévention dans un État donné, ont pu cependant établir un effet faible, mais significatif, de diminution du taux de suicide (Lester, 1993); d'autres pistes doivent néanmoins être explorées.

Meilleur traitement de la dépression par les médecins de famille et prévention du suicide

On a souligné précédemment que les études avaient établi la présence de dépression chez 40 à 60% des sujets qui se sont suicidés. Ces mêmes études signalent que, bien qu'une minorité de sujets décédés par suicide aient été en contact avec des services spécialisés en psychiatrie (environ 30%), la plupart (environ 50 à 70%) avaient consulté leur médecin de famille dans l'année précédant leur décès. Si les médecins de famille pouvaient mieux détecter, reconnaître et traiter les dépressions, on peut penser que le taux de suicide en serait diminué. C'est ce qu'a démontré une étude suédoise réalisée auprès de près de 50000 habitants: à la suite d'un programme de formation de deux jours, les médecins arrivaient à mieux détecter et traiter les dépressions, et prescrivaient plus adéquatement les antidépresseurs, le taux de suicide s'en trouvant diminué de moitié dans l'année suivante (Rutz et coll., 1991). Cette étude aux résultats encourageants demeure cependant, à ce jour, la seule à rapporter l'efficacité d'un programme visant à diminuer le taux de suicide dans une population; il faudrait par conséquent la reproduire.

Aux États-Unis, le National Institute of Mental Health a mis sur pied un programme (*Depression Awareness Recognition and Treatment Program*; Regier et coll., 1988) visant, à l'échelle nationale, à mieux préparer les médecins de famille face au phénomène de la dépression; au Canada, des efforts en ce sens sont également déployés.

~

Le suicide et les maladies affectives restent intimement liés. Le risque suicidaire doit demeurer présent dans l'esprit des cliniciens traitant des personnes souffrant de troubles dépressifs. Dans le présent chapitre, nous avons passé en revue certains facteurs devant inciter le clinicien à faire preuve d'une très grande vigilance face à un patient déprimé: la présence d'antécédents familiaux de suicide; des traits de personnalité impulsifs ou agressifs; la présence d'un sentiment de désespoir; une maladie physique chronique; l'abus d'alcool ou de drogues; des événements de vie récents et pénibles impliquant une perte, un abandon ou une humiliation; ou une accumulation de ces facteurs. Malheureusement, même la présence de ces facteurs ne permet pas de prédire avec certitude si un individu particulier choisira de se suicider. Nonobstant ces incertitudes, il n'en demeure pas moins essentiel que les cliniciens traitent adéquatement les personnes qui les consultent et leur signalent des symptômes dépressifs; en effet, la plupart des patients décédés par suicide ont vu leur médecin de famille dans l'année précédente. Les intervenants de première ligne jouent donc un rôle crucial dans la détection, la reconnaissance et le traitement des maladies affectives.

D'un point de vue de santé publique, même si les efforts pour améliorer la détection, la reconnaissance et le traitement des maladies affectives n'avaient pas de répercussions scientifiquement observables sur le taux de suicide, l'entreprise en vaudrait néanmoins toujours la peine. En effet, les maladies affectives ont un impact considérable au chapitre de la souffrance personnelle, de la perte de productivité, du déficit dans les rôles parentaux et des effets sur les proches. Leur réduction sur une large échelle aurait en soi des répercussions positives importantes non seulement à court terme, mais aussi à moyen terme (notamment sur les enfants de ces personnes concernées).

BIBLIOGRAPHIE

BECK, A., et coll., 1985, «Hopelessness and Eventual Suicide: A 10-Year Prospective Study of Patients Hospitalized with Suicidal Ideation», *American Journal of Psychiatry*, vol. 142, p. 559-563.

BESKOW, J., et coll., 1976, «Determination of Monoamine and Monoamine Metabolites in the Human Brain: Post-Mortem Studies in a Group of Suicides and in a Control Group», *Acta Psychiatrica Scandinavica*, vol. 53, p. 7-20.

BLACK, D.W., WINOKUR, G., et A. NASRALLAH, 1987, «Suicide in Subtypes of Major Affective Disorder», *Archives of General Psychiatry*, vol. 44, p. 878-880.

BLUMENTHAL, S.J., 1988, «Suicide: A Guide to Risk Factors, Assessment, and Treatment of Suicidal Patients», *Medical Clinics of North America*, vol. 72, p. 937-971.

BORDELEAU, D., 1994, «Exploration phénoménologique de l'idée suicidaire», *Santé mentale au Québec*, vol. XIX, p. 105-116.

BOWLBY, J., 1980, *Attachment and Loss. Volume II: Separation*, New York, Basic Books Inc.

BROWN, G., et T. HARRIS, 1989, *Life Events and Illness*, New York, The Guilford Press.

BUREAU DU CORONER, 1990, *Rapport annuel 1989 Québec*, Québec, Les Publications du Québec.

CLARK, D.C., et S.L. HORTON-DEUTSCH, 1992, «Assessment in Absentia: The Value of the Psychological Autopsy Method for Studying Antecedents of Suicide and Predicting Future Suicides», dans R.W. MARIS et coll. (dir.), *Assessment and Prediction of Suicide. An Official Publication of the American Association of Suicidology*, New York, The Guilford Press, p. 144-182.

CORMIER, H., et G.L. KLERMAN, 1985, «Unemployment and Male-Female Labor Force Participation as Determinants of Changing Suicide Rates of Males and Females in Quebec», *Social Psychiatry*, vol. 20, p. 109-114.

CÔTÉ, C., 1991, *Désintégration des régions. Le sous-développement durable au Québec*, Édition JCL.

DIEKSTRA, R.F.W., 1989, «Suicide and the Attempted Suicide: An International Perspective», *Acta Psychiatrica Scandinavica*, vol. 80 (suppl. 354), p. 1-24.

DOHRENWEND, B.P., et coll., 1992, «Socioeconomic Status and Psychiatric Disorders: The Causation-Selection Issue», *Science*, vol. 255, p. 946-952.

DORPAT, T.L., 1965, «Broken Homes and Attempted and Completed Suicides», *Archives of General Psychiatry*, vol. 12, p. 179-194.

DUBERSTEIN, P.R., CONWELL, Y., et E.D. CAINE, 1993, «Interpersonal Stressors, Substance Abuse, and Suicide», *Journal of Nervous and Mental Disease*, vol. 181, p. 80-85.

DURKHEIM, E., 1897, *Le suicide*, réédité aux Presses Universitaires de France, 1973.

GRIVOIS, H., et C. VANIER, 1988, «Urgences psychiatriques», dans P. LALONDE, F. GRUNBERG et coll., *Psychiatrie clinique: approche bio-psycho-sociale*, Boucherville, Gaëtan Morin Éditeur, p. 576-612.

HARRIS, T., BROWN, G.W., et A. BIFULCO, 1986, «Loss of Parent in Childhood and Adult Psychiatric Disorder: The Role of Lack of Adequate Parental Care», *Psychological Medicine*, vol. 16, p. 641-659.

KLERMAN, G.L. (dir.), 1986, *Suicide and Depression among Adolescents and Young Adults*, Washington, DC, American Psychiatric Press.

LESAGE, A., et coll., 1993, *Childhood Separations, Axis II and Suicide, 146th Annual Meeting*, San Francisco, American Psychiatric Association.

LESAGE, A., et coll., 1994, «Suicide and Mental Disorders: A Case-Control Study of Young Adult Males», *American Journal of Psychiatry*, vol. 151, p. 1063-1068.

LESTER, D., 1989, «Experience of Parental Loss and Later Suicide: Data from Published Biographies», *Acta Psychiatrica Scandinavica*, vol. 79, p. 450-452.

LESTER, D., 1993, «The Effectiveness of Suicide Prevention Centers», *Suicide and Life-Threatening Behavior*, vol. 23, p. 263-267.

MCGUFFIN, P., KATZ, R., et J. RUTHERFORD, 1991, «Nature, Nurture and Depression: A Twin Study», *Psychological Medicine*, vol. 21, p. 329-335.

MANN, J.J., et coll., 1989, «Biological Correlates of Suicidal Behavior in Youth», dans C.R. PFEFFER (dir.), *Suicide among Youth: Perspectives on Risk and Prevention*, Washington, DC, American Psychiatric Press, p. 185-202.

MARKKU, V., LINNOILA, I., et M. VIRKKUNEN, 1992, «Aggression, Suicidality, and Serotonin», *Journal of Clinical Psychiatry*, vol. 53, n° 10, p. 46-51.

PARIS, J., 1990, «Completed Suicide in Borderline Personality Disorder», *Psychiatric Annals*, vol. 20, n° 1, p. 19-21.

REGIER, D.A., et coll., 1988, «The NIMH Depression Awareness, Recognition, and Treatment Program: Structure, Aims, and Scientific Basis», *American Journal of Psychiatry*, vol. 145, p. 1351-1357.

ROY, A., 1986, «Genetics of Suicide», *Annals of the New York Academy of Sciences*, vol. 487, p. 97-105.

RUTTER, M., 1985, «Resilience in the Face of Adversity. Protective Factors and Resistance to Psychiatric Disorder», *British Journal of Psychiatry*, vol. 147, p. 598-611.

RUTZ, W., VON KNORRING, L., et J. WALINDER, 1991, «Long-Term Effects of an Educational Program for General Practitioners Given by the Swedish Committee for the Prevention and Treatment of Depression», *Acta Psychiatrica Scandinavica*, vol. 85, p. 83-88.

SANTÉ ET BIEN-ÊTRE CANADA, 1987, «Le suicide au Canada: rapport du groupe national de travail sur le suicide au Canada», Ottawa, Santé et Bien-être Canada.

SCHNEIDMAN, E.S., et N. FARBEROW, 1961, «Sample Investigation of Equivocal Suicidal Deaths», dans N.L. FARBEROW et E.S. SCHNEIDMAN (dir.), *The Cry for Help*, New York, McGraw-Hill, p. 118-128.

STANLEY, M., et B. STANLEY, 1990, «Postmortem Evidence for Serotonin Role in Suicide», *Journal of Clinical Psychiatry*, vol. 51, p. 22-28.

TANNEY, B., 1992, «Mental Disorders, Psychiatric Patients, and Suicide», dans R.W. MARIS et coll. (dir.), *Assessment and Prediction of Suicide. An Official Publication of the American Association of Suicidology*, New York, The Guilford Press, p. 277-320.

TENNANT, C., 1988, «Parental Loss in Childhood», *Archives of General Psychiatry*, vol. 45, p. 1045-1050.

CHAPITRE 17

Les aspects légaux en psychiatrie au Québec

Gilles Chamberland, M.D., LL.B.[*]

Sommaire

[*] Psychiatre à l'Institut Philippe-Pinel de Montréal et chargé d'enseignement clinique au Département de psychiatrie de l'Université de Montréal.

Toute société a des règles permettant à ses membres de vivre en harmonie. Dans nos sociétés modernes qui se veulent libres et égalitaires, une attention plus particulière est portée à ceux qui sont dans une position de vulnérabilité. Ainsi, un nombre appréciable de lois ont pour but la protection de différents groupes de personnes qui sans elles pourraient se faire exploiter (personnes mineures, locataires, travailleurs syndiqués, etc.).

Il n'est donc pas surprenant de constater que de multiples lois et règlements viennent encadrer la relation qu'un médecin peut avoir avec son patient, justement à cause de la position de dépendance et de vulnérabilité dans laquelle se trouve ce dernier. Ceci est d'autant plus pertinent lorsque le patient souffre d'une maladie mentale et que son jugement peut être mis en doute.

Des différentes lois qui font l'objet du présent chapitre se dégagent deux principes généraux. Tout d'abord, le psychiatre a le devoir de soigner le mieux possible son patient tout en respectant ses droits et libertés. Mais on lui demande aussi d'être au service de la société en identifiant et en traitant les individus qui peuvent devenir, bien malgré eux, une menace pour eux-mêmes ou pour autrui.

C'est donc dans le respect des droits de chacun que les psychiatres et autres professionnels des soins de santé doivent effectuer leur travail. Les lois et règlements en vigueur visent le meilleur équilibre possible entre les droits de l'individu et la protection de la collectivité.

ÉTHIQUE

De plus en plus, les gestes posés par les médecins sont évalués en fonction non seulement de leur efficacité thérapeutique mais aussi de certains critères relevant de la morale. Des comités d'éthique ont été formés dans les hôpitaux et des questions bien précises leur sont soumises, lesquelles peuvent être d'ordre scientifique, juridique ou proprement éthique. Ainsi, en psychiatrie, des questions concernant l'utilisation des électrochocs ou de certaines chirurgies du cerveau ont déjà été examinées. Les comités d'éthique ont maintenant plus qu'un pouvoir de recommandation, leur approbation étant rendue nécessaire par la loi dans certains cas, comme lorsqu'il s'agit d'approuver des protocoles de recherche auxquels des patients participeront. Ce sont aussi des comités de ce genre qui rédigent les protocoles utilisés par le personnel des hôpitaux, tel que celui régissant le recours à l'isolement et à la contention chez les patients agités. Ces comités d'éthique joueront un rôle de plus en plus important dans l'avenir, surtout lorsque les compressions budgétaires dans le domaine des soins de santé contraindront médecins et administrateurs à prendre des décisions délicates qui seront basées sur des considérations non plus seulement médicales mais également économiques.

En fait, les questions éthiques revêtiront bientôt une importance capitale, s'agissant dans plusieurs cas de véritables débats de société; des questions telles que les manipulations génétiques et l'accès d'une minorité de patients à certains soins de haute technologie très onéreux n'en sont que deux exemples. C'est pourquoi les questions éthiques doivent recevoir l'attention du plus grand nombre de gens possible et ne plus demeurer l'apanage de quelques philosophes, sociologues ou administrateurs.

DROITS ET OBLIGATIONS DU PATIENT ET DES INTERVENANTS EN CE QUI CONCERNE LES SOINS DE SANTÉ MENTALE

Les intervenants dans le domaine de la santé mentale, et tout particulièrement les psychiatres, se voient confier un double rôle par la société. D'une part, ils doivent soigner les patients de leur mieux tout en respectant les droits et libertés de ces derniers; d'autre part, ils doivent protéger ces patients contre eux-mêmes et, parfois, protéger la société. Les lois et règlements confèrent donc à certains spécialistes des pouvoirs qui peuvent aller jusqu'à celui de restreindre la liberté de leurs patients en certaines circonstances. Mais ces pouvoirs sont rigoureusement encadrés et de nombreux mécanismes sont prévus afin de protéger les droits des individus.

Droit aux soins de qualité

L'article 5 de la *Loi sur les services de santé et les services sociaux* (1991) garantit à toute personne le droit de recevoir des services de santé et des services sociaux adéquats, avec continuité et de façon personnalisée, la limite de ce droit étant, comme il est indiqué à l'article 13, l'organisation et la disponibilité des ressources de l'établissement où le patient consulte. L'accès au service de soins est donc un droit au Québec.

Mais qu'en est-il de la qualité des soins à laquelle le patient est en droit de s'attendre? Évidemment, lorsqu'il est question de soins de santé, aucun spécialiste ou autre professionnel des soins de santé responsable n'irait jusqu'à garantir le résultat d'un traitement. Néanmoins, ce spécialiste ou autre professionnel doit apporter aux soins qu'il prodigue toute la compétence, la science, l'intégrité et la diligence que le patient est en droit d'attendre d'un intervenant ayant cette formation. De cette notion découle en droit de la santé le principe selon lequel les soignants ont une **obligation de moyens** (c.-à-d. celle de prendre tous les moyens raisonnablement possibles pour guérir le patient) et non une **obligation de résultats** (c.-à-d. celle d'assurer la réussite du traitement). Ce droit est pour le patient fondamental; c'est notamment le barème que la jurisprudence québécoise utilise pour déterminer si un médecin (ou autre professionnel des soins de santé) a agi ou non selon les règles de son art. Ainsi, on comparera pour ce faire les soins que celui-ci a fournis à ceux qu'aurait dispensés un médecin (ou autre professionnel des soins de santé) compétent avec une formation équivalente. Cette façon de juger s'il y a faute ou non s'applique à toutes les personnes œuvrant dans le domaine de la santé, qu'elles soient psychiatres, psychologues, infirmières, etc.

Un autre principe fondamental guidant la relation d'un patient avec son médecin est celui de la **liberté de choix**. En effet, tout patient a le libre choix du médecin ou de l'établissement duquel il désire recevoir des services. Cependant, de la même façon, un médecin peut lui aussi décider des patients qu'il désire soigner (*Loi sur les services de santé et les services sociaux*). Ce principe général souffre cependant une exception, celle de la situation d'urgence. Le *Code civil du Québec* (1994) est clair à ce sujet; un médecin ne peut refuser de traiter un patient si ce dernier se trouve dans une situation telle que son état de santé nécessite des soins immédiats. De telles situations peuvent survenir en psychiatrie, par exemple lorsqu'un patient souffre d'un épisode aigu de dépression ou de manie. Par conséquent, tout patient peut s'attendre à recevoir les soins que son état nécessite lorsqu'il se présente dans une urgence psychiatrique; dans ce cas, il ne pourra cependant choisir son médecin puisque les soins seront prodigués par le médecin en devoir à ce moment-là. La sectorisation touchant les services de psychiatrie offerts en milieu hospitalier pourrait être considérée comme une entorse à cette règle fondamentale du libre choix. Mais, comme on le verra plus loin, il s'agit plutôt d'une exception relative, car un patient peut toujours faire valoir son droit et faire primer la règle du libre choix.

De son côté, le patient a deux obligations dans l'entente implicite qu'il prend avec son médecin. Il a en premier lieu l'obligation de collaborer; pour ce faire, il doit donner, d'après ce qu'il sait, les informations requises par son médecin et en outre être fidèle au traitement prescrit. En second lieu, il a l'obligation d'acquitter ses honoraires, une obligation qui est au Québec généralement remplie par la Régie de l'assurance-maladie du Québec.

Inviolabilité de la personne

L'un des droits les plus fondamentaux garantis par le *Code civil du Québec* est celui de l'inviolabilité de la personne. L'article 10 s'y lit d'ailleurs comme suit: « Toute personne est inviolable et a droit à son intégrité. Sauf dans les cas prévus par la loi, nul ne peut lui porter atteinte sans son consentement libre et éclairé. »

De ce droit fondamental découlent plusieurs règles qui sont consacrées par les articles 10 à 25 du *Code civil*. Tout d'abord, une personne doit avoir donné son consentement avant de recevoir des soins, le terme « soins » étant ici entendu dans un sens large et désignant toutes espèces d'épreuves diagnostiques, de prélèvements, ou de traitements de nature pharmacologique, psychothérapique ou sociale. Cette règle ne souffre qu'une exception, soit le cas où des soins d'urgence sont requis et la personne jugée inapte à consentir. Si une personne est inapte à consentir, comme ce peut parfois être le cas en psychiatrie, une personne autorisée par la loi ou par un mandat peut la remplacer. Elle doit alors agir dans le seul intérêt de la personne concernée et tenir compte des volontés que cette personne aurait manifestées.

Par ailleurs, le titulaire de l'autorité parentale peut consentir pour la personne mineure, mais l'adolescent de 14 ans et plus peut consentir seul. Cependant, s'il est hospitalisé plus de 12 heures, ses parents doivent en être informés. L'autorisation du tribunal devient en outre nécessaire lorsqu'un majeur (ou un mineur de 14 ans et plus) inapte refuse catégoriquement des soins, ou lorsque celui qui pourrait consentir à sa place refuse, exception faite des cas d'urgence ou des soins d'hygiène.

Un patient peut décider de retirer son consentement à des soins, et ce, en tout temps avant la fin du traitement. Le refus du traitement peut se faire verbalement, même s'il avait été donné par écrit, tel que la loi l'exige en certaines circonstances. Cependant, un médecin traitant est en droit de demander au patient qui refuse un traitement de consigner son refus par écrit de façon à se protéger contre d'éventuelles poursuites.

Enfin, un consentement n'est valide que s'il est donné de façon libre et éclairée. Pour être libre, il doit avoir été obtenu sans que des pressions aient été exercées sur le patient par le soignant, que ce soit par le biais de promesses ou de contraintes. Pour être éclairé, il doit avoir été accordé après que le patient a été informé des avantages et des inconvénients principaux du traitement proposé, des traitements alternatifs possibles et de l'absence de tout traitement.

Droit à la liberté et protection du patient et d'autrui

L'inviolabilité de la personne s'applique aussi lorsqu'il est question de garder une personne dans un établissement de santé dans le but d'un examen ou d'un traitement psychiatrique; en effet, le consentement de cette personne est encore ici nécessaire. Comme pour le consentement aux soins, une personne autorisée par la loi peut consentir à la place du mineur ou du majeur inapte, les exceptions étant encore une fois les situations d'urgence. Si la personne présente un danger imminent pour elle-même ou pour autrui, elle peut être gardée contre son gré sans l'autorisation du tribunal. Par contre, on doit avoir recours à une ordonnance du tribunal lorsque le danger est présent, mais non imminent; c'est alors un médecin ou un proche qui doit en faire la demande. Lorsque l'ordonnance est émise, le patient doit être informé de la durée de la garde et du plan de soins élaboré en ce qui le concerne. Il va de soi que la garde doit être levée dès qu'elle n'est plus justifiée, et ce, même si le délai fixé n'est pas expiré.

Depuis le 1er janvier 1994, soit la date d'entrée en vigueur du nouveau *Code civil du Québec* (voir les articles 20 à 30), on ne parle plus de «cure fermée» mais bien de «garde en établissement» pour les patients qui doivent demeurer en établissement contre leur gré. Cependant, de façon générale, les anciennes règles régissant la cure fermée sont celles qui s'appliquent à la garde.

Ainsi, à l'heure actuelle, si une personne manifeste des comportements, des pensées ou une souffrance psychique qui préoccupent son entourage, il est possible de demander à ce qu'elle soit examinée par un psychiatre, même si elle s'y oppose. Une telle mesure est nécessaire — les proches de personnes souffrant de maladies mentales sévères peuvent en témoigner —, ces patients ayant souvent perdu la capacité d'autocritique qui leur permettrait d'apprécier l'impact que peut avoir sur eux la maladie. L'ordonnance d'examen psychiatrique peut être demandée en déposant une requête sommaire devant un juge de la Cour du Québec, du Tribunal de la jeunesse ou de la Cour municipale (si on se trouve à Montréal, Laval ou Québec); cette requête peut être faite par toute personne intéressée. Malheureusement, depuis l'entrée en vigueur du nouveau *Code civil*, la procédure de présentation d'une telle requête est plus compliquée puisque le protonotaire chargé d'aider les proches des patients a été relevé de ses fonctions. Les services d'un avocat en privé doivent donc être retenus, malgré qu'il soit toujours possible pour un citoyen de se débrouiller par lui-même. C'est au juge qui reçoit la requête de décider s'il doit émettre une ordonnance exigeant de la personne concernée qu'elle se soumette à un examen psychiatrique. Une fois l'ordonnance émise, l'assistance de la police et des services d'urgence peut être requise pour emmener le patient à l'hôpital de secteur contre son gré.

Un premier examen psychiatrique du patient doit être effectué par un médecin (par un psychiatre si possible) dans les 24 heures suivant l'arrivée à l'hôpital. Ce premier examen a pour but de déterminer si la « garde » est nécessaire, c'est-à-dire si le patient souffre d'un trouble mental qui serait susceptible de mettre en danger sa santé ou sa sécurité, ou encore celle d'autrui. Si c'est le cas, il est gardé par l'établissement. Un psychiatre certifié, autre que le premier, doit également se prononcer dans un délai maximal de 96 heures en ce qui a trait à l'état mental du patient. Si les deux évaluations confirment la nécessité de garder le patient à l'hôpital, un rapport est transmis au juge, ce dernier émettant alors une ordonnance de garde après s'être assuré que toutes les exigences ont été remplies. Après 21 jours, la garde doit être révisée par le médecin traitant. Si, trois mois après le premier examen, elle est toujours considérée comme nécessaire par le médecin responsable du patient, un tribunal administratif formé de deux psychiatres et d'un avocat, la Commission des affaires sociales, doit réévaluer le patient et déterminer si la garde doit effectivement être maintenue. Dans l'affirmative, les réévaluations subséquentes effectuées par cette même commission ont lieu aux six mois.

Il va sans dire que si, tout au long de ce processus, la garde ne devient plus nécessaire, le médecin traitant a le pouvoir et le devoir de la lever. Il revient alors au patient de décider s'il désire poursuivre son hospitalisation sur une base volontaire.

Lorsqu'une personne est mise sous garde, elle doit être avisée par écrit de ses droits et recours. Le médecin traitant doit aussi en aviser la famille. Si un patient ou un membre de sa famille n'est pas satisfait de la décision prise au sujet de la garde, il peut en tout temps demander à la Commission des affaires sociales de réviser cette décision. La Commission peut revoir le patient à sa demande, avant les délais prévus, si des développements nouveaux se sont produits.

Il est important de souligner que l'ordonnance de garde n'oblige le patient qu'à demeurer à l'hôpital; celui-ci n'est en aucun temps obligé de se soumettre à un traitement auquel il n'aurait pas consenti. En effet, l'instauration d'un traitement sans le consentement du patient est considérée comme une violation importante des droits de la personne. Pour que le traitement soit entrepris, le *Code civil* exige tout d'abord que la personne soit déclarée inapte; une requête peut alors être déposée devant un juge, et on doit démontrer que les traitements sont vraiment nécessaires et qu'ils comportent peu de risques. Le juge a néanmoins généralement tendance à favoriser le respect de la volonté du patient, et ce, même si celui-ci est considéré comme ayant un jugement perturbé. Le lecteur peut consulter à ce propos les articles 20 à 30 du *Code civil du Québec*, ainsi que la *Loi sur la protection du malade mental* (1982).

Situation d'urgence

Lorsqu'une situation d'urgence survient et que la santé ou la sécurité d'une personne est mise en péril dans l'immédiat, ou que cette personne risque de poser des gestes violents pouvant mettre en danger la vie d'autrui, l'article 13 du *Code civil* permet toutefois de suspendre certains droits individuels pour la période de l'urgence. Il est alors possible pour un médecin de garder un patient contre son gré dans un établissement de santé pour une période de 48 heures sans qu'une ordonnance n'ait été obtenue. Il est même possible de lui prodiguer des soins de santé ou d'hygiène qui sont jugés essentiels, toujours sans la nécessité d'une ordonnance du tribunal.

De plus, si la situation d'urgence est telle que le patient tente de s'infliger des lésions ou d'en infliger à une autre personne, l'article 37 de la *Loi sur la protection du malade mental* permet de prendre des mesures pour l'en empêcher. En pratique, le patient peut être contenu par la force, et des moyens de contention mécaniques peuvent être utilisés; il est également possible d'administrer une médication au patient dans le but de maîtriser cette agitation. Enfin, le patient peut être placé dans un endroit isolé afin de réduire le nombre et l'intensité des stimuli provenant du milieu. Le processus de recours à l'isolement et à la contention est régi de façon stricte par la loi et par les différents protocoles des hôpitaux.

Secret professionnel et confidentialité

Il faut distinguer ici entre le secret professionnel exigé des médecins et autres professionnels des soins de santé de par leur code d'éthique et le privilège accordé aux avocats de ne pouvoir être contraints à témoigner en cour contre leur client. En effet, dans le premier cas, il s'agit d'une obligation selon laquelle aucune personne ne peut fournir de renseignements sur un patient sans son consentement, sans quoi elle commettrait une faute professionnelle; cette obligation est clairement définie par la *Loi sur les services de santé et les services sociaux*. En outre, la manipulation des dossiers est elle aussi strictement réglementée, les archivistes des hôpitaux s'avérant être d'ardents défenseurs de la confidentialité des dossiers qui leur sont confiés. Cependant, si le témoignage d'un médecin ou autre professionnel des soins de santé est exigé en cour criminelle, ce dernier n'a d'autre choix que d'aller répondre d'après ce qu'il sait aux questions qui lui seront posées. Contrairement à l'avocat, le professionnel des soins de santé ne jouit d'aucun privilège et ne peut garder aucun secret en cour criminelle. Cependant, s'il s'agit d'une cause dans un procès au civil, le médecin n'est aucunement dans l'obligation de révéler ce qui lui a été confié dans le cadre de la relation thérapeutique avec son patient.

Droit du patient à être accompagné

Les patients qui consultent, notamment en psychiatrie, sont souvent dépassés par les événements et le fait d'être accompagné d'un proche est une mesure simple et rassurante. L'article II de la *Loi sur les services de santé et les services sociaux* vient sanctionner ce principe:

> Tout usager a le droit d'être accompagné et assisté d'une personne de son choix lorsqu'il désire obtenir des informations ou entreprendre une démarche relativement à un service dispensé par un établissement ou pour le compte de celui-ci ou par tout professionnel qui exerce sa profession dans un centre exploité par l'établissement.

Ce droit se limite cependant à une assistance dans le but d'obtenir des informations ou d'entreprendre une démarche. Le médecin doit donc se réserver une période à cette fin, au cours de laquelle il rencontre l'accompagnateur et le patient, si ce dernier en fait la demande. Cependant, la présence d'un tiers est laissée à la discrétion du médecin lors de la dispensation du traitement, ceci incluant tout ce qui touche la thérapie. C'est au médecin traitant de juger si la présence d'une personne accompagnatrice peut être utile au déroulement de la thérapie ou si elle ne risque pas plutôt de nuire à la relation thérapeutique. Le rôle du tiers n'est donc pas de s'immiscer dans le traitement ni de s'ériger en superviseur du médecin.

SOINS DE SANTÉ MENTALE EN ÉTABLISSEMENT

Rôle des différents intervenants

Il importe d'abord de souligner qu'il existe plusieurs catégories d'intervenants pouvant venir en aide à la personne souffrant de maladie mentale, et notamment affective. C'est le cas entre autres des psychiatres, des omnipraticiens, des psychanalystes, des psychologues, des infirmières spécialisées en psychiatrie, des travailleurs sociaux, des ergothérapeutes, des orthopédagogues, etc. Il peut être difficile pour la personne qui n'est pas familiarisée avec ces différentes professions de déterminer qui est le plus en mesure de lui venir en aide, car tous ces intervenants possèdent un champ de compétences spécifique et ils peuvent être consultés de façon indépendante. En fait, on recommande généralement de consulter un médecin de famille, lequel demeure le pivot du système de santé au Québec et est le mieux placé pour orienter adéquatement le patient.

La situation est un peu différente en milieu hospitalier où ces intervenants travaillent généralement en équipe. Il n'est donc pas rare que, à la suite de l'évaluation d'un médecin, un patient puisse rencontrer plusieurs d'entre eux au cours d'une même journée. De la même façon, un suivi en clinique externe pourra être fait par plus d'un thérapeute. Le patient peut par exemple être suivi par une infirmière spécialisée en psychiatrie aux deux semaines et ne voir son psychiatre que tous les deux mois si son état est stable.

Lorsque ces intervenants travaillent ensemble, le rôle du psychiatre est de s'assurer de la collaboration de toute l'équipe; il est toujours possible de recourir à lui lorsque des problèmes surviennent.

Sectorisation

De façon à optimaliser l'efficacité des services offerts à la population et de mieux les adapter aux besoins des patients, les hôpitaux dispensateurs de soins psychiatriques se sont entendus pour fournir ceux-ci en fonction du secteur de la province où habite le patient. Ainsi, lorsque des soins sont requis en psychiatrie, on demande aux patients de s'adresser au centre hospitalier désigné pour leur secteur. Ce mode de dispensation des soins présente de nombreux avantages, évitant entre autres la multiplication des dossiers pour un même patient et permettant à un centre donné de mieux connaître sa clientèle.

Il faut cependant retenir que cette entente d'ordre administratif et non légal ne s'applique que pour le réseau hospitalier et qu'elle n'est pas immuable. En outre, elle ne s'applique pas aux médecins rencontrés en cabinet privé. De plus, comme on l'a vu précédemment, la règle fondamentale demeure toujours celle de la liberté de choix, celle dont dispose tant le patient pour choisir son médecin que le médecin pour refuser de traiter un patient si celui-ci n'est pas dans une situation d'urgence. En définitive, il est toujours possible de se faire soigner dans un secteur qui n'est pas le sien.

Si un patient déménage, il continue à être suivi dans son ancien secteur à moins qu'il n'ait pas consulté à cet endroit au cours des six derniers mois ou que le déménagement représente une grande distance. Enfin, en ce qui concerne les sans-abri de la région de Montréal qui n'ont pas d'adresse fixe, un hôpital différent est désigné chaque semaine pour les recevoir.

Accès au dossier médical ou social

La « nouvelle » *Loi sur les services de santé et les services sociaux* prévoit, à l'article 17 et aux suivants, qu'un patient a le droit de consulter son dossier médical ou social (sur place ou après en avoir obtenu une photocopie). Exceptionnellement, ce droit peut être refusé au patient qui encourrait un préjudice grave à la lecture de son dossier. Par ailleurs, la loi énonce aussi une procédure permettant de faire rectifier des informations inexactes qui seraient contenues au dossier.

MESURES DE PROTECTION SPÉCIFIQUES

Conseil au majeur, tutelle et curatelle

Toujours dans le but de protéger les patients qui sont dans une position de vulnérabilité, des régimes d'aide spécifiques ont été créés pour ceux dont le jugement peut être perturbé à la suite d'une maladie mentale, notamment affective. Ici encore, on s'est efforcé de trouver un juste milieu entre le respect de l'autonomie et du pouvoir de décision d'une personne et la possibilité pour des tiers d'interférer dans ses affaires personnelles, de façon à protéger sa personne ou ses avoirs. Ces régimes sont rendus nécessaires, car plusieurs maladies mentales, dont certaines maladies affectives, entraînent chez les personnes atteintes des difficultés à administrer leurs biens et même à prendre des décisions concernant leur santé.

La *Loi sur le curateur public et modifiant le* Code civil *et d'autres dispositions législatives* (1989), et les articles 256 et suivants du *Code civil du Québec* prévoient trois régimes de protection où l'ingérence de la personne tierce est de plus en plus importante; il s'agit du **conseil au majeur**, de la **tutelle** et de la **curatelle**.

Le conseil au majeur est le régime le moins restrictif. Il ne s'agit que d'assistance à la personne atteinte et le conseiller n'est pas responsable de l'administration des biens de cette dernière. Le tribunal détermine les actes pour lesquels la personne doit être assistée; ainsi, un conseiller pourrait être requis pour contresigner les chèques de plus de 500 $ d'une personne souffrant de troubles bipolaires qui aurait tendance à dilapider son argent lors de ses épisodes de manie. Le conseiller n'a pas de comptes à rendre en ce qui concerne sa fonction, différemment du tuteur et du curateur dont il est question ci-après et qui doivent, eux, remettre un rapport annuel au curateur public.

Lorsque la personne est partiellement ou temporairement inapte à prendre soin d'elle-même ou à administrer ses biens, c'est le régime de la tutelle qui s'applique; ces situations peuvent notamment survenir lors d'épisodes de manie ou de dépression sévère. Dans ces cas, le tribunal indique les pouvoirs précis qu'a le tuteur et les actes qu'il peut accomplir au nom de la personne à protéger. Ces pouvoirs peuvent être modifiés par la suite, s'il y a par exemple amélioration de l'état de la personne concernée. S'il est nommé tuteur à la personne (et non seule-ment aux biens), le tiers aura la responsabilité de la garde de la per-sonne, de sa protection et de son entretien, comme c'est le cas pour une curatelle (voir ci-après). Le tuteur doit consulter le protégé et essayer de prendre les décisions que ce dernier aurait prises s'il avait été en mesure de le faire.

La curatelle étant le régime le plus restrictif, la personne sous ce régime est déclarée inapte à prendre soin d'elle-même et à administrer ses biens de façon totale et permanente; ce régime est utile chez des personnes qui souffrent par exemple d'une démence de type Alzheimer ou d'une schizophrénie importante. En ce qui concerne ces dernières, l'administration des biens par un tiers est totale et elles n'ont pas le droit de vote aux élections.

C'est le tribunal qui décide de l'ouverture d'un régime de protec-tion mais toute personne intéressée peut en faire la demande au nom du majeur à protéger. Pour ce qui est de la preuve de l'inaptitude de la personne, ce sont les rapports médical et psychosocial déposés devant le juge qui en font foi. La demande est soumise à la personne elle-même, à une personne raisonnable de sa famille et au curateur public. Si le juge ne peut trouver de curateur ou de tuteur privé, il nomme alors le curateur public, soit la personne en charge de l'ensemble des fonctionnaires du bureau de la curatelle publique, responsable de la curatelle ou de la tutelle. D'ailleurs, tel que mentionné plus haut, le curateur public joue un rôle de surveillance et d'assistance auprès du tuteur ou du curateur privé.

La révision du régime de protection peut se faire en tout temps; c'est alors au tuteur ou au curateur responsable de demander une éva-luation médicale. Cependant, une révision doit avoir lieu au moins tous les trois ans pour la tutelle et tous les cinq ans pour la curatelle.

On peut s'adresser au curateur public ou encore à un notaire ou à un avocat pour obtenir de l'aide en ce qui concerne les formalités nécessaires à l'instauration de telles mesures de protection, consistant entre autres à tenir une réunion de famille, à en dégager des recom-mandations et à déposer une requête au greffe du tribunal qui tient compte de ces recommandations. Pour obtenir plus de renseignements à ce sujet, le lecteur peut consulter les articles 256 à 297 du *Code civil du Québec* et les articles 877 à 884 du *Code de procédure civile du Québec* (1996).

Mandat en cas d'inaptitude

Il est possible pour une personne de prévoir les dispositions qu'elle voudrait voir appliquées si elle devait devenir inapte. C'est le rôle du mandat en cas d'inaptitude, qui peut porter autant sur la personne que sur l'administration de ses biens. Il peut prévoir un ou plusieurs mandataires ainsi que la façon dont on souhaite que ses biens soient administrés. Il doit être notarié ou fait devant deux témoins. Pour prendre effet, il doit être homologué, c'est-à-dire que le tribunal doit constater l'inaptitude de la personne à prendre soin d'elle-même ou à administrer ses biens. Si c'est le cas, le juge n'a d'autre choix que de demander l'application du mandat tel qu'il est rédigé, à moins qu'on n'y prévoie que le juge puisse l'adapter à la situation.

Il est également possible pour une personne de prévoir par écrit si elle désire que des mesures extraordinaires soient prises advenant qu'elle souffre d'une maladie grave. Par «mesures extraordinaires», on entend la réanimation en cas de décès et le recours à l'assistance d'appareils pour maintenir les fonctions vitales; cet écrit est communément appelé «testament de vie». Son contenu ne représente que des indications du désir de la personne qui l'a rédigé; ces indications n'ont en aucun cas de valeur juridique. La personne qui a pour fonction de consentir à la place du patient n'a qu'une obligation morale de les appliquer.

RECOURS POUR LE PATIENT

Un patient et ses proches vivent toujours une situation difficile lorsqu'une maladie mentale se déclare. L'inquiétude et l'anxiété qu'elle génère peuvent être sources de tension. Il est pourtant primordial de se sentir en confiance, autant face à l'équipe soignante que face au traitement proposé. Il ne faut pas hésiter à poser les questions qui nous préoccupent, et les situations ambiguës doivent être clarifiées. Si des conflits surviennent, il existe différents moyens de les régler rapidement.

ENTENTE AVEC LE PSYCHIATRE TRAITANT (OU AUTRE PROFESSIONNEL DES SOINS DE SANTÉ)

Même si la recommandation faite aux patients de s'entendre avec le psychiatre traitant (ou autre professionnel des soins de santé) peut sembler évidente, elle mérite d'être soulignée. Plusieurs patients et leurs proches, se sentant lésés ou incompris, ont tendance à accumuler les frustrations et à avoir recours à des mesures disproportionnées lorsque vient le temps de se faire entendre. Rien n'est plus facile et efficace que de communiquer directement avec le psychiatre traitant (ou autre professionnel des soins de santé) et de s'expliquer avec lui. Les situations doivent être clarifiées au fur et à mesure qu'elles se présentent. Une conduite thérapeutique qui est parfois très claire pour le psychiatre traitant (ou autre professionnel des soins de santé) peut sembler discutable, voire inadéquate aux yeux du patient; il ne faut alors pas hésiter à poser les questions nécessaires à la compréhension.

Malgré des efforts d'entente et de communication, il peut arriver qu'une mésentente subsiste. La présence d'une tierce personne est parfois nécessaire. S'il s'agit d'un conflit avec un membre du personnel relevant d'un centre hospitalier, il faut s'adresser au psychiatre, qui est en fait le chef de l'équipe. Ce dernier peut servir de médiateur et apporter des solutions, comme de suggérer qu'un autre membre de l'équipe soignante s'occupe du patient. Plusieurs problèmes peuvent donc se régler à ce niveau.

Si le conflit traîne en longueur ou qu'il implique le psychiatre lui-même, on peut alors s'adresser au chef du département de l'hôpital. Ce dernier détient des pouvoirs supplémentaires, dont celui d'assurer une certaine souplesse dans l'application des règlements du département.

Enfin, on peut rencontrer le directeur des services professionnels (DSP) ou le directeur général de l'hôpital si le problème est majeur et si les tentatives de le solutionner auprès des personnes mentionnées plus tôt se sont avérées vaines.

Plaintes des usagers

Lorsqu'un patient n'est pas satisfait du traitement qu'il a reçu dans un établissement de santé au Québec, il a le droit de porter plainte. Le chapitre III de la *Loi sur les services de santé et les services sociaux* gère le cheminement d'une telle plainte. Il est utile de retenir que tout établissement doit publier sa procédure d'examen des plaintes et en remettre une copie à tout usager qui en fait la demande. En outre, l'établissement doit mettre à la disposition de l'usager un membre du personnel (autrefois appelé «ombudsman») pour l'aider à formuler sa plainte ou pour toute démarche relative à celle-ci. Enfin, l'usager qui a formulé une plainte auprès d'un établissement et qui n'est pas satisfait du traitement qui lui a été accordé peut adresser sa plainte à la régie régionale de sa région, laquelle doit examiner la plainte dans les 60 jours et faire parvenir à l'usager une réponse écrite.

Corporations professionnelles

Il existe pour chaque profession un code de déontologie que ceux qui l'exercent doivent respecter dans leur pratique. Le rôle d'une corporation professionnelle consiste justement à s'assurer que tous ses membres se conforment aux normes exigées.

La corporation professionnelle est une entité très importante, son rôle principal étant la protection du public. De son travail dépend la reconnaissance que la société accorde à une profession donnée. Elle édicte ce que sont les diplômes et compétences qu'une personne doit posséder pour en devenir membre. De plus, les membres qui n'ont pas pratiqué selon les normes doivent lui rendre des comptes. Elle recourt donc à des programmes de surveillance de la pratique de ses membres incluant des inspections et elle reçoit les plaintes des usagers qui ont fait affaire avec ses membres. Dans le domaine de la santé mentale, les corporations professionnelles les plus connues sont celles des médecins, des psychologues et des infirmières. Il va sans dire qu'une plainte déposée par un patient à l'une de ces corporations professionnelles est prise très au sérieux.

Chaque plainte est examinée par le syndic de la corporation, et une enquête sur le comportement de la personne concernée est demandée lorsque la plainte paraît fondée. Compte tenu des nouvelles dispositions légales, si le syndic rejette une plainte, un comité révise la décision. Les pouvoirs de la corporation sont très étendus et s'il s'avère que l'un de ses membres n'a effectivement pas respecté ses obligations face à la profession, il encourt une sanction proportionnelle à son manquement. Les sanctions peuvent aller du simple blâme versé au dossier jusqu'à la radiation à vie de la profession.

Par conséquent, toute personne ayant fait affaire avec un membre d'une corporation professionnelle et qui a des raisons de croire que ce dernier n'a pas respecté les règles édictées par ladite corporation peut déposer une plainte. Le fonctionnement adéquat d'un tel système est garant de la crédibilité accordée à une profession et assure à ceux qui en utilisent les services la compétence de celui qui en est membre.

Poursuite au civil

L'un des principes les plus fondamentaux du droit civil québécois stipule qu'un individu est responsable des dommages qu'il peut avoir causé à autrui; cet individu est contraint de réparer ces dommages, si sa responsabilité est démontrée. Pour ce faire, il faut pouvoir prouver que l'individu a commis une faute, qu'un tiers a subi un dommage et que le dommage subi résulte de la faute.

L'application de ces notions au droit médical entraîne certaines particularités. Selon le principe général, toute personne qui croit avoir subi un préjudice résultant de la faute d'un médecin (ou autre professionnel des soins de santé) peut demander à ce dernier une compensation. Or, cette compensation est ici financière puisque, dans ce domaine, la personne ayant subi le préjudice peut rarement « revenir » à l'état dans lequel elle se trouvait avant qu'elle ne le subisse. On évalue donc, d'une façon qui demeure toujours imparfaite, la perte subie en argent. De plus, pour pouvoir prouver la faute d'un médecin (ou autre professionnel des soins de santé), on doit se baser sur le comportement qu'aurait eu un médecin (ou autre professionnel des soins de santé) compétent ayant la même formation, ce qui implique le témoignage d'experts permettant d'expliquer au tribunal les conduites que ledit médecin ou professionnel compétent peut adopter dans ces circonstances. Enfin, le lien entre un dommage subi et la faute d'un médecin (ou autre professionnel des soins de santé) n'est pas toujours facile à démontrer puisque ce dommage peut parfois résulter de la concordance de plusieurs facteurs, chacun ayant une importance relative. Ce serait le cas par exemple d'un médecin qui aggraverait par son intervention un problème déjà présent chez l'un de ses patients, en prescrivant un médicament qui aurait pour effet d'augmenter la confusion d'un patient souffrant de la maladie d'Alzheimer. Si ce patient devait se blesser, quelle serait la part de responsabilité du médecin?

Ces considérations ne doivent cependant pas influencer un patient victime d'une faute professionnelle quant à sa décision de demander une compensation à laquelle il a droit. Il importe de mentionner ici que les corporations professionnelles et les centres hospitaliers obligent tous leurs membres et employés professionnels à posséder une assurance-responsabilité.

En santé mentale, les principaux motifs de réclamation sont les erreurs dans l'évaluation du danger que le patient peut présenter pour lui-même ou pour autrui, le manque de surveillance du patient dangereux et les erreurs sur le plan du diagnostic et du traitement.

Enfin, il peut arriver que plus d'une personne soit responsable d'un même dommage; c'est pourquoi il n'est pas rare qu'une poursuite soit intentée contre plusieurs défendeurs. C'est souvent le cas en droit médical où on peut tenir conjointement responsables les médecins traitants, les psychologues, le personnel infirmier et de soutien, ainsi que l'hôpital.

Poursuite au criminel

À la limite, il n'est pas impossible qu'un médecin (ou autre professionnel des soins de santé) commette un acte criminel dans l'exercice de ses fonctions. Il doit alors répondre de ses actes devant les tribunaux de droit criminel, le processus étant enclenché par le dépôt d'une plainte auprès des services de police. Ainsi, un professionnel qui profiterait de son statut pour commettre une agression sexuelle ou une extorsion de fonds serait passible d'une peine criminelle. De plus, cette peine ne diminuerait en rien sa responsabilité civile (d'où l'éventuelle obligation de dédommager le patient au moyen d'une compensation financière), ni la sanction qu'il pourrait recevoir de sa corporation (telle un retrait de son permis de pratique).

LE PSYCHIATRE (OU AUTRE PROFESSIONNEL DES SOINS DE SANTÉ) COMME TÉMOIN EXPERT

Plusieurs occasions différentes peuvent se présenter où une personne aura recours à l'expertise d'un spécialiste de la santé mentale, le plus souvent un psychiatre ou un psychologue, sans nécessairement être son patient. Ces expertises comprennent les expertises en droit civil et les expertises en droit pénal.

Expertise en droit civil

ÉVALUATION D'UNE INCAPACITÉ DUE À UNE MALADIE MENTALE

Les services d'un psychiatre peuvent être retenus pour évaluer l'état mental d'une personne afin de déterminer si celle-ci présente un trouble psychique pour lequel elle pourrait obtenir une compensation, trouble qui peut être jugé comme temporaire ou permanent selon le cas. La compensation en question est fixée en fonction de l'incapacité de la personne, laquelle est évaluée en comparant le fonctionnement antérieur de la personne à son fonctionnement actuel. Les principaux organismes pouvant faire appel aux services d'un psychiatre dans ce but sont la CSST (Commission de la santé et de la sécurité au travail), l'IVAC (Indemnisation des victimes d'actes criminels) ainsi que les compagnies d'assurances privées. Une personne peut aussi avoir recours à ce genre d'expertise lors d'une poursuite en responsabilité civile si elle entend démontrer qu'elle a subi des dommages psychiques.

GARDE D'ENFANT

On peut aussi avoir recours à un psychologue ou à un psychiatre en cas de litige concernant la garde d'enfant. Dans des situations aussi délicates, comme d'ailleurs dans toute autre situation où l'expert doit témoigner devant un tribunal, son opinion n'est que l'un des éléments servant au juge à rendre une décision. Dans ce cas-ci, la décision n'est motivée que par un seul critère, soit le bien-être de l'enfant. L'expertise déposée doit tenir compte de plusieurs facteurs tels que les liens affectifs de l'enfant avec l'un et l'autre de ses parents, la capacité respective de ces derniers de bien jouer leur rôle parental et les préférences de l'enfant. L'expert doit rendre le climat de tout ce processus le moins perturbant possible pour l'enfant; de plus, il doit favoriser la médiation s'il en voit la possibilité.

CAPACITÉ DE TESTER

Pour pouvoir rédiger un testament, une personne doit avoir la capacité de tester, laquelle comporte les trois conditions suivantes:

- la personne doit être consciente qu'elle rédige son testament au moment où elle le fait;
- elle doit connaître la nature et l'importance de ses biens;
- elle doit connaître ses successeurs et ses liens avec eux.

Lorsque le testament est rédigé devant un notaire, celui-ci doit s'assurer que son client a la capacité de tester, ce qui explique que le testament notarié est un acte authentique qui n'a pas à être homologué par un tribunal pour être valide. En ce qui concerne les deux autres formes de testament possibles, soit le testament olographe et le testament devant témoins, ils doivent être homologués par un tribunal après le décès du testateur. C'est lors de cette homologation que la validité d'un testament peut être mise en doute, si on croit par exemple que le testateur n'avait pas la capacité de tester, pour cause de maladie mentale, au moment de la rédaction de l'acte. Lors de telles contestations, l'avis d'un psychiatre peut être demandé; celui-ci fonde alors son opinion sur le dossier médical du testateur et sur les témoignages rendus devant le tribunal concernant les circonstances entourant la rédaction du testament. On peut aussi contester un testament notarié, mais comme il s'agit d'un acte authentique qui constitue en lui-même une preuve, la procédure, appelée «procédure d'inscription en faux», est alors beaucoup plus complexe.

PROCÈS EN RESPONSABILITÉ CIVILE

Une expertise par un psychiatre peut également être requise lorsqu'une personne poursuit un médecin (ou autre professionnel des soins de santé) pour faute médicale. Si un patient croit avoir subi un préjudice causé par une faute qu'aurait commise, en le traitant, un psychiatre, par exemple, il a le droit de s'adresser aux tribunaux pour recevoir une compensation. Comme il a été mentionné plus haut, il doit alors être en mesure de démontrer le dommage qu'il a subi, la faute qu'a commise le psychiatre et le lien qui existe entre cette faute et le dommage; et pour prouver qu'il y a eu faute professionnelle, on doit démontrer que le psychiatre en question n'a pas agi comme un psychiatre compétent l'aurait fait. C'est ici que le témoignage du psychiatre expert devient nécessaire, pour expliquer au tribunal quelle conduite thérapeutique un psychiatre compétent aurait adoptée en ce qui concerne le patient. C'est en comparant les deux approches que le tribunal détermine si le psychiatre poursuivi a commis ou non une faute.

Expertise en droit pénal

APTITUDE À SUBIR SON PROCÈS

Il est possible qu'une personne souffre de troubles mentaux qui l'empêchent de se défendre en justice alors qu'elle est accusée d'un acte criminel. On fait alors appel à un psychiatre spécialisé dans le domaine à qui on demande d'examiner l'accusé; son rôle consiste à déterminer si cette personne est apte à subir son procès. Comme l'indique l'article 2 du *Code criminel* (1985), pour répondre à cette question, le psychiatre doit évaluer la capacité de l'accusé par rapport à trois aspects précis:

– sa compréhension de la nature et de l'objet des poursuites;

– sa compréhension des conséquences éventuelles des poursuites;

– sa capacité de collaborer efficacement avec son avocat.

La capacité de l'accusé doit être établie en ce qui concerne chacun de ces trois aspects pour qu'il soit considéré apte à subir son procès. Précisons que le rapport du psychiatre n'a pour but que de seconder le juge ou les jurés dans leur décision, car ce sont eux qui en fin de compte ont à décider de l'aptitude de l'accusé.

Le juge lui-même, ou l'avocat de la défense ou celui de la couronne peuvent faire une demande pour que soit évaluée l'aptitude d'un accusé, et ce, en tout temps avant le prononcé du verdict. L'ordonnance d'examen est valide pour une période de cinq jours. Elle peut être écourtée si l'individu est jugé apte, comme elle peut être prolongée à 30 ou 60 jours si l'évaluation le nécessite. Si le patient est toujours inapte après cette période, un mandat d'inaptitude est émis par le juge; une commission, la Commission d'examen, est alors chargée de procéder à un réexamen périodique de l'accusé. Composée d'avocats et de psychiatres (au moins trois de ses membres doivent être présents lors d'une séance), cette commission doit réexaminer le patient dans les 90 jours qui suivent l'émission du mandat d'inaptitude. Par la suite, elle doit revoir le patient dans les 12 mois qui suivent une décision de maintien du mandat. Dès que l'accusé est considéré apte à comparaître, il est emmené devant les tribunaux pour la poursuite du procès.

RESPONSABILITÉ CRIMINELLE

Lorsqu'un verdict est rendu dans une cour de justice, l'accusé peut être trouvé coupable ou être acquitté. S'il est acquitté, il est libéré et doit être considéré comme tout honnête citoyen qui n'a jamais été poursuivi en justice. S'il est trouvé coupable, différentes possibilités s'offrent au juge en ce qui concerne la sentence : emprisonnement, sentence suspendue avec conditions associées, ou probation. Il existe une autre possibilité, celle que l'individu soit trouvé coupable mais non responsable pour cause d'aliénation mentale. Le *Code criminel* prévoit cette éventualité à son article 16 (1), qui se lit comme suit :

> La responsabilité criminelle d'une personne n'est pas engagée à l'égard d'un acte ou d'une omission de sa part survenu alors qu'elle était atteinte de troubles mentaux qui la rendaient incapable de juger de la nature et de la qualité de l'acte ou de l'omission, ou de savoir que l'acte ou l'omission était mauvais.

C'est ici que le rôle du psychiatre expert prend toute son importance. C'est en effet une tâche difficile qui incombe au juge ou au jury que de déterminer si un individu était, au moment de la perpétration du crime, atteint de troubles mentaux et si cet état le rendait incapable de poser un jugement adéquat sur son acte (c.-à-d. de comprendre ce qu'il faisait **et** de savoir que ce qu'il faisait était mauvais). Le rôle du psychiatre consiste donc à procéder à un examen de l'accusé et à venir par la suite témoigner en cour pour aider le tribunal à répondre à ces questions. Il importe de rappeler que le psychiatre ne bénéficie pas d'une immunité en cour criminelle et qu'il est tenu de répondre à toutes les questions posées. Le psychiatre doit en aviser l'accusé avant de procéder à son examen, de façon à ce que celui-ci sache à quoi s'en tenir si des révélations sont faites au cours de l'expertise. Évidemment, chaque partie peut présenter ses propres experts, ce qui donne parfois lieu à des débats entre experts présentant des conclusions différentes. Le verdict final revient cependant toujours au juge ou au jury.

Si, en vertu de l'article 16 du *Code criminel* mentionné plus haut, le patient est déclaré non responsable pour cause de maladie mentale, il est dirigé vers un hôpital psychiatrique spécialisé pour y être détenu et traité. Il est alors réévalué périodiquement par la Commission d'examen, qui doit déterminer si le patient présente toujours un danger pour la société. Cette révision doit se faire dans les 90 jours qui suivent la décision du tribunal et au moins tous les ans par la suite. Si l'état d'un patient s'améliore rapidement, il est possible de le faire revoir par la Commission d'examen avant la limite du délai ; le patient peut alors se faire accompagner d'un avocat et/ou d'un membre de son entourage. Trois choix s'offrent à la Commission d'examen lorsqu'elle rend sa décision :

– décider de libérer le patient de façon inconditionnelle ;

- poser des conditions à sa libération, telles que la prise de médicaments ou des visites régulières chez un psychiatre;

- juger que le patient n'est pas suffisamment rétabli et qu'il doit demeurer en détention à l'hôpital. Rappelons que, en vertu de l'article 672.72 du *Code criminel*, la décision de la Commission d'examen peut être portée en appel devant un tribunal.

RAPPORT PRÉSENTENCIEL

Lorsqu'un individu a été reconnu coupable d'un délit, le juge peut demander à ce qu'il soit évalué par un expert avant de rendre sa sentence; cet expert est habituellement un psychiatre, un psychologue, un criminologue ou un travailleur social. Le rapport a pour but d'aider le juge à déterminer ce qu'est la sentence la plus appropriée pour cette personne, ce qui pourrait inclure l'obligation pour cette dernière de se soumettre à un suivi ou à des traitements psychiatriques.

~

Comme le présent chapitre en a fait foi, il existe de nombreuses mesures venant encadrer le travail des psychiatres (et autres professionnels des soins de santé). Ces mesures ont subi plusieurs modifications ces dernières années et on doit s'attendre à ce qu'elles soient constamment révisées dans l'avenir, de façon à s'adapter aux situations nouvelles. Elles devront cependant toujours rechercher un juste milieu entre la défense des individus souffrant de maladies mentales, et notamment affectives, qui se trouvent souvent dans une position de vulnérabilité, et la protection des tiers. On se doit également de préserver le délicat équilibre entre le respect des libertés individuelles et le devoir moral qu'a la société d'intervenir auprès de ces patients dont la maladie peut perturber le jugement.

À l'heure actuelle, les mécanismes en place semblent présenter la souplesse nécessaire à l'atteinte de ces objectifs. Il est en outre possible pour le citoyen ordinaire de s'y retrouver sans obligatoirement avoir recours à des spécialistes du droit, en s'informant simplement auprès des personnes qui prodiguent les soins de santé et en gardant à l'esprit que les avocats et les notaires demeurent les personnes-ressources à consulter le cas échéant.

BIBLIOGRAPHIE

Textes législatifs

CHARTE CANADIENNE DES DROITS ET LIBERTÉS, Constitution canadienne, 1982.

CHARTE DES DROITS ET LIBERTÉS DE LA PERSONNE, Québec, Commission des droits de la personne, 1977.

CODE CIVIL DU QUÉBEC, 1994.

CODE CRIMINEL, chapitre C-46, 1985.

CODE DE PROCÉDURE CIVILE DU QUÉBEC, chapitre C-25, 1996.

LOI SUR LA PROTECTION DU MALADE MENTAL, L.R.Q., chapitre P-41, Québec, 1982.

LOI SUR LE CURATEUR PUBLIC, L.R.Q., chapitre C-81, Québec.

LOI SUR LE CURATEUR PUBLIC ET MODIFIANT LE CODE CIVIL *ET D'AUTRES DISPOSITIONS LÉGISLATIVES*, L.Q., chapitre 54, Québec, 1989.

LOI SUR LES SERVICES DE SANTÉ ET LES SERVICES SOCIAUX, Québec, 1991.

LECTURES SUGGÉRÉES

FORGET, J., et H. BRASSARD, 1990, «La loi sur la curatelle publique», *Conférence à l'Association du jeune Barreau de Montréal*, Montréal.

LAMONTAGNE, C., 1993, *Loi sur les services de santé et les services sociaux (article 11), Opinion juridique demandée par l'Association des médecins psychiatres du Québec*, Montréal.

MORRISON, D., 1988, «Aspect légaux en psychiatrie au Québec», dans P. LALONDE et coll., *Démystifier les maladies mentales: la schizophrénie*, Boucherville, Gaëtan Morin Éditeur, p. 159-172.

OUELLETTE, M., 1993, «Les personnes dans la réforme du *Code civil* (vol. 1)», Québec, Barreau du Québec.

ROY, R., et F. GRUNBERG, 1988, «Psychiatrie légale», dans P. LALONDE, F. GRUNBERG et coll., *Psychiatrie clinique: approche bio-psycho-sociale*, Boucherville, Gaëtan Morin Éditeur, p. 1258-1274.

TRUDEAU, J.-B., 1993, «Loi 30 modifiant le *Code criminel* sur les troubles mentaux», *Conférence dans le cadre de la journée d'étude de l'Association des avocats de la défense de l'Outaouais*, Montebello.

CHAPITRE 18

Les aspects légaux en psychiatrie en France

Roland Coutanceau, M.D.*

Sommaire

*   Psychiatre des hôpitaux, expert auprès de la Cour d'Appel, et chargé de cours en psychiatrie légale à la Faculté de Médecine du Kremlin-Bicêtre et à l'Institut Médico-Légal.

SECTORISATION DES SOINS

C'est la circulaire du 15 mars 1960 qui, en France, structurera véritablement l'esprit d'une prise en charge nouvelle du patient psychiatrique, déjà animée par quelques psychiatres précurseurs.

Dénonçant l'asile hospitalo-centrique, cette circulaire propose que «non seulement le malade entre à l'hôpital psychiatrique à la suite d'un dépistage effectué de plus en plus précocement au dispensaire mais qu'il sorte dans un délai beaucoup plus rapide, grâce aux thérapeutiques modernes et à la surveillance de postcure organisée au dispensaire d'hygiène mentale».

Le dispositif prévoit de diviser chaque département en secteurs géographiques, à l'intérieur desquels une seule équipe médico-sociale assurera la continuité d'un suivi longitudinal dans et hors les murs hospitaliers.

Un axe fondamental consiste en effet à développer l'extrahospitalier en mettant l'accent sur la prévention, le traitement ambulatoire et la postcure; cette nouvelle orientation appelle notamment le développement des structures suivantes:

– le dispensaire d'hygiène mentale;

– l'hôpital de jour;

– le foyer de postcure;

– les ateliers protégés.

Des structures intermédiaires extra-hospitalières se développeront des années 1970 aux années 1990 alors que parallèlement divers textes parachèveront, pour le secteur psychiatrique, la mise au point d'un véritable cadre favorisant la création de diverses structures par des équipes inventives.

D'une part, le décret du 14 mars 1986 définit trois types de secteurs: les secteurs de psychiatrie générale, les secteurs infantojuvénile et les secteurs de psychiatrie du milieu pénitentiaire.

D'autre part, l'arrêté du 18 mars 1986 précise les différents équipements, distinguant:

– Les équipements sans hébergement:

• centres médico-psychologiques;

• centres d'accueil et de crise;

• hôpitaux de jour;

• ateliers thérapeutiques;

• centres d'accueil thérapeutiques;

• services d'hospitalisation à domicile.

– Les équipements avec hébergement:
- unités d'hospitalisation à temps complet;
- centres de crise;
- hôpitaux de nuit;
- appartements thérapeutiques;
- foyers de postcure;
- services de placement familial thérapeutique.

Par ailleurs, quelques équipes ont créé également des Restaurants-Psy qui favorisent une convivialité de bon aloi et sont ouverts aux familles et au public.

Commentaires

Il s'est formé peu à peu un réseau de structures variées où il y a place pour des prises en charge à géométrie variable qui permettent un suivi souple, s'adaptent à une clinique éminemment mouvante et correspondent au souci d'une qualité de vie. Le centre médico-psychologique en est souvent le pivot.

Chaque secteur ne pouvant se doter, notamment pour des raisons budgétaires, de tous les types de structure, des circulaires plus récentes ont cherché à favoriser un développement réaliste de l'intersectorialité, dans le respect d'un suivi longitudinal toujours assuré par la même équipe (notamment la circulaire du 14 mars 1990, qui reprécise les orientations générales de la politique de sectorisation).

On notera, par ailleurs, que la sectorisation n'empêche pas le libre choix du patient, ce dernier pouvant consulter un praticien d'un autre secteur, puisque, comme le stipule la circulaire du 9 mai 1974, « rien n'empêche un secteur d'accueillir des patients hors de son aire de recrutement. Il s'agit d'une décision médicale qui implique, de façon nécessaire et suffisante, un double consensus du patient et du médecin ».

HOSPITALISATION LIBRE ET HOSPITALISATION SOUS CONTRAINTE

Régies auparavant par la loi du 30 juin 1838, qui définissait le placement volontaire et le placement d'office, les hospitalisations se font désormais dans le cadre de la loi du 27 juin 1990.

Limitant et encadrant de façon plus rigoureuse les hospitalisations sous contrainte (hospitalisation à la demande d'un tiers –HDT–;

hospitalisation d'office –HO), cette loi a de fait favorisé les hospitalisations libres, en incitant à rechercher systématiquement, chaque fois que cela est possible, le consentement et l'adhésion du sujet.

Sur le plan clinique, cela suppose toutefois une reconnaissance au moins partielle des troubles présentés, et l'acceptation de principe d'un traitement, quelles qu'en soient les modalités (à définir de façon contractuelle dans le cadre d'un travail d'alliance thérapeutique avec le patient-sujet).

Hospitalisation libre

L'hospitalisation libre est donc désormais la règle, en tout cas la plus fréquente, et elle est bien située par les articles L326.1 et L326.2 du *Code de santé publique.*

L'article L326.1 stipule:

Nul ne peut être sans son consentement ou, le cas échéant, sans celui de son représentant légal, hospitalisé ou maintenu en hospitalisation dans un établissement accueillant des malades atteints de troubles mentaux hormis les cas prévus par la loi et notamment par le chapitre III du présent titre.

Toute personne hospitalisée ou sa famille dispose du droit de s'adresser au praticien ou à l'équipe de santé mentale, publique ou privée, de son choix tant à l'intérieur qu'à l'extérieur du secteur psychiatrique correspondant à son lieu de résidence.

Quant à l'article L326.2, il stipule:

Toute personne hospitalisée avec son consentement pour des troubles mentaux est dite en hospitalisation libre. Elle dispose des mêmes droits liés à l'exercice des libertés individuelles que ceux qui sont reconnus aux malades hospitalisés pour une autre cause.

On le voit, le principe du choix du praticien est rappelé. En outre, c'est à sa demande ou avec son consentement que le patient est hospitalisé, sur proposition de son médecin ou psychiatre traitant. Quant aux modalités de sortie, le patient est libre de sortir à tout moment, voire contre avis médical (formalité simple, qui suppose seulement une signature de sa part).

Hospitalisation à la demande d'un tiers

MODE D'ENTRÉE

L'hospitalisation à la demande d'un tiers est réglementée par l'article L333 du *Code de santé publique* qu'il appartient de citer *in extenso*:

Une personne atteinte de troubles mentaux ne peut être hospitalisée sans son consentement à la demande d'un tiers que si:

1º Ses troubles rendent impossible son consentement;

2º Son état impose des soins immédiats assortis d'une surveillance constante en milieu hospitalier.

La demande d'admission est présentée soit par un membre de la famille du malade soit par une personne susceptible d'agir dans l'intérêt de celui-ci, à l'exclusion des personnels soignants dès lors qu'ils exercent dans l'établissement d'accueil.

Cette demande doit être manuscrite et signée par la personne qui la formule. Si cette dernière ne sait pas écrire, la demande est reçue par le maire, le commissaire de police ou le directeur de l'établissement qui en donne acte. Elle comporte les nom, prénoms, profession, âge et domicile tant de la personne qui demande l'hospitalisation que de celle dont l'hospitalisation est demandée et l'indication de la nature des relations qui existent entre elles ainsi que, s'il y a lieu, de leur degré de parenté.

La demande d'admission est accompagnée de deux certificats médicaux datant de moins de quinze jours et circonstanciés, attestant que les conditions prévues par les deuxième et troisième alinéas sont remplies.

Le premier certificat médical ne peut être établi que par un médecin n'exerçant pas dans l'établissement qui accueille le malade; il constate l'état mental de la personne à soigner, indique les particularités de sa maladie et la nécessité de la faire hospitaliser sans son consentement. Il doit être confirmé par un certificat d'un deuxième médecin qui peut exercer dans l'établissement accueillant le malade. Les deux médecins ne peuvent être parents ou alliés, au quatrième degré inclusivement, ni entre eux, ni des directeurs des établissements mentionnés à l'article L331, ni de la personne ayant demandé l'hospitalisation ou de la personne hospitalisée.

À la demande d'une personne de l'entourage, la pertinence de l'hospitalisation doit donc être confirmée par deux certificats médicaux (l'un d'un médecin extérieur, l'autre d'un médecin pouvant être attaché à l'établissement d'hospitalisation).

«À titre exceptionnel, et en cas de péril imminent pour la santé du malade dûment constaté par le médecin, le directeur de l'établissement pourra prononcer l'admission au vu d'un seul certificat médical» (art. L333.2).

Puis, dans les 24 heures après l'admission, un autre praticien, qui ne peut être en aucun cas le même que celui qui a établi le certificat d'entrée, établit un nouveau certificat qui confirme ou infirme la nécessité de maintenir l'hospitalisation à la demande d'un tiers (art. L334).

Le directeur de l'hôpital adresse ce certificat ainsi que le bulletin d'hospitalisation et les deux certificats médicaux d'entrée au préfet. Ce dernier, dans les trois jours, notifie au procureur de la République du TGI (Tribunal de grande instance) correspondant au domicile du patient hospitalisé, ainsi qu'au procureur de la République du TGI dont relève le siège de l'établissement hospitalier, les nom, prénoms, profession et domicile de la personne hospitalisée et de celle qui a demandé l'hospitalisation (art. L335).

AU COURS DE L'HOSPITALISATION

Outre le certificat de 24 heures, la loi exige un certificat de quinzaine, puis un autre au bout d'un mois (et tous les mois le cas échéant).

Au vu de chaque certificat, l'hospitalisation ne peut être maintenue au-delà d'un mois (mais avec renouvellement possible).

MODALITÉS DE SORTIE

L'hospitalisation peut prendre fin dès qu'un «psychiatre de l'établissement certifie que les conditions d'hospitalisation sur demande d'un tiers ne sont plus réunies» (art. L338).

La levée d'hospitalisation peut être également requise par :

- le curateur ;
- le conjoint ou le concubin, ou, à défaut, les ascendants ou les descendants majeurs ;
- la personne qui a signé la demande d'admission ;
- toute personne autorisée par le conseil de famille ;
- la Commission départementale des hospitalisations psychiatriques (art. L339).

Exceptionnellement, si le médecin de l'établissement pense que l'état clinique du malade peut compromettre l'ordre public ou la sûreté des personnes, le préfet peut ordonner un sursis provisoire (15 jours au maximum) et, le cas échéant, une hospitalisation d'office.

Hospitalisation d'office

MODE D'ENTRÉE

C'est le préfet qui prononce par arrêté, sur la base d'un certificat médical circonstancié, l'hospitalisation d'office d'une personne dont «les troubles mentaux compromettent l'ordre public ou la sûreté des personnes» (art. L342).

Le certificat ne peut être établi par un médecin spécialiste exerçant dans l'établissement où a lieu l'hospitalisation.

Comme dans le cas de l'hospitalisation à la demande d'un tiers (HDT), il existe une procédure d'urgence en cas de «danger imminent pour la sûreté des personnes» attesté par avis médical: le maire et, à Paris, les commissaires de police peuvent arrêter les mesures provisoires nécessaires.

AU COURS DE L'HOSPITALISATION

Comme pour l'HDT, il existe un certificat de 24 heures puis de quinzaine, et un autre au bout d'un mois (puis, éventuellement, tous les mois).

MODALITÉS DE SORTIE

Le préfet met fin à l'HO, au vu d'un certificat médical d'un psychiatre (de l'établissement hospitalier ou non), ou sur proposition de la Commission départementale des hospitalisations psychiatriques.

D'autre part, «faute de décision préfectorale à l'issue de chacun des délais prévus, la main levée de l'hospitalisation est acquise».

DEUX CAS PARTICULIERS CONCERNANT DES SUJETS AYANT COMMIS UN DÉLIT OU UN CRIME

Premier cas   Si le sujet relève de l'article 122.1, alinéa 1, du *Code de procédure pénale*, après expertise (abolition du discernement) – autrefois article 64 du *Code pénal* – et que l'autorité judiciaire estime qu'il pourrait compromettre l'ordre public ou la sûreté des personnes, le préfet est avisé et prend un arrêté d'HO (art. L348).

La sortie d'une telle HO ne peut se faire qu'après l'obtention de l'avis concordant de deux psychiatres experts qui ont pratiqué deux examens séparés et selon qui le sujet «n'est plus dangereux pour lui-même ou pour autrui».

Second cas   Si le sujet incarcéré, prévenu ou condamné, présente des troubles mentaux qui ne peuvent être traités en milieu carcéral normal, voire en SMPR (services médico-psychologiques régionaux) internes aux établissements pénitentiaires, le médecin pénitentiaire établit un certificat, et le préfet prend un arrêté d'HO (art. D398 du *Code de procédure pénale*).

Le sujet est alors hospitalisé en établissement psychiatrique classique (en pavillon fermé), ou dans une UMD (unité pour malade difficile).

Il existe quatre UMD en France, respectivement aux centres hospitaliers spécialisés de:

- Cadillac (Bordeaux — Région Sud-Ouest);
- Montfavet (Région Sud-Est);
- Paul Guiraud – Henri Colin (Région parisienne);
- Sarreguemines (Région Est).

Commentaires

La loi du 27 juin 1990 est allée bien au-delà d'un simple aménagement de la loi du 30 juin 1838. Contribuant à faire évoluer la législation française dans une perspective d'harmonisation du droit européen, elle veille à mieux faire respecter les droits des sujets malades mentaux hospitalisés.

D'une part, cette loi pousse à rechercher le consentement de l'intéressé. Elle a de fait réduit le nombre des HDT et des HO par rapport aux anciens PV (placements volontaires) et PO (placements d'office) de la loi de 1838.

Cette loi a, d'autre part, précisé formellement les droits des personnes hospitalisées sous contrainte (art. L326.3):

Lorsqu'une personne atteinte de troubles mentaux est hospitalisée sans son consentement en application des dispositions du chapitre III du présent titre, les restrictions à l'exercice de ses libertés individuelles doivent être limitées à celles nécessitées par son état de santé et la mise en œuvre de son traitement. En toutes circonstances, la dignité de la personne hospitalisée doit être respectée et sa réinsertion recherchée.

Elle doit être informée dès l'admission et, par la suite, à sa demande, de sa situation juridique et de ses droits.

En tout état de cause, elle dispose du droit:

1° De communiquer avec les autorités mentionnées à l'article L332.2;

2° De saisir la commission prévue à l'article L332.3;

3° De prendre conseil d'un médecin ou d'un avocat de son choix;

4° D'émettre ou de recevoir des courriers;

5° De consulter le règlement intérieur de l'établissement tel que défini à l'article L332.1 et de recevoir les explications qui s'y rapportent;

6° D'exercer son droit de vote;

7° De se livrer aux activités religieuses ou philosophiques de son choix.

Ces droits, à l'exception de ceux mentionnés aux 4°, 6° et 7°, peuvent être exercés à leur demande par les parents ou les personnes susceptibles d'agir dans l'intérêt du malade.

Certains reproches ont toutefois été faits à cette loi.

D'une part, la nécessité qu'il y ait émission de deux certificats (l'un immédiat, l'autre dans les 24 heures) par deux médecins différents de l'établissement d'hospitalisation s'est révélée une contrainte technique problématique, notamment les jours de fêtes et certains week-ends; mais peut-être plus pernicieusement pour certains, cette loi a semblé exiger une double garantie comme s'il pouvait y avoir suspicion quant à l'évaluation d'un seul psychiatre hospitalier, ce qui participe à entretenir le quasi-mythe de l'internement arbitraire (de fait rarissime).

Dans la pratique, il est d'ailleurs exceptionnel que l'avis des deux médecins (certificat immédiat et certificat de 24 heures) diffère quant à l'évaluation clinique d'un même sujet à 24 heures d'intervalle.

D'autre part, comme toute loi légitimement soucieuse de la liberté individuelle, celle du 27 juin 1990 ne s'attache pas à préciser les modalités concrètes de l'admission en HDT, quand celle-ci s'avère nécessaire, laissant les familles, les ambulanciers et les équipes soignantes de secteur un peu démunis pour assurer le transport d'un patient parfois très agité ou sub-excité.

À ces deux réserves près, la loi du 27 juin 1990 a incontestablement amené à un plus grand respect des droits des malades mentaux hospitalisés, tout en favorisant chez les soignants une plus grande vigilance, un plus grand souci de rigueur et une plus grande sensibilité à l'éthique.

MESURES DE PROTECTION

La loi du 3 janvier 1968 a proposé essentiellement trois mesures de protection du malade psychiatrique (sauvegarde de justice, curatelle, tutelle), alors que celle de 1838 entraînait *ipso facto* l'incapacité de l'aliéné interné.

Ces nouvelles mesures ne sont toutefois ni indispensables ni définitives, la loi prévoyant surtout une possible modulation de la tutelle à la curatelle, en cas d'évolution clinique favorable.

Sauvegarde de justice (art. 491 du *Code civil*)

La sauvegarde de justice est une mesure rapide (qui prend effet le jour de l'enregistrement par le procureur de la République sur la base d'un certificat médical). Limitée dans le temps (d'une durée de deux mois, elle est renouvelable, le cas échéant, tous les six mois), cette mesure est applicable à toute personne ayant «besoin d'être protégée dans les actes de la vie civile».

Curatelle (art. 508-514 du *Code civil*)

La curatelle s'adresse à toute personne dont les facultés mentales sont altérées, qui a besoin d'être «conseillée ou contrôlée dans les actes de la vie civile», ou encore qui témoigne de prodigalité.

Elle définit une incapacité partielle, intermédiaire entre la sauvegarde de justice et la tutelle.

Tutelle (art. 492-507 du *Code civil*)

La tutelle, qui s'adresse à toute personne ayant «besoin d'être représentée d'une manière continue dans les actes de la vie civile», peut être demandée par le conjoint, ou par tout parent.

Elle relève de l'autorité du juge des tutelles qui statue, après réception d'un avis du médecin traitant et après émission d'un certificat médical descriptif de l'altération des facultés mentales, établi par un médecin psychiatre inscrit sur la liste dressée par le procureur de la République.

Main levée

La curatelle et la tutelle peuvent être levées par un jugement de main levée du juge des tutelles, après avis du médecin traitant, et un certificat ou une expertise d'un médecin psychiatre inscrit sur la liste du procureur de la République, et également après audition du patient et de sa famille au cabinet du juge.

Commentaires

Indépendamment de la pertinence de la mesure pour régler une situation financière problématique liée à des périodes de décompensation, il convient, dès que le sujet est stabilisé, d'apprécier son degré d'autonomie et d'être attentif à son vécu de la mesure de protection, qui est parfois ressentie comme dévalorisante.

Dès lors, souligner le caractère provisoire de la mesure, laisser s'ouvrir le dialogue pour l'allègement de la protection (de tutelle à curatelle renforcée, aménagement de la curatelle) quand la clinique le permet, sont une façon de restaurer le narcissisme et de soutenir l'évolution du malade vers la plus grande autonomie possible.

Et nous partageons totalement, à cet égard, la sensibilité de notre collègue D. Zagury:

C'est, à chaque étape de son cursus, un subtil équilibre qu'il convient de trouver entre ce qu'il peut encore faire et ce contre quoi nous devons le prémunir.

La loi, dont c'est l'esprit même, permet ce jeu de dégressivité et de progressivité en fonction de son évolution.

Nous savons l'importance de cette illusion anticipatrice pour les patients réputés chroniques, à distance des attitudes fixantes qui contribuent à figer un destin déjà suffisamment menacé.

DROIT CRIMINEL ET MALADIE PSYCHIATRIQUE

Indiquons tout d'abord que le schizophrène transgressif représente un pourcentage très faible (moins de 1 %) de la population délinquante (composée en majorité de personnalités pathologiques, mais sans décompensations psychotiques).

Comme tout justiciable, le schizophrène interpellé peut relever d'une expertise.

Deux situations peuvent alors se présenter:

— Soit il bénéficie de l'article 122.1, alinéa 1, du *Code de procédure pénale*, qui stipule: «N'est pas punissable le sujet qui, au moment des faits, présente un trouble psychique ou neuro-psychique ayant aboli son discernement ou le contrôle de ses actes.»

L'action publique pénale s'éteint alors à son égard.

En cas de troubles de l'ordre public, le sujet peut cependant alors être hospitalisé dans le cadre d'une hospitalisation d'office (arrêté du préfet).

Deux examens concordants, pratiqués séparément par deux experts, seront alors nécessaires pour lever l'hospitalisation d'office, s'ils concluent que le sujet n'est plus dangereux pour lui-même ni pour les autres (comme nous l'avons déjà précisé dans ce chapitre).

— Soit il bénéficie de l'article 122.1, alinéa 2, du *Code de procédure pénale*.

L'expert conclut, dans ce cas, que le sujet présente un trouble psychique ou neuro-psychique ayant pu «altérer le discernement ou entraver le contrôle des actes».

Les modalités de la peine et son aménagement sont alors envisageables.

Certains s'interrogent avec perplexité sur l'alinéa 2. D'autres le considèrent comme un retour de la notion d'atténuation partielle de responsabilité (circulaire Chaumié de 1954); notion discutée, mais qui s'était intégrée à la pratique de l'expertise, avant de tomber en désuétude.

Une lecture positive, pragmatique de l'alinéa 2 requiert à notre sens de privilégier la mise en place d'une prise en charge spécialisée dans le milieu carcéral et en externe, en l'intégrant le cas échéant dans le contrôle judiciaire, puis dans une probation; et ce dans la dynamique d'une politique pénale associant sanction et soins.

Cette complémentarité, parfois discutée en France, ne peut s'inscrire que dans une réflexion interdisciplinaire de la psychiatrie légale et du droit et contribue à favoriser au mieux la resocialisation des malades mentaux transgressifs.

Commentaires

Sur le plan clinique, on fera deux remarques:
- Les sujets bénéficiant de l'article 122.1, alinéa 1, du *Code de procédure pénale* (auparavant article 64) présentent au moment des faits:
  - soit un épisode psychiatrique aigu franc (bouffée délirante, épisode fécond dissociatif ou discordant);
  - soit un passage à l'acte dont la motivation est essentiellement sous-tendue ou infiltrée par un processus délirant.
- Les sujets bénéficiant de l'article 122.1, alinéa 2, du *Code pénal* sont souvent des schizophrènes peu ordinaires; outre l'axe psychotique, ils présentent des aménagements de personnalité particuliers, avec, suivant les cas:
  - des dynamiques psychopathiques;
  - des organisations paranoïaques;
  - des traits pervers.

C'est alors le plus souvent la pathologie de personnalité qui sous-tend le passage à l'acte, l'axe psychotique n'y étant engagé que secondairement.

Une responsabilisation totale n'est d'ailleurs pas à exclure dans certains cas.

CONCLUSION

Le cadre légal se présente comme un repérage qui doit favoriser le traitement consenti des épisodes aigus, ainsi que les droits et la qualité de vie du sujet schizophrène, dès que celui-ci est stabilisé.

Il ne dispense pas d'une réflexion éthique, toujours à l'écoute du sujet et de ses proches.

BIBLIOGRAPHIE

BORNSTEIN, S., et C. KOTTLER, Expertises psychiatriques en matière civile, Collection Santé, Lois et Société, Paris, Éditions Tempo Médical.

CORDIER, B., MASSE, G., PETITJEAN, F., et J.-P. TACHON, Aspects législatifs et administratifs de la psychiatrie, Paris, Maloine Éditeur.

Loi n° 90-727 du 27 juin 1990 relative aux droits et à la protection des personnes hospitalisées en raison de troubles mentaux et à leurs conditions d'hospitalisation (Journal officiel de la République française, 30 juin 1990).

RESSOURCE JURIDIQUE

COMMISSION D'ACCÈS AUX DOCUMENTS ADMINISTRATIFS
31, rue de Constantine, 75007 Paris
Téléphone: (1) 47 05 99 51

ASSOCIATIONS ET GROUPES D'ENTRAIDE

Lorsqu'une personne est atteinte de dépression ou de maniaco-dépression, elle n'est pas en mesure de comprendre ce qui lui arrive. Les proches, pour leur part, veulent aussi comprendre ce qui se passe et cherchent de l'aide. Pour répondre aux diverses interrogations, il existe différentes associations et des groupes d'entraide qui permettent à chacun de reconnaître les causes et les différents symptômes de dépression, de manie et de psychose, font état des traitements actuels, et répondent aux questions de ceux qui en souffrent et de ceux qui les accompagnent. Ces organismes, dont vous trouverez la liste dans les pages qui suivent, donnent des conseils, suggèrent des personnes-ressources compétentes et distribuent de l'information sous forme de dépliants, de livres et de documents audiovisuels.

Au Québec
Associations d'intérêt général en santé mentale
Fédération des familles et amis de la personne atteinte de maladie mentale (FFAPAMM)
1990, boul. Charest Ouest, bureau 203, Sainte-Foy (Québec) G1N 4K8
Tél.: (418) 687-0474   Téléc.: (418) 687-0123

Associations de la FFAPAMM par régions administratives
Bas-Saint-Laurent
Parent-Aise, Santé mentale
196, rue Saint-Georges, Matane (Québec) G4W 2B4
Tél.: (418) 562-1921 ou (418) 737-4851

La Lueur de l'espoir
180, rue Rouleau, Rimouski (Québec) G5L 5S9
Tél.: (418) 723-6522

Saguenay—Lac-Saint-Jean
Le Maillon
152, rue Racine Est, Chicoutimi (Québec) G7H 1R8
Tél.: (418) 543-3463

Centre Nelligan
680, boul. Saint-Joseph, C.P. 304, Roberval (Québec) G8H 2N6
Tél.: (418) 275-0033

Québec
La Boussole
Pavillon Landry-Poulin, 2525, ch. de la Canardière, 4e étage, Beauport (Québec) G1J 2G2
Tél.: (418) 663-5660   Téléc.: (418) 661-4672

L'Arc-en-ciel
331, rue Notre-Dame, C.P. 687, Donnacona (Québec) G0A 1T0
Tél.: (418) 285-5578

La Marée
46, rue Saint-Philippe, bureau 1, Clermont (Québec) G4A 1A4
Tél.: (418) 439-3584   Téléc.: (418) 439-4458

Le Cercle polaire
4760, 1ʳᵉ avenue, bureau 7, Charlesbourg (Québec) G1H 2T4
Tél.: (418) 623-4636

Mauricie—Bois-Francs

Association de parents et amis du malade émotionnel (APAME)
1150, rue Goupil, Drummondville (Québec) J2B 4Z7
Tél.: (819) 478-1216   Téléc.: (819) 478-0003

Le Périscope
1840, rue Saint-Marc, bureau 24, Shawinigan (Québec) G9N 2H7
Tél.: (819) 536-7996

Groupe d'entraide La lanterne inc.
2203, boul. des Forges, Trois-Rivières (Québec) G8Z 1V1
Tél.: (819) 693-2841   Téléc.: (819) 693-0687

Association Parents-Amis-Secours (PAS)
Place Rita Saint-Pierre, 59, rue Monfette, bureau 227, Victoriaville (Québec) G6P 1J8
Tél.: (819) 751-2842

Le Gyroscope
481, rue Saint-Jacques, Louiseville (Québec) J5V 1C9
Tél.: (819) 228-2858

La Passerelle
4825, av. Bouvet, bureau 114, C.P. 537, Saint-Grégoire-de-Bécancour (Québec) G0X 2T0
Tél.: (819) 233-9143

Estrie

Association de parents et amis du malade mental (APAMM) — Estrie
244, rue Dufferin, bureau 258, Sherbrooke (Québec) J1H 4M4
Tél.: (819) 563-1363   Téléc.: (819) 563-1655

Montréal

Association québécoise de parents et amis du malade mental (AQPAMM)
1260, rue Sainte-Catherine Est, bureau 202-A, Montréal (Québec) H2L 2H2
Tél.: (514) 524-7131   Téléc.: (514) 524-1726

**Association des parents et amis du bien-être mental
du sud-ouest de Montréal**
405, Terrasse Newman, bureau 260, La Salle (Québec) H8R 2Y9
Tél.: (514) 368-4824   Téléc.: (514) 368-5008

**Association de parents de Saint-Laurent, Bordeaux, Cartierville
pour la santé mentale (APSLBCSM)**
860, boul. Décarie, bureau 104, Saint-Laurent (Québec) H4L 3M1
Tél.: (514) 744-5218

La Parentrie du Nord
10125, rue Parthenais, bureau 103, Montréal (Québec) H2B 2L6
Tél.: (514) 385-6786

Les amis de la santé mentale
750, av. Dawson, bureau 102, Dorval (Québec) H9S 1X1
Tél.: (514) 636-6885   Téléc.: (514) 636-5103

Associations anglophones
Ami-Québec
5253, boul. Décarie, bureau 150, Montréal (Québec) H3W 3C3
Tél.: (514) 486-1448 ou (514) 482-2041   Téléc.: (514) 486-8157

Friends for Mental Health
750, av. Dawson, bureau 102, Dorval (Québec) H9S 1X1
Tél.: (514) 636-6885

Outaouais
L'Apogée
92, boul. Saint-Raymond, bureau 203, Hull (Québec) J8Y 1S7
Tél.: (819) 771-2277 ou 1-800-363-0718   Téléc.: (819) 771-5566

Abitibi-Témiscamingue
Vivre l'aide locale des parents et amis pour le bien-être mental (VALPABEM inc.)
C.P. 643, Val-d'Or (Québec) J9P 4P6
Tél.: (819) 738-5723

Côte-Nord
Association de parents et amis du malade mental (APAMM) — Sept-Îles
5-A, rue Napoléon, bureau 9, C.P. 1765, Sept-Îles (Québec) G4R 5C7
Tél.: (418) 968-0448 ou (418) 962-3402   Téléc.: (418) 962-1858

Association de parents et amis du malade émotionnel (APAME) — Baie-Comeau
C.P. 2071, Baie-Comeau (Québec) G5C 2S8
Tél.: (418) 295-2090

Gaspésie—Îles-de-la-Madeleine
L'Éclaircie (Aide à la santé mentale — Pabok)
307, rue Monseigneur-Ross, C.P. 726, Chandler (Québec) G0C 1K0
Tél.: (418) 689-6100

Nouveau Regard
C.P. 292, Caplan (Québec) G0C 1H0
Tél.: (418) 388-2057

Chaudière-Appalaches
Le Contrevent
27, av. Bégin, bureau 2, Lévis (Québec) G6V 4B8
Tél.: (418) 835-1967

L'Ancre
182, rue de la Gare, Montmagny (Québec) G5V 2T5
Tél.: (418) 248-0068

Le Sillon Beauce Etchemin
12480, 1re Avenue Est, Saint-Georges (Québec) G5Y 2E1
Tél.: (418) 227-6464   Téléc.: (418) 227-6938

La Croisée
36, rue Saint-Joseph Ouest, bureau 1, Thetford-Mines (Québec) G6G 3N6
Tél.: (418) 335-1184

Laval

Association lavalloise de parents et amis du bien-être émotionnel (ALPABEM)

3009, boul. de la Concorde Est, bureau 101, Laval (Québec) H7E 2B5
Tél.: (514) 661-0541   Téléc.: (514) 661-6421

Lanaudière

La Lueur du Phare de Lanaudière

432, rue Notre-Dame, bureau 304, Joliette (Québec) J6E 3H4
Tél.: (514) 752-4544 ou 1-800-465-4544

Laurentides

Association laurentienne de parents et amis du malade mental (ALPAMM inc.)

373, rue Parent, Saint-Jérôme (Québec) J7Z 2A1
Tél.: (514) 438-4291 ou 1-800-663-0659

Montérégie

Association de parents et amis du malade mental (APAMM) — Rive-Sud

C.P. 21066, succ. Place Jacques-Cartier, Longueuil (Québec) J4J 5J4
Tél.: (514) 677-5697   Téléc.: (514) 677-3914

Association de parents et amis du malade mental (APAMM) — Bas-Richelieu

189, rue Prince, bureau 310, Sorel (Québec) J3P 4K8
Tél.: (514) 743-2300   Téléc.: (514) 743-1769

Association de parents et amis du malade mental (APAMM) — Granby

154, rue Principale, bureau 6, Granby (Québec) J2G 2V6
Tél.: (514) 777-7131   Téléc.: (514) 777-0690

Association de parents et amis du malade mental (APAMM) — Haut-Richelieu

219, rue Jacques-Cartier Nord, Saint-Jean-sur-Richelieu (Québec) J3B 6T3
Tél.: (514) 346-5252

L'Accolade Châteauguay

127, boul. Saint-Jean-Baptiste, bureau 12, Châteauguay (Québec) J6K 3B1
Tél.: (514) 699-7059

Le Phare

280, rue Saint-François, Saint-Hyacinthe (Québec) J2S 5E6
Tél.: (514) 773-7202   Téléc.: (514) 773-5117

Association des parents et amis des patients en santé mentale du Sud-Ouest

C.P. 412, Valleyfield (Québec) J6S 4V7
Tél.: (514) 377-3126   Téléc.: (514) 377-4571

Organismes œuvrant spécialement auprès des personnes atteintes de dépression et de maniaco-dépression, par régions administratives[*]

Saguenay—Lac-Saint-Jean

Groupe bipolaire de Chicoutimi

1299, rue Duchesne, bureau 3, Chicoutimi (Québec) G7H 6K1
Tél.: (418) 698-3462

---

[*]   Tous les noms des groupes d'entraide suivis du sigle (ADMD) sont des groupes formés par l'Association des dépressifs et des maniaco-dépressifs.

Groupe le PAS
505, rue Sacré-Cœur Ouest, bureau 75, Alma (Québec) G8B 1M4
Tél.: (418) 668-8706 ou (418) 668-4992   Téléc.: (418) 668-8451

Québec
Centre d'entraide du trouble affectif bipolaire de Québec
51, rue Marie-de-l'Incarnation, Québec (Québec) G1N 3E5
Tél.: (418) 683-8088

Montréal
Association des dépressifs et des maniaco-dépressifs (ADMD) (Province de Québec)
801, rue Sherbrooke Est, bureau 300, Montréal (Québec) H2L 1K7
Tél.:(514) 529-5619   ligne d'écoute – Montréal
 1-800-463-2363   ligne d'écoute – extérieur de Montréal
 (514) 529-7552   ligne d'affaire
Téléc.: (514) 529-9877

Groupes d'entraide de Montréal et de Longueuil (ADMD)
Groupe d'entraide pour les proches et les conjoints (ADMD)
Tél.: (514) 529-3081   Téléc.: (514) 529-9877

L'Arrimage inc. (SEMO — Service externe de main-d'œuvre)
1649, rue Fleury Est, Montréal (Québec) H2C 1S9
Tél.: (514) 389-9393   Téléc.: (514) 389-5776

Déprimés anonymes inc.
C.P. 215, succursale R, Montréal (Québec) H2S 3K9
Tél.:(514) 278-2133   (bureau)
 (514) 278-2130   (service d'écoute)
Téléc.: (514) 278-5677

À partir de soi
Formation pour la prévention des rechutes
1374, rang du Brûlé, Saint-Antoine-sur-Richelieu (Québec) J0L 1R0
Tél.:   (514) 787-2471
 (514) 990-3968 (sans frais)

Alliance for the Mentally Ill (AMI) (Groupe d'entraide anglophone pour personnes atteintes, proches et conjoints)
5253, boul. Décarie, bureau 150, Montréal (Québec) H3W 3C3
Tél.: (514) 486-1448   Téléc.: (514) 486-6157

Cyclothymiques anonymes (Montréal et Granby)
3158, boul. Langelier, Montréal (Québec) H1N 3A6
Tél.: (514) 375-7883   (Montréal)
Tél.: (514) 375-7873   (Granby)

Outaouais
Groupes d'entraide Les bipos
Centre d'activités promotionnelles en santé mentale de l'Outaouais
92, rue Saint-Raymond, bureau 203, Hull (Québec) J8Y 1S7
Tél.: (819) 771-2277

Abitibi-Témiscamingue
Groupe d'entraide de Val-d'Or (ADMD)
Tél.: (819) 874-2850

ADMD de l'Abitibi-Témiscamingue (ADMD)
112, avenue Horne, Rouyn-Noranda (Québec) J9X 4S3
Tél.: (819) 797-5141

Gaspésie—Îles-de-la-Madeleine
Groupe d'entraide de Chandler (ADMD)
Tél.: (418) 777-2828

Chaudière-Appalaches
Groupe d'entraide Saint-Georges-de-Beauce (ADMD)
Tél.: (418) 685-2245

Laurentides
Groupe d'entraide de Sainte-Thérèse (ADMD)
Tél.: (514) 979-3004

Au Canada

Association canadienne de la dépression et de la maniaco-dépression
4-1000, rue Notre-Dame, Winnipeg (Manitoba) R3E 0N3
Tél.: (204) 786-0987   Téléc.: (204) 786-1906

Aux États-Unis

National Depressive and Manic Depressive Association
730, North Franklin, bureau 501, Chicago, IL 60610
Tél.: (312) 642-0049   Téléc.: (312) 642-7243

En France

Associations d'intérêt général en santé mentale

Centre Minkowska
Consultation en langues étrangères
18, rue Saulnier, 75009 Paris
Tél.: (1) 45.23.13.94

Fédération nationale des associations Croix-Marine
d'aide à la santé mentale
31, rue d'Amsterdam, 75008 Paris
Tél.: (1) 45.96.06.36   Téléc.: 45.96.06.05
Regroupe plus de 275 associations départementales qui travaillent en collaboration avec de nombreux établissements en santé mentale.

Fondation Santé des Étudiants de France (FSEF)
B.P. 147, 75664 Paris cedex 14
Tél.: (1) 45.89.43.39
Cette association gère treize établissements accueillant des étudiants au lycée, à l'université et dans la vie professionnelle qui ont des problèmes de santé mentale et qui désirent poursuivre leurs études.

Fédération Nationale des Associations d'ex-patients psychiatriques
(FNAP-PSY)
17, rue Valdec-Rousseau, 94600 Choisy-Le-Roi

Inter-Services Migrants
Interprétariat Médical
27, rue Linné, 75005 Paris
Interprétariat de déplacement: (1) 43.35.57.57
Interprétariat par téléphone: (1) 43.35.73.73

Société Parisienne d'Aide à la Santé Mentale (SPASM)
31, rue de Liège, 75008 Paris
Tél.: (1) 43.87.60.51
Accueille des patients à la sortie de l'hôpital psychiatrique et aide à la réinsertion.

Union Nationale des Amis et Familles de Malades Mentaux (UNAFAM)
Siège National
12, impasse Compoint, 75017 Paris
Tél.: (1) 42.63.03.03
Regroupe plus de 80 sections départementales et près de 70 structures médico-sociales de réinsertion.

Urgences psychiatrie
Tél.: (1) 43.87.79.79
Écoute spécialisée, 7 jours sur 7, 24 heures sur 24
Interventions de psychiatres à domicile

Organismes œuvrant spécialement auprès des personnes atteintes de dépression

Centre thérapeutique Recherches et Rencontres
61, rue Verrerie, 75004 Paris
Tél.: (1) 42.78.19.87
Offre des entretiens avec un thérapeute et des activités de groupe aux personnes dépressives souffrant d'isolement.

S.O.S. Dépression
Tél.: (1) 45.22.44.44 (Paris)

S.O.S. Aide dépression
Tél.: 39.83.33.05 (Deuil LaBarre)
Écoute téléphonique 7 jours sur 7, 24 heures sur 24

Partenaires publics en santé mentale

BAS de Paris (Bureau d'Aide-Sociale de la Ville de Paris)
2, rue Saint-Martin, 75004 Paris
Permanences sociales d'accueil
Couples et femmes: (1) 40.34.20.60
Hommes de 18 à 27 ans: (1) 47.97.30.38
Hommes de plus de 28 ans: (1) 43.45.39.00

DASES (Direction de l'Action Sociale, de l'Enfance et de la Santé de la Ville de Paris)
Direction
94-97, quai de la Rapée, 75012 Paris
Tél.: (1) 42.76.40.40

Sous-direction de l'action sociale
Tél.: (1) 43.47.77.00
Sous-direction de la petite enfance
Tél.: (1) 43.47.72.02

Sous-direction de la santé
Tél.: (1) 43.47.74.03

Direction des Affaires Sanitaires et Sociales de Paris (DASS)
23, boul. Jules Ferry, 75011 Paris
Tél.: (1) 43.14.11.00   Téléc.: (1) 43.14.11.76

Infirmerie Psychiatrique de la Préfecture de Police (IPPP)
3, rue Cabanis, 75014 Paris
Tél.: (1) 45.65.23.50

Service Ambulatoire Médical d'Urgence (SAMU)
Hôpital Necker
149, rue de Sèvres, 75743 Paris cedex 15
Tél.: 15 ou (1) 45.67.50.50

En Suisse

Association d'équilibre
Zimmelstrasse 48, 6314 Unterageri, Suisse
Tél.: 042.72.25.45 ou 042.72.00.04   Téléc.: 042.72.02.45

• Cap-Saint-Ignace
• Sainte-Marie (Beauce)
Québec, Canada
1996